DIETER-JÜRGEN LÖWISCH
KOMPETENTES HANDELN

DIETER-JÜRGEN LÖWISCH

KOMPETENTES HANDELN

Bausteine für eine lebensweltbezogene Bildung

WISSENSCHAFTLICHE BUCHGESELLSCHAFT
DARMSTADT

Einbandgestaltung: Neil McBeath, Stuttgart.

Die Deutsche Bibliothek – CIP-Einheitsaufnahme
Ein Titeldatensatz für diese Publikation ist bei
Der Deutschen Bibliothek erhältlich.

Die Deutsche Bibliothek –
CIP Cataloguing-in-Publication-Data
A catalogue record for this publication is available from
Die Deutsche Bibliothek.

Online-Recherche unter:
For further information see:
http://www.ddb.de/online/index.htm

Bestellnummer 14784-7

Das Werk ist in allen seinen Teilen urheberrechtlich geschützt.
Jede Verwertung ist ohne Zustimmung des Verlages unzulässig.
Das gilt insbesondere für Vervielfältigungen,
Übersetzungen, Mikroverfilmungen und die Einspeicherung in
und Verarbeitung durch elektronische Systeme.

© 2000 by Wissenschaftliche Buchgesellschaft, Darmstadt
Gedruckt auf säurefreiem und alterungsbeständigem Werkdruckpapier
Satz: Fotosatz Janß, Pfungstadt
Printed in Germany
Schrift: Linotype Times, 9,5/11

ISBN 3-534-14784-7

Für Nicola und Jonathan

Inhalt

Vorwort XI

1. Einleitende Vorüberlegungen 1
   1.1 Die Frage „Was soll ich tun?" und das „Sich-im-Denken-Orientieren" 1
   1.2 Orientierungsunfähigkeit bei gleichzeitigem Orientierungsbedürfnis 4
   1.3 Erläuterung von Erziehung 6
   1.4 Erläuterung von Bildung 9
   1.5 Konsequenzen für Kompetenzerziehung und Kompetenzbildung 12

2. Kurzvorstellung einiger im Umlauf befindlicher Bildungsverständnisse 15
   2.1 Bildung wird in Abhängigkeit gebracht von Gesellschaft und Gesellschaftspolitik 15
   2.2 Allgemeinbildung für den Fortbestand der Gesellschaft und für ihre Reproduktion 18
   2.3 Allgemeinbildung ist kein pädagogisches, sondern ein politisches Thema 21
   2.4 Bildung als Erlernen und Bewahren von Handlungsorientierung 23
   2.5 Bildung zur Mitwirkung an der menschlichen Gesamtpraxis 26
   2.6 Bildung als Handlungsbefähigung durch Revolutionierung des Bewußtseins 28
   2.7 Bildung als rückhaltloses Denken, als Freigabe des Menschen zur Menschlichkeit, als Alltagsbewältigung und als Überlebensproblem 31
   2.8 Bildung als personale Bildung zur Selbständigkeit . 33
   2.9 Bildung in informationstechnischer Zeit für eine human computerisierte Gesellschaft 37
   2.10 Allgemeinbildung als Qualifikationsvermittlung zur Bewältigung gesellschaftlicher Schlüsselprobleme . . . 42

3. Lebensweltbezogene Bildung unter der Frage „Was soll ich tun?" 47
   3.1 Bildung als Befähigung zu anerkanntem Handeln in der Bewältigung von Lebensweltsituationen . . . 51
   3.2 Bildungsaufgabe: Vernunftbildung 58
   3.3 Bildungsaufgabe: Diskursbildung 60
   3.4 Bildungsaufgabe: Befähigung zu orientierendem Denken 63
   3.5 Zum Umsetzen der Bildungsaufgaben: Das Philosophieren mit Kindern als Beispiel 71

4. Kompetenz: Ein noch immer ungeklärter Begriff in der Pädagogik 79
   4.1 Zur Doppelaufgabe der Pädagogik angesichts von Kompetenz 79
   4.2 „Kompetenz" in der Pädagogik: Heinrich Roth . . 82
   4.3 „Kompetenz" in der Psychologie 87
   4.4 Das Kompetenz-Performanz-Modell 92
   4.5 „Kompetenz" in der Pädagogik: Heinz-Werner Wollersheim 100

5. „Kompetenz" in der Pädagogik: Kompetenzerziehung und Kompetenzbildung 105
   5.1 Kompetenz als Qualifikation: Bewältigungskönnen . 105
   5.2 Kompetenz als Qualität: Bewältigungsbewußtsein . 111
   5.3 Verschiedene Vorstellungen von Kompetenzgewinnung 119
   5.4 Kompetenzerziehung und Kompetenzbildung als pädagogische Doppelaufgabe 122

6. Pädagogisch relevante Kompetenzformen 129
   6.1 Zusammenfassung und Fortführung der Überlegungen 129
   6.2 Kompetenzformen 131
   6.3 Sachkompetenz 134
   6.4 Methodenkompetenz 136
   6.5 Sozialkompetenz 137
   6.6 Personale Kompetenz 139
   6.7 Kommunikative Kompetenz 143
   6.8 Motivationskompetenz 150

Inhalt

7. Handlungskompetenz als pädagogische Doppelaufgabe: Zur Bildung von Handlungskompetenz 158
   7.1 „Aus Kompetenz heraus handeln": Der fachlich-funktionale Spezialist 159
   7.2 „Aus Kompetenz heraus kompetent handeln": Der handlungskompetente oder auch: gebildete Spezialist mit Generalistenqualität 164
   7.3 „Was soll ich tun? Mit Kompetenzen kompetent umgehen!" 169

Auswahlbibliographie 177

Register 185

Vorwort

Die Forderung, mit Kompetenzen kompetent umzugehen und unter dieser Formel Handlungskompetenz zu einer lebensweltbezogenen Bildungsaufgabe zu machen, ist als ein spätes Ergebnis der geistesgeschichtlichen Entwicklung europäischen Denkens seit dem 17./18. Jahrhundert anzusehen. In immer eindringlicher werdender Weise erleben die Angehörigen westlich geprägter Kulturen die vor fünfzig Jahren durch Max Horkheimer und Theodor W. Adorno dargelegte „Dialektik der Aufklärung". Die mit „Aufklärung" (enlightenment, les lumières) bezeichnete europäische geistesgeschichtliche Entwicklung hat in ihrem Siegeszug den Menschen der westlichen Welt freigesetzt zu unerhörten wissenschaftlichen, technischen und technologischen Leistungen. Sie hat diese Leistungen mittlerweile zu verbreiten gesucht über die ganze Welt. Sie hat durch die Einsetzung des Menschen als freien, selbständigen und selbst sinnstiftenden Wesens die überlieferten festgefügten Lebensordnungen des Menschen gelockert und gelöst. Sie hat neue, offene Gesellschaftsstrukturen, offene Gesellschaftsbilder und offene Kulturen geschaffen. Sie hat Demokratie nicht nur zu einem politischen, sondern auch zu einem menschlichen Lebens- und Handlungsprinzip gemacht. Nichts, was in irgendeiner Weise als selbstverständlich galt und traditionell vom Menschen so angenommen und hingenommen wurde, blieb von diesem Aufklärungsdenken verschont und ausgenommen: Durchgängige Befreiung von fremder Macht als Bevormundungsmacht und Entwicklung sowie Ausbau von Selbstmächtigkeit des Individuums in allen Lebensbelangen wurden zum Motor aufgeklärter offener Gesellschaften und Kulturen.

Was der Mensch fortan brauchte, waren kritisch-rationales Denken und umfassende Qualifikationen für eine effiziente selbständige Lebensbewältigung. Lebenslanges Lernen ist seitdem konsequenterweise angesagt: lebenslanges Lernen von Kompetenzen (Qualifikationen) diverser Arten, damit der Mensch aus gelernten Kompetenzen heraus für seine Alltags- und Lebensbewältigung erfolgreich handeln kann. Durch Kompetenzen wurde und wird er in seiner Selbstmächtigkeit handlungsmächtig, und das geleitet und getragen durch seinen Verstand. Der westliche Mensch hat es unleugbar sehr weit damit gebracht: Unaufhaltsamer wissenschaftlicher, technischer und technologischer Fortschritt sowie exzellentes strategisches Denken verdanken sich dieser Aufklärungsentwicklung, von der wir alle leben und profitieren und die global vermarktet – auch politisch vermarktet – wird.

Aber dieser Fortschritt und dieses strategische Denken entpuppen sich immer deutlicher als ambivalent. Die im Ursprung so konstruktiv gewendete Aufklärung trägt ihren Widerspruch in sich und offenbart ihn immer stärker. Die an das Kompetenzhandeln gebundene Selbstmächtigkeit des Menschen gelangt an ihre individuellen Grenzen und schlägt dort um in eine Erfahrung von Ohnmächtigkeit und Ratlosigkeit. Denn der derart dynamische aufgeklärte Verstand sagt zwar, was ist und was sein kann, manchmal auch, was sein wird durch Hochrechnung des Ist, um gesetzte Ziele und Zwecke zu erreichen und um effizient aus Kompetenzen heraus handeln zu können. Der aufgeklärte Verstand ist in seiner Reichweite aber zugleich begrenzt: Er kann nichts aussagen über das, was sein soll, er entwickelt keine Ideen, keine Visionen, keine Vorstellungen, wie Zukunft sein soll. Der aufgeklärte Verstand gibt keine Hinweise darüber, was sinnvoll und wertvoll ist, was am Fortschritt für den Menschen gut ist und wo der Fortschritt schädlich für den Menschen zu werden beginnt. Der Verstand vermag nicht, dem immer an äußere Bedingungen gebundenen Willen des Menschen – mit Kant – „Maß und Ziel, ja Verbot und Ansehen entgegenzusetzen". Nicht der Verstand, sondern die subjektive personale Vernunft ist es, die dieses Feld des Sollens betreut. Sie ist es, die den Wert und die sinnbezogene Qualität von Entscheidungen und Handlungen beurteilt. Die Vernunft ist es, die dem unsicher gewordenen Individuum Antworten auf seine Frage „Was soll ich tun?" zu geben vermag, um ihm aus seiner Ratlosigkeit herauszuhelfen. Die Vernunft ist es, die die Verantwortungsdimension, Wertedimension und Rechtfertigungsdimension für Handeln dem Menschen zur Aufgabe macht.

Der Dialektikvorwurf, der die Aufklärung trifft, hat zum Inhalt, daß die Aufklärung in ihrem mittlerweile dreihundert Jahre währenden Entwicklungsfortgang die Vernunft „verraten" habe und eindeutig auf den Verstand und seine vorweisbaren Fortschritte gesetzt habe. Damit habe Aufklärung den durch sie selbst zur Selbstorientierung aus Selbstmächtigkeit heraus verurteilten Menschen allein gelassen. So steht dieser „einsame" Mensch nun hilflos gelassen in einer gesellschaftlichen und kulturellen Offenheit und vor pluralen werthaften und sinnvollen Entscheidungsmöglichkeiten. Hilflos ist er insofern, als er seiner westlich geprägten Kultur verhaftet lebt und sich dadurch nicht mehr auf allgemeinverbindliche Glaubensböden und glaubensbedingte Überzeugungsböden zurückziehen kann. Dessenungeachtet richtet sich aber der alte Aufklärungsanspruch an ihn, nicht nur richtig, sachlich korrekt und effizient strategisch zu handeln, sondern auch verantwortungsbewußt und moralisch gut und wahr handeln zu sollen, also den von Kant so genannten „Fortschritt zum moralisch Besseren" zu bewerkstelligen. Das Individuum soll also so handeln, daß es sagen kann, es habe aus bestem Wissen (Verstand) und bestem Gewissen (Vernunft) heraus gehandelt, und daß es erfahren kann, daß sein Handeln und die personale Haltung, von der sein Handeln getragen wird, von betroffenen Mitmenschen akzeptiert werden und ihm Glaubwürdigkeit und Vertrauenswürdigkeit entgegengebracht werden können. Hiermit hat das Individuum nun zunehmend Schwierigkeiten: Es ist zwar zu einem Qualifikationen- und Kompetenzenträger gemacht worden, aber es ist nicht befähigt worden, mit den ihn in Ratlosigkeit führenden gesellschaftlichen und kulturellen Lebensweltbedingungen hier und heute im Denken und Handeln konstruktiv und produktiv umgehen zu können.

Das ist der geistesgeschichtliche Hintergrund dafür, daß von den Menschen heute erwartet wird, mehr oder minder ausschließlich aus Kompetenzen heraus handeln zu können – verstandesbezogenes Kompetenzhandeln also an den Tag legen zu können –, aber nicht mit diesen Kompetenzen kompetent als personaler Haltungsträger umgehen zu können, also vernunftbezogene Handlungskompetenz aufweisen zu können. Dabei handelt es sich nicht um individuelle Einzelfälle Lebensuntauglicher: Es wird verbreitet gesellschaftskritisch festgestellt, daß wir in unserer westlichen Welt auf der einen Seite hervorragende Spezialisten mit ebenso hervorragendem Kompetenzhandeln haben, daß aber auf der anderen Seite diese Spezialisten über keine oder nur äußerst geringe Generalistenqualitäten verfügen, das heißt, daß sie ihr Spezialistentum im Handeln nicht auf seine Sinn- und Werthaftigkeit, nicht auf seine Verallgemeinerungsfähigkeit, generelle Verbindlichkeit und moralische Vertretbarkeit hin bedenken können. Sie sind auch nicht zur moralischen Haftbarkeit befähigt worden und entwinden sich der Zumutung dieser Dimension ihres Handelns durch den Rückbezug auf eine legale Haftbarkeit: „Was nicht verboten ist und solange es nicht verboten ist, ist erlaubt." Auch hier ist wieder leitend der Verstand, der dem vor dem Vernunftdenken ratlos Gewordenen erklärt: „Mach es dir doch nicht so schwer! Laß uns Gesetze und Regeln, Vorschriften und Konventionen schaffen, die dich von dieser belastenden 'Was soll ich tun?'-Frage entlasten können und dich deine Selbstmächtigkeit wieder erleben lassen können. Du sorge aber für viel Wissen, denn allein dein Wissen macht dich mächtig, auch entscheidungsmächtig. Verschaffe dir so viele Kompetenzen wie möglich, und du wirst erleben, daß du, je mehr Kompetenzen du hast, desto unbelasteter leben und handeln kannst. Kompetenzen machen dich handlungsmächtig. Alles andere regeln Gesetze und normative Vorgaben, um die du dich nicht zu sorgen brauchst." Ein solcher angeratener Rückzug aufs Legale entspricht dem Anraten einer „selbstverschuldeten Unmündigkeit", gegen die gerade die Aufklärung – man denke dabei an Kants „Wahlspruch der Aufklärung" – vorzugehen sich bemühte.

›Kompetentes Handeln‹ will nun die geschwächte und defizitäre Handlungskompetenz als eine zentrale Bildungsaufgabe erörtern. ›Kompetentes Handeln‹ will Wege weisen für ein lebensweltbezogenes Bildungsverständnis, das den Bogen von der Tradition über die Gegenwart in die Zukunft schlägt, und will eine pädagogisch orientierte Beschäftigung mit dem Kompetenz-Konstrukt leisten. Der Begriff „Kompetenz" hat mittlerweile im pädagogischen Alltagsverständnis und in der Bildungspolitik seinen festen Ort gefunden, ohne daß es dafür ausreichende pädagogisch-systematische Abklärungen gibt. Heinrich Roth hat sich vor einem guten Vierteljahrhundert als einziger seiner Zeit mit dem Thema „Kompetenz" in seiner Pädagogischen Anthropologie (1971) befaßt. Und vor wenigen Jahren hat Heinz-Werner Wollersheim eine Monographie zum Thema „Kompetenzerziehung – Befähigung zur Bewältigung" (1993) vorgelegt. Beiden pädagogisch orientierten Beschäftigungen mit Kompetenz ist von Pädagogenseite Nicht-Beachtung zuteil geworden. Daß dies auch Wollersheim in einer Zeit widerfährt, in der im pädagogischen und bildungspolitischen Bereich das Kompetenz-Thema intensiv gehandelt wird, kann nur verwundern, wirft aber zugleich ein bezeichnendes Licht auf die Systematische Pädagogik unserer Tage. Systematisch arbeitende Pädagogen, die sich lebenswelt- und zeitgeistbedingten Fragen und Zeitfragen stellen, werden oftmals aus der philosophischen Pädagogenzunft entweder mit Argwohn betrachtet und mit Kritik bedacht oder völlig übersehen oder marginalisiert: Wollersheim ergeht es dabei nicht anders als zum Beispiel Wolfgang Brezinka und Erich E. Geißler. Oder sie werden nach ihrem Tod vergessen wie zum Beispiel Theodor Litt und Josef Derbolav. Auch dies erscheint mir als ein Ergebnis eines fragwürdig gewordenen, aufklärungsbedingten Fortschrittsdenkens anzusehen zu sein: Der Fortschritt erfordert das Wegwerfen des Vorgängigen; das scheint bei Computern nicht anders zu sein als bei wissenschaftlichen Denkern. Wegwerfkultur!

Dank habe ich abzustatten: Frau Silke Wedeking für die umfangreiche Textverarbeitung unter Inkaufnahme immer wieder neuer Textveränderungen durch mich, Frau Sibylle Farwer für Literaturrecherchen und Literaturbeschaffung wie auch für Korrekturarbeiten und Frau Andrea Kroll-Fock für Registerarbeiten. Den Mühen um eine „fachmännische" Endredaktion des Manuskripts hat sich meine Mitarbeiterin, Frau Dipl.-Päd. Barbara Krimm, unterzogen, wobei ich profitieren konnte von ihrer mehrjährigen Verlagslektorentätigkeit; dafür sei gedankt. Ein besonderer Dank gilt meinem Kollegen Helmut Heim, der sich inhaltlich mit dem Manuskript auseinandergesetzt hat und mir sowohl Kritik und Zuspruch als auch hilfreiche Rückmeldungen gegeben hat.

Ich widme dieses Buch meiner Frau und unserem kleinen dreijährigen herzerfrischenden Pflegesohn Jonathan. Während der letzten Abfassungsphase dieses Buches kam Jonathan zu uns, was Freude und Dankbarkeit auslöste: Freude, weil damit der sehnlichste Wunsch meiner Frau seine Erfüllung finden konnte und beide eine liebevolle und vertrauensvolle Mutter-Kind-Beziehung erfahren können; Dankbarkeit, weil mir in fortgeschrittenem Alter das Erlebnis zuteil wird, mit Muße mich einem Kind in seiner Entwicklung widmen zu können und es begleiten zu können. Möge der Junge durch das, was wir ihm geben können: das Gefühl des Gewünschtseins, Geborgenheit und Liebe, eine gute Zukunft gewinnen in einer Welt, der es vielerorts leidvoll spürbar gerade daran gebricht.

Fleckenberg im Hochsauerland   Dieter-Jürgen Löwisch
Oktober 1999

1. Einleitende Vorüberlegungen

1.1 Die Frage „Was soll ich tun?" und das „Sich-im-Denken-Orientieren"

„Was soll ich tun?" – diese klassische philosophische Frage ist für den heute lebenden Menschen zugleich auch zu einer in beunruhigender Weise real bedeutsamen Frage geworden. Sie ist prinzipiell und real bedeutsam deshalb, weil sie die Eröffnung einer jeden schwierigen oder gar problematischen Entscheidungs- und Handlungssituation darstellt. Sie zeugt in solchen konkreten Entscheidungssituationen zum einen davon, daß Unsicherheit und Orientierungsbedürftigkeit dadurch bestehen, daß der Mensch als Ergebnis abendländischen Denkens grundsätzlich freigestellt ist von vorgegebenen normierenden Handlungsvorschriften Dritter und zugleich freigestellt ist dazu, sich selbst Handlungsvorschriften zu geben. Damit ist er zugleich in die Schwierigkeit einer eigenen freien Entscheidung gestellt. Gäbe es für das Handeln lediglich vorgegebene bindende und verbindliche Handlungsvorschriften wie Regeln, Konventionen, Gesetze, dann stünde auch die Orientierungssuche des Menschen für seine Handlungsentscheidung unter einer anders formulierten Frage: „Was habe ich zu tun?" wäre dann die Frage, die darauf zielt zu erfahren, welches die genaue verbindliche Handlungsvorgabe darstellt. Die Antwort, zu der ich dann finde oder die mir gegeben wird, lautet: „Du hast dies zu tun!": Sie versetzt mich in einen Zustand der Sicherheit, das jeweils Richtige, weil es das verbindlich Vorgeschriebene ist, tun zu können. Und weil es das Richtige ist, gehe ich mit der Befolgung des Richtigen auch kein Risiko ein. Ich bin abgesichert und kann mich dabei sicher fühlen. Doch liefert diese Form einer Orientierung an Vorschriften und Gesetzen für eine anstehende Handlungsentscheidung lediglich eine relative Orientierung: sie ermöglicht eine vorläufige Entscheidung. Das heißt: sie läuft einer anderen Entscheidung voraus, so wie ein Vorurteil einem Urteil vorausläuft. Diese andere Entscheidung greift tiefer, indem sie Abstand von der vorläufigen Entscheidung nimmt, die sich Konventionen über das anschließt, was als richtig angesehen wird. Diese tiefergreifende Entscheidung begnügt sich nicht mit der konventionellen

Richtigkeit. *Sie ist angesiedelt im postkonventionellen Bereich, im Sinn- oder Wertebereich*, und ihr Interesse ist bezogen auf die Frage, ob das als richtig Angesehene auch wahr und vernünftig-sinnvoll sei. Denn nicht alles, was vom Verstand als richtig erkannt wird, ist vor der Vernunft auch als sinnvoll, als wertvoll, als wahr und damit als moralisch legitimiert: Eine legale, vom Gesetz abgedeckte richtige richterliche Entscheidung kann moralisch gesehen zweifelhaft sein, sie kann ungerecht und damit vor der Vernunft unwahr sein.

Mit Bezug auf die institutionalisierte Bildung, die in der Hand von Lehrern liegt, zeigt Heinz J. Heydorn den Unterschied dieser beiden Entscheidungen darin auf, daß der Lehrer nicht nur fragen soll, was er zu tun hat, was von ihm unterrichtlich erwartet wird, sondern auch fragen soll: „Was will ich tun?", „Woran soll ich meinen Willen ausrichten?", „Was soll ich tun als freies, vernünftiges Subjekt?".

Die Differenz der beiden Entscheidungsfragen, die Differenz zwischen verstandesgeleiteten Fragen und vernunftgeleiteten Fragen, spiegelt nun wider die Differenz zwischen Erziehung und Bildung. Der Bezugspunkt von Bildung ist damit die Frage „Was soll ich tun?" unter dem Prinzip des Sollens. Der Bezugspunkt von Erziehung ist die Frage „Was muß ich tun?" unter dem Prinzip des Müssens. Ich werde darauf noch näher eingehen.

Bedeutsam wird die Frage „Was soll ich tun?" aber auch aus einem zweiten Grunde. Der Mensch ist orientierungsbedürftig, sagte ich, weil er in die Schwierigkeit gestellt ist, Entscheidungen treffen zu sollen. Orientierungsbedürftigkeit heißt: der Mensch bedarf Orientierungen für sein jeweiliges Entscheiden und Handeln. So gelten zum einen Orientierungstafeln in Flughäfen und Bahnhöfen dazu, dem Nutzer eindeutige Informationen zu geben, was er zu tun hat und wohin er sich zu wenden hat, wenn er sein Flugzeug oder seinen Zug rechtzeitig erreichen will. Diese Form von Orientierung findet sich in Straßenschildern ebenso wie in Wegweisern. Die Gliederungshinweise, die Abstracts und die Inhaltsverzeichnisse von Büchern geben in der gleichen Weise dem Leser Orientierungen. Alle diese Orientierungen sind darauf aus, das Handeln aus Unsicherheitszonen herauszuführen und das Handeln zu leiten. *Diese Orientierungen sind objektive, normierende Informationen*, sie sind normativ. Sie geben die Regeln für richtiges, einen bestimmten Zweck erfüllendes Handeln. Alle feststehenden Normenkataloge informieren den Menschen, der handeln will, darüber, was er zu tun hat: Sie binden den Willen an vorgegebene Richtschnüre. Dies ist u. a. auch das Feld von Erziehung: „Über Erziehung sucht sich eine gegebene Gesellschaft zu reproduzieren, sucht sie, in ihre Produktionsweisen und das System ihres Verkehrs einzuführen, ihre Werte zu vermitteln. Im Begriff (Erziehung) ist der Hinweis auf Zucht enthalten, auf Unterwerfung unter eine Faktizität, die den heranreifenden Menschen unter ihre Gebote zwingt" (Heydorn 1980, S. 63). „Erziehung ist Zucht, notwendige Unterwerfung, die wir durchlaufen müssen, Aneignung, um die wir nicht herumkommen" (S. 162). Erziehung will die „Fähigkeit ... entwikkeln, das erkannte Richtige auch zu tun" (Geißler 1989, S. 10f.).

Orientierung läßt sich zum anderen aber auch in einer anderen Weise ausdeuten: Sternbilder orientieren den Wandernden, wo er sich befindet; sie sagen ihm nicht, wohin er gehen *muß*. Der Kompaß gibt dem Wandernden eine Orientierung über seinen Standort angesichts der verschiedenen Himmelsrichtungen. Ein Beratungsgespräch mit Freunden gibt in einer ungeklärten Angelegenheit diverse Orientierungen über einen anstehenden Sachverhalt. *Orientierungen dieser Art sind nicht normierende, sondern aufklärende Informationen.* Sie stellen Hilfen dar, mittels deren man sich im Denken und für Handeln selber bestimmen kann. „Sich im Denken orientieren" (Kant 1786, AA Bd. 8, S. 131–147) heißt, im Selberdenken sich Aufklärung zu verschaffen, um sich nach dieser Aufklärungsarbeit, die für Klarheit sorgt, für das anstehende Entscheiden und Handeln selber mit guten Gründen bestimmen zu können. „Oriri" bedeutet im Lateinischen unter anderem das Aufgehen der Sonne (sol oriens), insofern der Orient auch das Land der aufgehenden Sonne, das Morgenland ist; „oriri" heißt auch: sichtbar werden. Aufgehende Sonne bedeutet aufkommende Helligkeit, aufkommendes Licht. Orientierungsbedürftigkeit des Menschen heißt unter diesem Aspekt, der Fähigkeit zu bedürfen, sich selber Aufklärung und Klarheiten verschaffen zu können. Das Befähigen hierzu – als pädagogische Aufgabe genommen – heißt: jemandem die Möglichkeit aufklärenden Denkens zukommen zu lassen, ihm das philosophisch-aufklärende Nach-Denken zu ermöglichen. Das Befähigen zum orientierenden Denken bedeutet, den anderen in den Stand zu versetzen, sich in anstehenden Entscheidungssituationen selber orientieren zu können, um selber zu von ihm wohlbedachten Entscheidungen zu gelangen. Es bedeutet nicht: sich orientieren zu lassen von anderen, was zu tun sei, was „Sache" ist. Das Befähigen eines anderen zu selbständigem orientierendem Denken und selbständigem Handeln ist Bildung. *Bildungsaufgabe ist immer die Befähigung eines anderen zu einem selbständigen Handeln.* „Bildung als allgemeine Menschenbildung heißt zuerst und vorallem, die Individualität in jenen Zustand von Selbständigkeit zu bringen, ohne den humane Lebensführung nicht möglich ist. Bildung hat es folglich nicht zuerst mit der Gesellschaft – was auch immer das sein mag – oder mit Gruppen zu tun, sondern mit dem Individuum und dessen Möglichkeiten für eine persönliche Lebensführung. Wobei diese Selbständigkeit dann allerdings immer zur gesellschaftlichen Wirklichkeit, ihren Bedingungen, Möglichkeiten und Formen in Beziehung treten muß." Und Erich E. Geißler fährt fort: Denn „Gesellschaft (ist) doch zuerst als Handlungsergebnis von Menschen zu betrachten" (1977, S. 61). „Bildung ist Verfügung des Menschen über sich selber", erklärt knapp Heinz J. Heydorn (1980, S. 163).

1.2 Orientierungsunfähigkeit bei gleichzeitigem Orientierungsbedürfnis

Mit zunehmender Komplexität der Lebenswelt eines jeden einzelnen, mit der zunehmenden Vernetztheit der Erkenntnisse der Wissenschaften für die Lebenswelt des einzelnen, mit der Vielheit miteinander konkurrierender Lebens- und Weltanschauungen, mit der Pluralität der Kulturen, Ethiken und Morallehren, den Sinnvorstellungen, Werten und Normen, mit der mittlerweile extremen Spezialisierung der Wissenschaften und der Verantwortlichkeiten im Wissenschafts-, Berufs- und Lebensalltag und last but not least mit dem Verlust an interdisziplinärwissenschaftlicher Sprachkultur, mit der Zunahme nicht miteinander vereinbarer Insidersprachen, dem Verlust einer allgemein praktizierten Sprachkultur und dem Defizit einer gemeinsamen Verständigungsbasis in Form einer mittleren Hochsprache hat die Orientierungsfähigkeit der Menschen die Grenzen ihrer Möglichkeiten überschritten. Orientierungsunfähigkeit ist bei gleichzeitigem erhöhtem Orientierungsbedürfnis in erheblichem Umfange eingetreten. Die klagende Feststellung der Öffentlichkeit spricht hierbei von Orientierungsschwäche, Orientierungsohnmacht, Orientierungsunfähigkeit, Orientierungslosigkeit.

Die Frage „Was soll ich tun?" ist nun zunehmend verbunden mit einer derartigen Orientierungsunfähigkeit für das selbständige Entscheiden und das Selbsthandeln. Das macht die Frage zu einer den einzelnen Menschen bedrängenden beunruhigenden Frage: Er kann sie nämlich nicht mehr für sich so beantworten, daß er in der Lage wäre zu sagen, er könne sich selber mit bestem Wissen und bestem Gewissen verantwortungsvoll in den auf ihn zukommenden Entscheidungssituationen wertig und sinnhaft bestimmen. Er muß sich vielmehr zunehmend Inkompetenz bescheinigen. Er verliert dabei in einem schleichenden Prozeß an Handlungskompetenz, wenn sie ihm bis dahin nicht schon abhanden gekommen ist. Er delegiert diese ihm grundsätzlich zukommende Handlungskompetenz insofern fortschreitend an Dritte – an Experten, an die Gesellschaft, an die Politik, an die Wissenschaft, an trainierte und geschulte Funktionäre – und entledigt sich damit faktisch seiner Selbständigkeit im Denken und Handeln. Und da es ihm auch an jeder Möglichkeit fehlt, die Delegation von Handlungskompetenz an Dritte vernünftig kontrollieren zu können, macht er sich von ihnen abhängig und damit selber unmündig. Nur ist es keine „selbstverschuldete" Unmündigkeit des einzelnen, wie es Kant noch den Zeitgenossen vorwerfen konnte, sondern es handelt sich um eine Unmündigkeit, die ein Resultat der rasanten Aufklärungsentwicklung im wissenschaftlich-technisch-technologischen Bereich mit all ihren Folgen und Nebenfolgen ist.

Hier hilft demzufolge auch kein kantisches Motto mehr: Mut haben zu sollen, sich seiner eigenen Vernunft zu bedienen. Der einzelne kann nicht mehr einlösen, was Kant mit seinem Plädoyer für das Selbstdenken als „Maxime" ansah: „*Selbstdenken* heißt den obersten Probierstein der Wahrheit in sich selbst (d. i. in seiner eigenen Vernunft) suchen; und die Maxime, jederzeit selbst zu denken, ist die *Aufklärung* ... Sich seiner eigenen Vernunft bedienen, will nichts weiter sagen, als bei allem dem, was man annehmen soll, sich selbst fragen: ob man es wohl thunlich finde, den Grund, warum man etwas annimmt, oder auch die Regel, die aus dem, was man annimmt, folgt, zum allgemeinen Grundsatze seines Vernunftgebrauchs zu machen?" (1786, S. 146 f.).

Die Suche nach Verursachern dieser Situation oder nach Schuldigen an ihr ist müßig, wiewohl sie in diverser aufklärungskritischer Literatur angestellt worden ist. Wichtiger ist statt dessen, was Horkheimer/Adorno in ihrer aufklärungskritischen Schrift „Dialektik der Aufklärung" im Vorwort als Konsequenz aus dieser Situation ziehen: Es gehe fortan um die Einlösung vergangener Hoffnungen (1969, S. 5). Mithin geht es um *Bildung, die es sich zukunftsbezogen* auf dem Boden einer ins Extrem getriebenen wissenschaftlichen, technologischen und technischen wie auch methodisch-instrumentell sich gebenden Vernunftaufklärung *um Handlungskompetenz nachhaltig angelegen sein lassen muß*. Dabei hat sich diese zukunftsbezogene Bildung sowohl ihrer Tradition zu versichern als auch auf dem jeweils gegenwärtigen Stand von Wissenschaft, Technik, Gesellschaft und Politik aufzuruhen. Bildung hat also traditionsfundiert und zeitgeistbewußt sowie zukunftsoffen zu sein. Die so zur Bildungsaufgabe gesetzte *Handlungskompetenz* ist dabei *nicht mit Kompetenzen zum* wissenschaftlich-instrumentellen, technischen, technologischen *Handeln* zu verwechseln: Diese Kompetenzen werden durch Unterweisungs-, Trainings- und Erziehungsakte ausgebildet. Die zur Bildungsaufgabe gesetzte Handlungskompetenz, die unter der Frage „Was soll ich tun?" steht, ist vielmehr als *personale Handlungskompetenz* zu verstehen.

Wenn nun im folgenden personale Handlungskompetenz oder kompetentes personales Handeln unter die Frage „Was soll ich tun?" gestellt wird und unter ihr behandelt wird, dann ist *die pädagogisch angestrebte personale Handlungskompetenz als eine Aufgabe von Bildung* anzusehen. Es handelt sich im folgenden zur Behebung von Orientierungsproblemen also nicht um Kompetenzerziehung wie bei Wollersheim (1993). Handlungskompetenz, die als defizitäre von sich reden macht, kann nur eine Bildungs- und nicht allein eine Erziehungsaufgabe sein. Hinter dieser Zuordnung steht somit ein bestimmtes Verständnis von Erziehung und Bildung.

Die Frage, wie sich die beiden Bereiche Erziehung und Bildung zueinander und wie sie sich zur Pädagogik als Oberbegriff verhalten, wird in der pädagogischen Fachwelt bei Theoretikern und Praktikern äußerst unterschiedlich diskutiert mit dem Ergebnis einer erheblichen Verwirrung der Begriffe. Um die von mir angesprochene Differenz zwischen Erziehung und Bildung, die sich auch in dem Unterschied zwischen Kompetenzerziehung und Kompetenzbildung widerspiegelt, zu reflektieren, seien folgende Begriffs- und damit auch pädagogische Bereichsabklärungen vorgenommen:

Erziehung und Bildung unterscheiden sich für mich dabei in fünf Punkten:
1. in der Frage des verantwortlichen Akteurs,
2. in der Frage der Struktur,
3. in der Frage der Methode,
4. in der Frage des Zieles,
5. in der Frage der Aufgaben.

1.3 Erläuterung von Erziehung

Erziehung wird im folgenden angesehen als der Bereich pädagogischen Umgangs, der abhängig ist vom *Erzieher* als dem für den pädagogischen Umgang *verantwortlichen Akteur*. Jeder vom Erzieher – ob professioneller oder nichtprofessioneller Art – zielgerichte-

te direkte oder arrangierte indirekte Beeinflussungsvorgang ist Erziehung. Beginnend mit der Reinlichkeitserziehung und Hygieneerziehung über das Vermitteln und Übereignen von Familiensitten und -bräuchen, über das Vermitteln von sog. Sekundärtugenden wie Korrektheit, Pünktlichkeit, Höflichkeit, Anstand bis hin zum sozialisierenden Bereich des Erziehens durch Normenvermittlung, Normendurchsetzung und Anwendung von Sanktionsmaßnahmen: immer liegen die Zielsetzung, die methodische Planung, der entwicklungsentsprechende Einbezug des Edukanden, die alters- und entwicklungsgerechte Ansprache, die Verfahrenskritik, die Erfolgskontrolle usw. in den Händen des verantwortlichen Erziehers: Er „macht" aus dem unsozialen, kulturell unbedarften, disziplinlosen Neugeborenen, das allein gelassen überlebensunfähig ist, ein die Gesellschafts- und Kulturverfassung mittragendes „nützliches" Gesellschaftsmitglied. Er liefert an die Gesellschaft die Mitglieder ab, die die Gesellschaft reproduzieren sollen; er sorgt sich um die Einpassung und Anpassung des Edukanden in und an die gesellschaftlichen Regeln, Konventionen, Gesetzmäßigkeiten; er besorgt die Aneignung der den Edukanden umgebenden normativen Strukturen durch den Edukanden, eine „Aneignung, um die wir nicht herumkommen", wie es bei Heydorn (1980, S. 162) heißt. Phänomene wie „Soziabilisierung", „Sozialisation", „sekundäre soziale Fixierung" und „Enkulturation" sowie „Kulturation" sind Erscheinungsweisen von Erziehung (Löwisch 1972, S. 271–293). Der Erzieher ist der direkte oder indirekte, mit entsprechenden Erziehungsstilen arbeitende, gesetzte Erziehungsziele durch Beeinflussung erreichen wollende „Macher", unabhängig davon, ob er den Edukanden zum partnerschaftlichen „Mitmachen" auffordert und gewinnt. Die *Struktur* des Erziehungsvorganges ist *Fremdführung*, die erfolgsgerichtet ist, die mit Erziehungsmitteln, mit Disziplinierungsmaßnahmen, mit Erziehungsmaßgaben arbeitet und die dabei direkt vorgeht oder indirekt durch Arrangements von erzieherischen Situationen und geplantem Einbezug des Edukanden. Die *Methode* von Erziehung läßt sich als *Einflußnahme* vom Erzieher auf den Edukanden umschreiben. Die Rollen sind dabei nicht austauschbar. Das *Ziel* des Erziehens ist die *Herstellung einer äußeren Verfassung* des Edukanden. Dabei kommen der Erziehung unter anderem folgende *Aufgaben* beispielhaft zu:
1. *Einführung* der Edukanden in den sozialen Kontext ihrer Lebenswelt;
2. *Hinführung* der Edukanden zur Entwicklung gesellschaftlich gewünschter Einstellungen;

3. *Vermittlung* und *Durchsetzung* von Normen zwischenmenschlichen Umgangs;
4. *Veränderung* von Einstellungen und Verhaltensweisen;
5. *Vermittlung* konventioneller Umgangsweisen;
6. *Vermittlung* von grundlegenden Kulturtechniken und von Qualifikationen zur Lebensfristung;
7. *Einführung* in kulturelle Lebenswelten;
8. *Erzeugung* von Normenkonformität, Verhaltenskonformität, Rollenkonformität;
9. *Zivilisierung* der Edukanden zu einer gesellschaftstragenden Bürgerexistenz;
10. *Ausbildung* von nützlicher Gesellschaftsmitgliedschaft;
11. *Vermittlung* von Fähigkeiten, von Können, von Bewältigungsstrategien;
12. *Erzeugung* von Zuständigkeiten und von Funktionalität;
13. *Erzeugung* von Gesetzesgehorsam und von objektiven Verantwortlichkeiten;
14. *Erzeugung* richtigen, korrekten, kalkulierbaren Verhaltens;
15. *Vermittlung* von Kompetenzen als Formen eines Bewältigungskönnens angesichts von Aufgaben, die es zu bewältigen gilt.

Der Katalog von Erziehungsaufgaben ließe sich fortführen; immer würde es sich aber um Einführen, Anpassen, Vermitteln, Hinführen, Erzeugen, Ausbilden, Zivilisieren handeln. Erziehung ist – zusammenfassend – eine fremdbestimmende und normierende Praxis, die abhängig ist vom Erzieher und gerichtet ist auf den Edukanden und dessen Gehorsamsleistung. Erziehung ist gebunden an Verfahren des Soziabilisierens und Sozialisierens, des Enkulturierens und der Kulturation, des Disziplinierens, Regelns, Regulierens, des Normierens, des Ausbildens, Erzeugens und Vermittelns. Erziehung ist sach- und funktionsbezogen, normenbezogen und qualifikationsbezogen. Sein Ende findet das Erziehungsvorhaben auf seiten des Edukanden im Erreichen der Fähigkeit, durch Selbsterziehung für die weiteren Qualifikationen der Lebensfristung nach Abnabelung vom Erzieher selber sorgen zu können, für sich selbst Schutz sein zu können, sich selber gesellschaftlich anerkannt verhalten zu können, für sich selbst Macht haben zu können: mündig sein zu können.[1] *Mündigkeit als Erziehungsziel heißt: selbstmächtig zu sein*, aus der Vor-mund-schaft

---

[1] Das Wort „mündig" geht zurück auf das althochdeutsche Wort „munt", was soviel wie „Schutz" bedeutet: vgl. Kluge/Götze: Etymologisches Wörterbuch der deutschen Sprache, 16. Auflage, Berlin 1953, S. 508.

entlassen worden zu sein. Selbstmächtigkeit ist nicht synonym zu sehen und auch nicht zu verwechseln mit Selbständigkeit, mit Selbstand und Selbstbestimmung, auch nicht mit Emanzipation. Meinert Meyer und Barbara Schenk können deshalb sagen: „Das emanzipierte Individuum ist mehr als nur ein mündiger Bürger. Es bestimmt sich selbst" (in Kutscha 1989, S. 114).

1.4 Erläuterung von Bildung

Komplementär zu Erziehung faßt die Pädagogik unter sich Bildung. Bildung ist analytisch von Erziehung getrennt, im pädagogischen Handeln selbst ist sie jedoch nicht gelöst von Erziehung zu sehen, insofern diese als Voraussetzung von Bildung anzusehen ist. Im Bereich der Bildung wechselt die Akteuren-Rolle, was das Besondere von Bildung von Anfang an ausmacht.

Ein Blick auf die Diskussion um das „Philosophieren mit Kindern" als Bildungsaufgabe kann beispielhaft verdeutlichen, was mit dem Wechsel der Akteuren-Rolle gemeint ist: Im philosophischen Gespräch mit Kindern ist der Erwachsene nicht der Führende und Leitende, der Fremdbestimmende wie in Erziehung: Die Kinder sollen ihrerseits durch das Philosophieren mit ihnen die Akteuren-Rolle selber übernehmen lernen durch Fragen und durch Argumentieren- und Diskutierenlernen. Sie sollen sich dabei selber bilden lernen, wenn auch in kleinen und kleinsten Anfangsschritten. Der Pädagoge agiert dabei als Denkprovokateur, er fordert heraus, um die zu Bildenden *zum eigenen Nachdenken zu provozieren und zu befähigen*. Um Mißverständnisse bezüglich des Philosophierens mit Kindern gar nicht erst aufkommen zu lassen, sei betont, daß das Philosophieren mit Kindern als gemeinsames Nachdenken nicht bedeutet, Gedanken der philosophischen Tradition nachzudenken, so wie es Ruth Dölle-Oelmüller (in Hermanni/Steenblock 1995, S. 163–186) nahelegt. Sondern mit Nachdenken ist gemeint, sich selbständig Gedanken zu machen über Probleme und über Sachverhalte, über Unklarheiten und über Erfahrungen, die Neugier und Staunen auslösen. Das einer Sache, einem Problem etc. nachgehende Denken versucht, die Gründe aufzuspüren, warum etwas ist und wie es um Dinge, die Staunen und Neugier auslösen, bestellt ist, welches der Sinn oder die Bedeutung von etwas ist, wie es um Wert- und Verantwortungsbezüge des Denkens und Handelns bestellt ist, welches die sog. letzten Fragen des Menschen sind und wie man mit ihnen umgehen sollte, wie es um die eigene Personalität und Individualität und Identität bestellt ist. Die Themen des Nachdenkens sind von Subjekten jeweils vor ihren Lebenswelten und in ihren Lebenswelten formuliert und sind daher infolge der Lebensweltkontingenzen der einzelnen, ihrer Biographien und ihrer zeitgeistgebundenen Lebensverhältnisse fern von Objektivität: Sie sind subjektiv. Und so, wie die Themen des Nachdenkens subjektiver Art sind, sind auch die Ergebnisse des Nachdenkens an die jeweilige Subjektivität gebunden.

Im Unterschied zu Erziehung, in der es um objektive Anforderungen geht und Erfolge oder Mißerfolge nachprüfbar und überprüfbar sind, Methoden ihrer Erreichbarkeit kritisierbar und effektivierbar sind, ist Bildung an Subjektivität und Personalität gebunden. Was der einzelne Mensch – ob Kind, Jugendlicher, Erwachsener – aus dem vom Pädagogen angeregten Bildungsvorgang macht, das ist Sache dieses Sich-Bildenden selber, ob er nun darum weiß oder nicht. Der *verantwortliche Akteur* im Bildungsgeschehen ist *der* für sich und seine angestrebte Bildung zuständige und verantwortliche *Sich-Bildende*, nicht mehr – wie in Erziehung – der Pädagoge. Nicht in des Pädagogen Händen liegt das Bildungsgeschick des einzelnen. Insofern offenbart sich die *Struktur* des Bildungsvorganges als *ein Selbstführen des Sich-Bildenden*, möglichkeitsbedingt durch seine Vernunft und unter Prinzipien dieser Vernunft, die auch als Vernunftideen, genauer als regulative Ideen der Vernunft ausgegeben werden können. Die *Methode* des den Bildungsvorgang gleichsam moderierenden Pädagogen ist Hilfestellung geben und *Befähigen zur Selbstbefähigung*. Das Befähigen zur Selbstbefähigung geschieht durch pädagogisch angeleitetes und begleitetes Lernen des Selberdenkens in Abhängigkeit von der beim Edukanden vorzufindenden Entwicklungsfähigkeit des Selberdenkenkönnens und des Selberdenkens selbst. Da es sich im Bildungsgeschehen nicht um ein methodisch planbares und erreichbares Ziel unter Einsatz von unterstützenden und sanktionierenden Mitteln handelt – wie in Erziehung –, sondern um die Befähigung zur Selbstaktivität in Form des Selberdenkens, sollte auch nicht von Bildungs*ziel* geredet werden. Vielmehr sollte man von Bildungs*aufgaben* sprechen, *die sich die innere Verfassung des Sich-Bildenden zur Angelegenheit dienen lassen*. Diese innere Verfassung zeigt sich in einer vom Subjekt der Bildung selbst aufgebauten personalen Haltung, einer Selbständigkeit im Denken und Handeln, einer Selbstbestimmung nach bestem Wissen und bestem Gewissen im Umgang mit Sachverhalten und Menschen, mit Natur und mit Kulturgütern.

Aufgaben von Bildung sind durchweg Befähigungsaufgaben, d. h. beispielsweise
1. *Befähigung* des Edukanden zur Emanzipation und zum selbständigen Gebrauch seiner Vernunft;
2. *Befähigung* des Edukanden zur Selbständigkeit, zum Selbstand;
3. *Befähigung* des Edukanden zur Selbstbestimmung, zur selbstbestimmten Mitverantwortung und zur personalen Verantwortungswahrnehmung;
4. *Befähigung* des Edukanden zu differenzierenden (Wert-)Urteilen über Sachverhalte;
5. *Befähigung* des Edukanden zum Gewahrwerden von Werten, d. h. zur Wertsichtigkeit, zur Wertauseinandersetzung, zur Wertkritik, zur Werteinsicht, zur Wertentscheidung;
6. *Befähigung* des Edukanden zur Sinnreflexion und ethischen Normenüberprüfung;
7. *Befähigung* des Edukanden zum reflektierten und personal verantworteten Umgang mit Qualifikationen;
8. *Befähigung* des Edukanden zum authentischen, wahrhaftigen Handeln;
9. *Befähigung* des Edukanden zur Reflexion des nicht umgehbaren Spannungs-Verhältnisses von Ich und Welt, Individuum und Kulturenanspruch;
10. *Befähigung* des Edukanden zu dauerhaften Haltungen und durch sie gespeiste Zivilcourage;
11. *Befähigung* des Edukanden zu einem Bewältigungsbewußtsein, d. h. zu einem Bewußtsein, schwierige Situationen bewältigen zu sollen durch Einsatz von Qualifikationen in personaler und wertig-verantwortlicher Haltung;
12. letztlich: *Befähigung* des Edukanden zu kompetenter Kompetenzwahrnehmung, denn Kompetenzwahrnehmung vollzieht sich nicht automatisch in kompetenter Weise.

Bildung ist im Unterschied zu Erziehung *die Befähigung zu einem an selbstgesteuertes Lernen und an individuelle geistige Entwicklung gebundenen Selbstgestaltungsprozeß.* Bildung als Befähigung ist grundsätzlich gebunden an den notwendigen Einbezug des Edukanden in kritisches und in fragend-philosophisches Nachdenken über alles das, was die Welt als dem Ich gegenüberstehend ausmacht, also was die Lebenswelt des Ich darstellt. Zugleich bezieht sich dieses Nachdenken nach Sinn und Wert, nach Bedeutung und Qualität auch auf das, was in Erziehung normierend-fixierend vollzogen wurde. Dabei ist Bildung im Vollzug gebunden an provozierende und helfende Akte, die der Befähigung zur vernunftgetragenen *Selbstgestaltung durch eine Haltung vernünftiger Aufgabenbewältigung* dienen. *Bildung ist subjektbezogen, sie ist personal orientiert und qualitätsbezogen.* Bildung ist Leistung des Subjekts (Tenorth); sie befähigt zu einer nicht-affirmativen Sinnbestimmung menschlichen Handelns (Benner) und sie ist als individuelle Bildung wesentlich Selbstbestimmung (Heymann, van Lück, Meyer, Schulze, Tenorth). Bildung sorgt für den Aufbau eines personalen Entscheidungs- und Handlungszentrums (Wollersheim), sie ist Bildung zur personalen Selbständigkeit, Bildung zum begründeten Ja- oder Neinsagen (Geißler). Bildung ist auf ein Nachdenken gerichtet, das sich mit keiner gefundenen Antwort zufriedengibt, und wird auch in einer Extremauffassung als radikales, „rückhaltloses" Denken gesehen und als derartige Befähigungsaufgabe für den Edukanden gefordert (Fischer/Ruhloff). Bildung will zu humanitärem Denken und ethischem Empfinden (Aurin) befähigen, sie will zur Inbesitznahme des Geistes des Menschen durch den Menschen befähigen (Heydorn), gleichzeitig damit verbunden auch zum Widerstand befähigen und zur Handlungsbefähigung verhelfen (Heydorn), sie ist Selbstbestimmungs- und Mitbestimmungsbefähigung des einzelnen und seine Solidaritätsbefähigung (Klafki).

1.5 Konsequenzen für Kompetenzerziehung und Kompetenzbildung

Die Gegenüberstellung und Abgrenzung von Erziehung und Bildung als zwei Blickweisen und Formen pädagogischen Handelns läßt ihre qualitative Verschiedenheit erkennen. Geht es in Erziehung um Vermittlung von Objektwissen, von Objektverantwortlichkeiten, um Vermittlung und Erzeugung von Sachwissen, Normenwissen, von Wertewissen und damit verbunden um die Erzeugung von Zuständigkeiten, so geht es in Bildung um Befähigung zum subjektiv verantworteten Umgang in personaler Selbständigkeit mit dem in Erziehung Vermittelten und Erzeugten. Geht es in Erziehung um die Erzeugung von gewünschten Einstellungen, um Veränderung von Einstellungen von ungewünschten zu gewünschten Einstellungen (man denke beispielsweise an sog. Umerziehungsprozesse), so geht es in Bildung um Befähigung des Edukanden zum Selbstaufbau von Haltungen (man denke an die sog. Charakterbildung).

Diese beiden Vorgehensweisen im pädagogischen Umgang mit

Konsequenzen für Kompetenzerziehung und Kompetenzbildung 13

Edukanden finden sich nun auch wieder im kompetenzbezogenen pädagogischen Umgang mit Edukanden:
So gibt es zum einen den Bereich von Kompetenzerziehung und zum anderen den Bereich von Kompetenzbildung. Das bedeutet, daß das mit Kompetenz in der Pädagogik Bezeichnete in zwei Weisen oder Arten auftritt. Ich nenne sie fortan *Kompetenz ersten Grades* und *Kompetenz zweiten Grades*. Kompetenz ersten Grades umfaßt Fähigkeiten, Fertigkeiten, Techniken (auch Kulturtechniken wie Lesen, Schreiben, Rechnen, handwerkliche Techniken etc.), sie meint ein Können (das, was unter anderem bei Aristoteles mit Poiesis bezeichnet wird) und ein Bewältigungskönnen angesichts zu lösender und zu bewältigender Aufgaben durch entsprechendes Wissen und entsprechende Methoden und Strategien, Zuständigkeiten, durch Funktions- und Rollenwahrnehmung. Kurz: *Kompetenz ersten Grades bezieht sich auf Qualifikationen, die durch Vermittlung, Lehrverfahren, Trainings- und Schulungsverfahren erzeugt werden. Kompetenz zweiten Grades ist bezogen auf die Qualität des Handelns.* Unter diesem Aspekt ist sie bezogen auf die Befähigung zur Bildung eines Bewältigungsbewußtseins angesichts von personal zu verantwortenden Entscheidungs- und Handlungsfällen, die unter der Frage stehen: „Was soll ich redlicherweise mit guten Gründen tun?" *Steht in der Kompetenz ersten Grades im Zentrum der Sachwalter, der Fachmann, der Funktionär, der Spezialist, so steht in der Kompetenz zweiten Grades im Zentrum die Persönlichkeit, die Person mit ihrem Gewissen und ihrer subjektiven Verantwortung, mithin der Generalist. Kompetenz ersten Grades erfordert Kompetenzerziehung, Kompetenz zweiten Grades benötigt Kompetenzbildung.*
Kompetenz gehört zum Begriffsrepertoire gegenwärtiger Pädagogik, das – wie noch zu zeigen sein wird – in der Pädagogik aus der Psychologie adaptiert wird, bisher jedoch kaum einer pädagogisch-eigenständigen Betrachtung unterzogen worden ist. Da zukunftsbezogene Bildung zum wesentlichen aber Kompetenzbildung sein sollte, wird im folgenden eine ausführliche Beschäftigung mit dem Kompetenzkonstrukt stattfinden. Zukunftsbezogene Bildung sollte Kompetenzbildung – und zentral: Bildung personaler Handlungskompetenz – sein, was sie bisher aber nicht ist, was sich wiederum ergibt aus einer Darstellung von im Umlauf befindlichen Bildungsverständnissen. Diese können schwerlich den pädagogischen Anspruch erheben, die Edukanden für eine offene Zukunft in einer offenen Gesellschaft mit einer pluralen Kultur und deren Bewältigung in Stand zu setzen. Zukunft ist eine offene Zukunft, von daher

ist sie nicht als eine im vorhinein inhaltlich gestaltbare Zukunft anzusehen. Zukunft ist nicht einfach die Fortführung der Gegenwart in Gestalt einer Hochrechnung der Gegenwart und ihrer Erfordernisse. Insofern kann es für Zukunft auch keine materiale Bildung geben, die lediglich den Weiterbestand von heute in Geltung befindlichen Inhalten auch für die Zukunft als verbindlich ansieht und sie damit für die Zukunft zu Bildungsinhalten erklärt. Wenn Bildung es mit dem kritischen Subjekt zu tun hat, wenn sie es mit Selbstbestimmung und Selbständigkeit zu tun hat und wenn Bildung es immer auch mit einem sich ständig wandelnden Zeitgeist zu tun hat, weil Bildung immer historisch gebunden ist und integriert ist in gesellschaftliche Verhältnisse, dann kann es für Zukunft keine verbindlichen Inhalte geben, die das Subjekt aus der Gegenwart heraus für seine Zukunft feststellen. Erst recht kann es keine materiale Bildung geben, wenn Bildung – im Unterschied zu Erziehung – die Befähigung des Subjekts für seinen eigenständigen Umgang mit der Aufgabe von Weltgestaltung zum Anliegen hat. Insofern ist eine formale Bildung angesagt. *Kompetenzbildung ist formale Bildung.*

2. Kurzvorstellung einiger im Umlauf befindlicher Bildungsverständnisse

Wie sieht die gegenwärtige Bildungsdiskussion aus? Die gegenwärtig geführte Bildungsdiskussion ist äußerst differenziert und gleichzeitig diffus. In einer Querschnittbetrachtung läßt sich ein breites Spektrum von Bildungsverständnissen skizzenartig feststellen, das den pädagogischen Theoretiker wie auch den pädagogischen Praktiker unbefriedigt lassen muß.

2.1 Bildung wird in Abhängigkeit gebracht von Gesellschaft und Gesellschaftspolitik

„Die Formulierung des Bildungskonzeptes" geht unter dieser Sicht für Ulf Preuß-Lausitz aus „von den gesellschaftlichen Rahmenbedingungen" (in Hansmann/Marotzki 1988, S. 401–418). Diese liefern die Determinanten für Bildung. Ferner werden für das Bildungskonzept als bestimmend angesehen „die veränderten Aufwachsbedingungen von Kindheit und Jugend", die zu berücksichtigen sind, ebenso wie „die veränderten institutionellen Strukturen der Schule", die hinreichend in das Bildungskonzept einzubeziehen seien (S. 402). Zu den Rahmenbedingungen, die die Bildung inhaltlich bestimmen, gehört für diese Position zentral das Thema „Frieden": Erhaltung des Friedens und Erzeugung von Friedensfähigkeit. Hatte Adorno von einer Erziehung nach Auschwitz gesprochen, von einer Erziehung zu einer Entbarbarisierung durch Mündigkeit und durch kritisches Widerstandleisten, so schließt sich Ulf Preuß-Lausitz in gewissem Sinne Adorno an und spricht davon, daß es „nach Hiroshima keine Möglichkeit mehr (gibt), auf eine grundlegende und verbindliche Ethik der Friedenserhaltung und der Friedensfähigkeit zu verzichten und an deren Stelle auf den bloßen 'herrschaftsfreien Dialog' zwischen Lehrenden und Lernenden zu vertrauen" (S. 403). Bildung hat sich mithin einer Friedensethik zu verpflichten, von der nach den Atombombenabwürfen von Hiroshima und Nagasaki Abstand zu halten als nicht mehr möglich erklärt wird. Nimmt man den Verfasser beim Wort, so hätte es vor Hiroshima noch die Möglichkeit gegeben, auf eine Friedensethik zu verzichten. Aber schon diese Sicht, daß Friedensethik notwendig geworden sei seit Hiroshima, ist in hohem Maße fragwürdig: Eine der Ethik immanente Aufgabe ist es seit alters, die Voraussetzungen von Friedfertigkeit für das Zusammenleben möglichst vieler Menschen zu schaffen, ohne „Frieden" dabei als höchstes ethisches Ziel begrifflich herauszustellen. Zum anderen ist die Frage nach Friedensethik und ihrer Notwendigkeit keine Frage, die abhängig ist von der Anzahl getöteter Menschen, so daß man sagen könnte, daß erst Hiroshima den „Verzicht" auf Friedensethik verbiete. Dennoch: das verpflichtende Konzept von Bildung setzt hier auf das Verbindlichmachen einer dem Wert Frieden verpflichteten Ethik bei gleichzeitiger Ablehnung der kommunikativen Forderung einer Herrschaftsfreiheit des zwischenmenschlichen Dialogs. Hier wird das kritische selberdenkende Subjekt aufgeopfert einer verpflichtenden materialen Ethik, die im Anschluß an Hans Jonas auch zum Inhalt hat: „Leben (soll) erhalten werden." Konsequenterweise heißt es dann auch: „Wenn also Leben erhalten werden soll, dann kann es keine moralische Neutralität des Bildungssystems – und eines Bildungsbegriffs – geben. Die oberste Maxime jeder Bildung nach Hiroshima ist die Erhaltung des Lebens, eine 'Liebe zum Leben' als Aufgabe der Bildung." Pädagogen haben danach ihr Handeln darauf auszurichten, „zu lebenserhaltenden, friedensfähigen Einstellungen und Handlungsbereitschaften beizutragen". Bildung in der Schule sorgt „durch kritische Reflexion und Wissensaneignung im sozialen Rahmen eines verständigen gemeinsamen Sprechens und Abarbeitens an Lehrer-Positionen" für den Erwerb von „Handlungsfähigkeit zur Friedenserhaltung" (S. 403).

Auf Zukunft bezogene Bildung heißt für diese pädagogische Position aber auch einzurechnen, daß durch Arbeitslosigkeit und durch Bedeutungsverlust der Arbeit als Beruf andere Bereiche für den Menschen wichtiger werden: Familie, soziale Beziehungen, Reisen, Sport und kulturelle Tätigkeiten. Auf diese Bereiche hat Bildung vorzubereiten: „Ein Bildungsbegriff … wird verstärkt auf jene Fähigkeiten abzielen, die in die Lage versetzen, in der 'Kultur- und Tätigkeitsgesellschaft' der Zukunft sich eigentätig und produktiv zu verwirklichen" (Preuß-Lausitz 1988, S. 406). Wird hier bewußt einer gegenwärtigen „Leistungsgesellschaft", „Erlebnisgesellschaft" (Schulz) und „Risikogesellschaft" (Beck) eine „Kultur- und Tätigkeitsgesellschaft" als Zukunftsgesellschaft gegenübergestellt, so bleiben die über Bildung vorzubereitenden Fähigkeiten für ein Leben in dieser Zukunftsgesellschaft unspezifisch. Was für Bildung gefordert wird, sind Qualifikationen (Fähigkeiten) zur Bewältigung der Aufgabe von Selbstverwirklichung: *Bildung hat für ein Bewältigungskönnen zu sorgen, sie hat Bewältigungsstrategien zu vermitteln.* Derartige Bewältigungsstrategien oder Kompetenzen beruhen einmal auf der Darstellung der Mannigfaltigkeit von „möglichen Lebensformen", von „kulturellen Ausdrucksformen" und „Werten" und zum anderen auf der Vermittlung dieser Lebensformen, kulturellen Ausdrucksformen und Werten „mit der individuellen Biographie in einem konstruktiven und identitätsstärkenden Prozeß" als Bildungsprozeß (S. 407).

Damit ist Bildung sowohl materiale Bildung als auch formale Bildung: wertevermittelnde Bildung und Qualifikationenbildung. Unter Zugrundelegung obiger Differenzierung von Erziehung und Bildung fiele beides in den Erziehungsbereich: Werteerziehung und Kompetenzerziehung als Vermittlung von Qualifikationen. Beides sorgt bei Preuß-Lausitz für Ich-Stärke, die als Bildungsaufgabe in der Gegenwart und für die Zukunft notwendig werde. Als Gründe für diese Notwendigkeit wird die „Enttraditionalisierung der Gesellschaft" angegeben und wird die „Freisetzung der Individuen, also deren verstärkte Individualisierung" benannt. Der hier vertretene Bildungsbegriff hat „ganzheitliche Sozialisation, eine lebenspraktische und lebensweltlich orientierte Überlebensfähigkeit und Sinnstiftung" zu realisieren (S. 415). „Zu solch einer ganzheitlichen Bildung gehören gewiß das Denken, das Wissen, die manuelle Fähigkeit, aber auch die Lust an der Erfüllung der selbstgesetzten Aufgaben; weiterhin gehören dazu die Phantasie, das kreative Schreiben, die Kunst und der lustvolle (und nicht nur der sportlich gestählte) Körper ... Im Zentrum einer ganzheitlichen Bildung steht jedoch eine Moral, die von der Erhaltung der Vielfalt des Lebens – des menschlichen wie des tierischen und pflanzlichen – bestimmt ist" (S. 415), so lautet die Erläuterung dessen, was unter *ganzheitlicher Bildung*, die auch *als ganzheitliche Sozialisation* ausgegeben wird, zum Zweck des Überlebens in der Gesellschaft zu verstehen ist. Denn es handelt sich letztlich um Überlebensfragen, um „die Überlebenschancen in der multikulturellen, pluralistischen und industrialisierten Gesellschaft". „Bildung ... zielt ab auf verantwortliches, gesellschaftliches, also eingreifendes Handeln Ich-starker Subjekte im sozialen Zusammenhang" (S. 414). Sie ist in dieser Position gesellschaftsabhängig und gesellschaftspolitisch abhängig. Bildung ist sowohl material in ihrer

Werteverpflichtung, formal in ihrer Kompetenzbindung, pragmatisch in ihrem Überlebensinteresse und unspezifisch in ihrer durch Ganzheitlichkeit erklärten Allseitigkeit: *Bildung hat keinerlei Konturen mehr.* Die angesprochene „Enttraditionalisierung der Gesellschaft" hat bei Preuß-Lausitz konsequenterweise auch den gesellschaftsabhängigen Bildungsbegriff erfaßt: Die Konturenlosigkeit verdeutlicht die Traditionsleere dieses Bildungsverständnisses, das als „neues Bildungsverständnis" ausgegeben wird (S. 416). Daß mit diesem Bildungsverständnis „die humanistischen Ansprüche der Aufklärung" aufgegriffen werden, dabei aber „deren Abspaltungen, Ausgrenzungen, Praxisferne, hierarchisches Denken und das gesellschaftspolitische Defizit" überwunden werden und daß dieses neue Bildungsverständnis von einer Verantwortungsethik ausgehe, ist nicht nachvollziehbar. Das traditionsleere und konturenlose Bildungsverständnis unter Überlebensinteressen hat mit humanistischen Ansprüchen der Aufklärung nichts mehr zu tun: es fällt hinter Humanismus und Aufklärung zurück. In einer Zeit der Profillosigkeit, der Suche nach Plausibilität sowie der Eingängigkeitsbestrebungen für Gedanken bietet dieses Bildungsverständnis jedoch für jeden etwas. Und das macht es zu einer gängigen Münze.

2.2 Allgemeinbildung für den Fortbestand der Gesellschaft und für ihre Reproduktion

Die Vertreter dieses gesellschaftsbezogenen Bildungsverständnisses unterscheiden Bildung und Allgemeinbildung (Heymann u. a. 1990, S. 9–20). Bildung betrifft das Individuum in seiner biographischen Selbstgestaltung und ist insofern zu verstehen als individuelle Bildung. Sie ist eine Bildung, die der einzelne mit sich selbst vollzieht angesichts seiner Alltags- und Lebenswelt, die er auf seine Weise bewältigt, ohne andere über sich bestimmen zu lassen. Individuelle Bildung kann nicht durch Dritte – beispielsweise Lehrer in der Institution Schule – bewirkt werden. „Der Begriff der Bildung bezieht sich auf die personale Verfaßtheit des modernen Menschen, auf die Gestaltung einer individuellen Biographie in vielfältigen, nicht voraussehbaren Lebensbezügen ... Individuelle Bildung ist wesentlich Selbstbestimmung" (S. 11).

Diesem individuellen Bildungsbegriff wird ein öffentlicher Bildungsbegriff gegenübergestellt, der eine institutionalisierte Bildung leitet. Ihr geht es nicht um subjektive und personale Belange, ihr geht es vielmehr um gesellschaftliche Interessen, um Interessen, die für die Allgemeinheit, sowohl in Gestalt der Gesellschaft als auch in Gestalt der Menschheit, von Bedeutung sind. Insofern handelt es sich um Allgemeinbildung. Sie steht im Dienste der Interessen von Gesellschaft und Menschheit, von Demokratie und Kultur. Sie ist bezogen auf den Fortbestand der Gesellschaft mit ihren jeweils erreichten soziokulturellen Errungenschaften. Allgemeinbildung sorgt sich um ein gesellschaftlich notwendiges Orientierungswissen in Form eines Orientierung gebenden Wissens, um in gegenseitiger Verständigung der Gesellschaftsmitglieder das gesellschaftliche Leben mit seinen Aufgaben und Herausforderungen bewältigen zu können. „Der Begriff der Allgemeinbildung ... bezieht sich auf den Vorrat an soziokulturellen Errungenschaften, den eine Gesellschaft ansammelt, nutzt und überliefert, um fortbestehen zu können" (S. 11). Ist individuelle biographische Bildung lebensweltgebunden, so greift Allgemeinbildung weit darüber hinaus: Der Allgemeinbildungsbegriff „antwortet insbesondere auf das Problem, daß sich in modernen Gesellschaften ein umfangreicher und noch ständig wachsender Vorrat an für die Lebensbewältigung und die gegenseitige Verständigung relevantem Orientierungswissen, gespeichert in Texten, Bildern, Zeichenfolgen und Formeln, herausgebildet hat, der den Umkreis lebensweltlicher Erfahrung weit übersteigt und daher besonderer Modalitäten der Aneignung bedarf" (S. 11). Allgemeinbildung sorgt sich also um die Teilhabe eines jeden am gesellschaftlichen Orientierungswissen in allen gesellschaftlich relevanten Bereichen mit dem Ziel, die „Mitglieder einer arbeitsteiligen, demokratischen Gesellschaft" sich verständigen lassen zu können über gemeinsame Anliegen und mitwirken lassen zu können an deren „Ausgestaltung". Der Begriff der Allgemeinbildung „umreißt" – was auch immer damit gemeint sein mag – „die universellen Prämissen für eine öffentliche und vernunftgemäße, tendenziell die gesamte Menschheit umfassende Kommunikation und Kooperation" (S. 11). Kommunikation und Kooperation stehen somit im Dienste von Zielen, die eine Gesellschaft, eine Kultur und eine Politik aus sich heraus für ihren Geltungsbereich geschaffen haben, jedoch mit dem Anspruch, universal zu gelten. *Allgemeinbildung hat hier gesellschaftskonstitutive, nicht gesellschaftskritische Funktion, sie ist gesellschaftsaffirmativ: Gesellschaft reproduziert sich über Allgemeinbildung. Die gesellschaftliche Reproduktion ist ausschließlicher Zweck von Allgemeinbildung.* Allgemeinbildung ist bewahrend und sorgt für Fortbestand: sie ist konservativ. „Allgemeinbildung hat in dieser

Hinsicht eine konstitutive Funktion, die in den Richtlinien und Lehrplänen der allgemeinbildenden Schulen inhaltlich entfaltet wird" (S. 11). Diese positive Wertung verdeutlicht die Gesellschaftsabhängigkeit – inhaltlich und institutionell – von Allgemeinbildung. Allgemeinbildung als pädagogischer Begriff verliert in der pädagogischen Institution Schule durch ihre Aufgabe, gesellschaftliche Reproduktion und gesellschaftlichen Fortbestand in ihrem Ist-Zustand für die Zukunft zu sichern und zu gewährleisten, ihren pädagogischen Auftrag, der auf Personbildung, auf Menschenbildung, auf Bildung des Sich-im-Denken-orientieren-Könnens, auf Bildung eines nachdenkend-kritischen Bewußtseins bezogen ist. Der positiven Wertung von Allgemeinbildung wird zugleich abwertend die individuelle Bildung gegenübergestellt. Die Autoren führen den oben zitierten Gedanken wie folgt weiter: „Individuelle Bildung dagegen ist ... *nur* als Möglichkeit bestimmbar und bietet somit *allenfalls* ein Korrelativ zur Allgemeinbildung, indem man zeigen kann, unter welchen Umständen sie eher unwahrscheinlich wird" (S. 11, Hervorhebung: DJL). Der individuellen Bildung wird keine Konstitutivität zugesprochen, sondern allenfalls eine Korrektivfunktion bezüglich ihrer Ausgestaltung und ihrer Effektivität.

Der von den Autoren vertretene Allgemeinbildungsbegriff mit Zukunftsreichweite *ist ein utilitaristischer Begriff*: ihm geht es um eine gesellschaftliche Nützlichkeit, für die die individuelle Bildung als Gefahr einer Funktionalitätsstörung angesehen wird. Deshalb heißt es auch, daß „neue Konzepte der Allgemeinbildung ... ausweisen (sollten), wie innerhalb der Schule der Anspruch der Allgemeinbildung auf universelle Verständigung und Kooperation in den Anspruch der individuellen Bildung auf Selbstbestimmung transformiert werden kann" (S. 11). Das besagt nichts anderes als: Wie läßt sich auf dem Wege der Transformation, der Überführung der Allgemeinbildung in die individuelle Bildung (und nicht umgekehrt!) letztere in Dienst nehmen für die Mitwirkung an der universellen gesellschaftlichen Veränderung und Kooperation? Es geht um Vermittlung einer gesellschafts- und kulturbezogenen „gültige(n) Grundordnung des Wissens, die *gemeinsamen* Formen des Erkennens und die *gemeinsamen* Regeln des Handelns" (S. 12, Hervorhebung: DJL). Allgemeinbildung mit ihren Aufgaben ist „eine wesentliche Voraussetzung für die politische Lösung aktueller gesellschaftlicher Probleme und für eine gemeinsame Gestaltung der vor uns liegenden Zukunft" (S. 15). Dazu bedarf es des „engagierten und in seinem Engagement kompetenten Laien" (S. 17), der durch Allgemeinbildung zu erzeugen ist.

2.3 Allgemeinbildung ist kein pädagogisches, sondern ein politisches Thema

In Heinz-Elmar Tenorths Stellungnahme zum Thema Bildung als Allgemeinbildung wird das Verhältnis Allgemeinbildung und Gesellschaft radikalisiert (in Heymann/Lück 1990, S. 111–130). Allgemeinbildung ist nach Tenorth nicht nur auf Gesellschaft bezogen, Allgemeinbildung ist nicht nur abhängig von Gesellschaft und dem Fortbestand sowie der Reproduktion von jeweiligen Gesellschaften verpflichtet: Allgemeinbildung wird hier von der Gesellschaft her definiert und sie wird legitimiert allein durch einen politischen Diskurs. Das heißt: Gesellschaft lebt von normativen Strukturen. Die Normen, die für das Zusammenleben in einem Gesellschaft genannten Organismus für dessen Zusammenhalt, für dessen Erhalt, für dessen Weiterentwicklung, für dessen Interaktion mit anderen Gesellschaften und Gesellschaftsgruppen sowie für die Interaktion der die Gesellschaft tragenden Mitglieder untereinander sowie für deren diverse Organisationsformen notwendig sind, diese Normen definieren das, was Allgemeinbildung heißt. Sie gehen in die Allgemeinbildung ein als deren Fundament. Als Fundament jedoch kann die die Allgemeinbildung fundamentierende Gesellschaft noch keine Legitimation abgeben. Die Gesellschaft liefert die Inhalte, die Normen und die Wissensdaten, die fundamentale Bedeutung für Allgemeinbildung tragen: Sie sagt an, was Sache für Allgemeinbildung ist; sie sagt aber nicht an, daß diese Inhalte auch sein sollen, d. h., sie legitimiert sie nicht.

Legitimationen oder Rechtfertigungen werden in Argumentationen vorgenommen, die in Diskursen ablaufen. Der Bereich nun, der gesellschaftsbezogene Diskurse verantwortlich gestaltet und durchführt, ist für Tenorth die Politik. *Pädagogik hat damit keine Legitimationsaufgabe* und sie hat kein Legitimationsrecht *für allgemeinbildende Inhalte*, denn sie hat es nicht mit dem Allgemeinen, das heißt: mit dem Gemeinwohl zu tun. *Pädagogik hat ihren Bereich allein im Umsetzen der ihr vorgegebenen Inhalte*, nicht im argumentativen Rechtfertigen. Die Normenbegründungen liefert für Tenorth auch nicht die Philosophie, da sie nicht gesellschaftsaffirmativ tätig ist. Insofern kann letztlich nur die Politik die Inhalts- und Normen*begründungen* liefern. Die Inhalts- und Normen*durchsetzung* dagegen ist Aufgabe der Pädagogik: Ihre Aufgabe ist es, für den Vollzug der Normendurchsetzung zu sorgen. Das führt bei Tenorth dazu, daß er die praktische Pädagogik als „Vollzugsorgan der Gesellschaft" und die theoretische Pädagogik in ihrer reflexiven Arbeit als das gesellschaftliche „Resonanz-Organ" ansieht. „Die Idee der allgemeinen Bildung bezeichnet kein pädagogisches, sondern ein gesellschaftlich definiertes Thema" (Tenorth 1990, S. 115), wogegen es bei Tenorth zwei Jahre zuvor noch heißt, daß sich Bildung auf die „Konstitutionsprozesse von Subjekt und Gesellschaft" bezieht (in Hansmann/Marotzki 1988) und daß „Erziehungswissenschaft ... zur Erkenntnis des Allgemeinen der Bildung und zu ihren konkreten Möglichkeiten vor allem dann (beiträgt), wenn sie ihr genuines Erkenntnispotential entwickelt, besonders dadurch, daß sie ihre einheimischen Deutungen des Bildungsprozesses entwickelt, und ferner dadurch, daß sie die Möglichkeiten analysiert, die für die Bildung von Individualität in öffentlichen Erziehungsprozessen liegen" (S. 250). Fragestellungen und Begriffe der Bildungstheorie sind „Individualität und Vergesellschaftung", „Relation von Mensch und Welt", „Aneignung und Vergegenständlichung von Kultur", „Erfahrungen von Herrschaft und Entfremdung" und „Anspruch der Vernunft" (S. 253). Zwei Jahre später dagegen heißt es: „Die Idee der allgemeinen Bildung ... ist ... anders als in einem politischen Diskurs ... gar nicht zu rechtfertigen. Die Pädagogik ist, in ihrer Praxis, unter dem Anspruch der Allgemeinbildung nichts anderes als das ... Vollzugsorgan der Gesellschaft; und in ihrer Reflexion ist Pädagogik das gesellschaftliche 'Resonanz-Organ' ... für Bildungsprobleme" (Tenorth 1990, S. 115).

Wodurch aber legitimiert sich Allgemeinbildung, auf die auch bei Tenorth nicht verzichtet werden kann? Es sind „die Verfassungen der westlichen Kulturen", es ist der „explizit egalitäre Anspruch, den sie tragen". Und wodurch wird Allgemeinbildung unverzichtbar? Durch die „Verfassungswirklichkeit gewissermaßen", durch „die politische und gesellschaftliche Realität, die ohne einen Fundus an allgemeinem Wissen und kulturellen Selbstverständlichkeiten ... gar nicht funktionieren könnten" (S. 115). „Im Begriff der Allgemeinbildung wird als gesellschaftliche Aufgabe fixiert, daß unsere Kultur im Wandel der Generationen" – und damit ist auch die Zukunft angesprochen – „die für sie unentbehrlichen Kompetenzstrukturen – sowohl kognitiver wie moralischer, praktischer wie aesthetischer Natur – universalisieren und reproduzieren muß, wenn sie ihr Funktionieren nicht stören, sondern (bei aller Varianz in den Erscheinungsformen, die diese Funktion einnimmt) sichern und steigern will ..." (S. 116). Bezugspunkt von Allgemeinbildung ist die Kultur im Wandel der Generationen als gesellschaftliches Definitionsfeld von Allgemeinbildung. Insofern ist für Tenorth „Pädagogik ... nicht mehr als der Name für diejenige gesellschaftliche Organisation, die eine Ordnung im Generationenzyklus erzeugt, obwohl die Gesellschaft im Generationenverhältnis ihre eigene Ordnung – die Erziehung eingeschlossen – immer wieder problematisiert und öffnet" (S. 126).

Neben derartigen sozialwissenschaftlich und gesellschaftlich orientierten Bildungsverständnissen, für die die Vorgestellten als Beispiele dienen sollten, findet sich auch ein äußerst breites Spektrum philosophisch orientierter Bildungsverständnisse. Dabei handelt es sich *unter anderem* um handlungsorientierte Vorstellungen der Bildungsaufgabe, um skeptisch-transzendentalphilosophische, um humanitätsbezogene, um subjektbezogene und personale, um auf Wissen und Haltung bezogene wie auch um ethische Vorstellungen der Bildungsaufgabe. Einige wesentliche von ihnen seien im folgenden erörtert, um zu verdeutlichen, wie der Diskussionsstand aussieht, innerhalb dessen Handlungskompetenz als Bildungsaufgabe der Zukunft seinen Platz finden soll.

2.4 Bildung als Erlernen und Bewahren von Handlungsorientierung

Bildung hat es für Helmut Peukert mit dem Handeln des Menschen zu tun (in Pleines 1987, S. 69–88). Die handlungsbezogene philosophische Frage „Was soll ich tun?" ist ihm eine Frage der Vernunft, die „in ihrer Spitze praktische Vernunft" ist (S. 82). Damit wird bei Peukert eine Primatsetzung der praktischen Vernunft vor der theoretischen Vernunft vorgenommen. Dies geschieht ganz im Sinne der Transzendentalphilosophie Kants, der beide Vernunftarten in der „Kritik der reinen Vernunft" und in der „Kritik der praktischen Vernunft" transzendentalkritisch analysiert und erklärt, daß die Analyse der reinen theoretischen Vernunft die Möglichkeitsbedingungen von Erkenntnis freilegt, daß das Vernunftgeschäft aber erst durch die praktische Vernunft vollständig und sinnvoll wird und daß die praktische Vernunft den Primat trägt, insofern alles Vernunftinteresse der Menschen auf Handeln gerichtet ist.[2] Han-

---

[2] Vgl. hierzu: Dieter-Jürgen Löwisch: Immanuel Kant II, wo in Anknüpfung an den Südwestdeutschen Neukantianismus die Primatsetzung der praktischen Vernunft bei Kant herausgearbeitet und begründet wird unter Bezug auf die praktisch-philosophisch orientierten Schriften Kants wie auch

deln nun unterliegt ethischen Maßstäben. Für Peukert zielt Ethik darauf ab, „mögliche Freiheit zu ihrer Verwirklichung als realer Freiheit zu verhelfen. Und sie weigert sich, vernichtete vergangene Freiheit und mögliche zukünftige Freiheit aus dem Horizont eigenen Handelns zu verdrängen" (S. 82). Das heißt: Bildung ist mit Freiheitsrealisierungen verbunden. Bildung hat zur Aufgabe, im jeweiligen Handeln den Anspruch praktischer Freiheit verbindlich zu machen und im zwischenmenschlichen Handeln die Kreativität aufzubringen („intersubjektive Kreativität" bei Peukert), Freiheitsrealisierungsmöglichkeiten und -chancen zu erkennen und zu nutzen. Dazu gehört auch, im gegenwärtigen Horizont des eigenen Handelns Vergangenheit und Zukunft von Freiheitsrealisierungsversuchen immer mitzubedenken. Ein solches Handeln, das dazu in der Lage ist, wird von Peukert als „humanes Handeln" bezeichnet, das aus einer Vernunft entspringt, die – und wieder findet sich die Formulierung – „in ihrer Spitze praktische Vernunft ist". Vernunftrealisierung ist abhängig von Beanspruchung der Vernunft, und diese Beanspruchung zeigt sich in immer neuen und Vernunftrealisierung weitertreibenden Akten intersubjektiven Handelns, die „die Genese von menschlichen Subjekten und darin von Vernunft" ermöglichen. „Die Frage nach Vernunft ist in diesem Sinne von der Frage nach Bildung nicht zu trennen", heißt es bei Peukert (ebda.). Und das heißt: *Bildung ist Vernunftbildung beim einzelnen Subjekt.* Dies ist „die Grundstruktur menschlicher Bildungsprozesse und ihrer interaktiven, institutionellen und gesellschaftlichen Voraussetzungen" (ebda.). Bildung als Vernunftbildung findet statt in Bildungsprozessen, die an Interaktionen (Handeln), an Institutionen (von Familie und Kindergarten über Schule bis zur Weiterbildung) und an Gesellschaft gebunden sind.

Doch wird gegenwärtig de facto weniger Vernunftbildung betrieben als vielmehr – im kantischen Sinne – Verstandesbildung. Drei

---

auf seine geschichtsphilosophischen Arbeiten. Dagegen: Wolfgang Fischer: Immanuel Kant I, der unter dem Einfluß des Marburger Neukantianismus den Primat der theoretischen Vernunft bei Kant behauptet und die praktisch-philosophischen wie auch die geschichtsphilosophischen Schriften Kants als immanenten Bruch mit der Transzendentalphilosophie wertet. Beide Abhandlungen finden sich in Wolfgang Fischer und Dieter-Jürgen Löwisch (Hrsg.): Pädagogisches Denken von den Anfängen bis zur Gegenwart, Darmstadt 1989, S. 125–153; als zweite ergänzte Auflage unter dem Titel: Philosophen als Pädagogen, Darmstadt 1998 erschienen.

tonangebende, den Zeitgeist tragende und vom Zeitgeist getragene Verstandesbildungsbereiche gelten für Peukert fast ausschließlich:
1. wissenschaftliche Rationalität,
2. ökonomische Rationaliät und
3. demokratische Lebensform.

Alle drei sind für Peukert mit Vernunftbildung in Vereinbarung zu bringen, wobei sich Vernunftbildung mit der Folge humanen Handelns als unausweichlich darstellt; sie trägt Basischarakter. „Die Basis wissenschaftlicher Rationalität ist intersubjektiv reflektiertes kommunikatives, innovatorisches und transformatorisches Handeln. Die Umsetzung wissenschaftlichen Wissens in technische Handlungssysteme ist deshalb jeweils daraufhin zu prüfen, ob sie den Aufbau einer gemeinsamen kommunikativen Welt, die ihren Wurzelboden darstellt, behindert oder gefährdet ... Wissenschaftliche Rationalität kann nur widerspruchslos sie selbst sein als eine an Realisierung von Freiheit und intersubjektiver Kreativität interessierte Vernunft" (S. 85). Was die ökonomische Rationalität angeht, so heißt es: „Nur eine ökonomische Rationalität, die sich an der Schaffung gemeinsamer Lebensmöglichkeiten orientiert, würde auch der Vernunft entsprechen, die elementare Bildungsprozesse ermöglicht" (S. 86). Und was die Basis demokratischer Lebensform betrifft, so ist diese Basis in den Menschenrechten zu sehen. Es müssen „angeborene, natürliche, unverletzliche, unveräußerliche Rechte des Menschen, die vor und unabhängig von jeder individuellen und öffentlichen Handlung einem jeden Menschen zukommen, als Prinzipien einer kommunikativen Lebensform gelten". Die „Idee der Demokratie" ist „kommunikative Lebensform" (S. 87).

Unter der Frage nach Allgemeinbildung aus Vergangenheit in Gegenwart für Zukunft erklärt Peukert: „Eine Theorie der Bildung könnte also mit einer umfassenden wissenschaftlichen Rationalität, mit einer in ihrer Rationalität nicht verstümmelten Ökonomie und einer normativen Demokratietheorie in Einklang gebracht werden, wenn sie auf eine in ihrer Spitze praktischen Vernunft, die im Horizont universaler Solidarität Leben konkret ermöglichen will, bezogen bliebe. Dies aus Einsicht zu erlernen, als Handlungsorientierung im Bewußtsein zu bewahren und beharrlich auch gegen Widerstand im Interesse aller in Praxis umzusetzen, wäre Bildung, der der Bezug auf ein Allgemeines nicht erst nachträglich angesonnen werden muß" (S. 88).

2.5 Bildung zur Mitwirkung an der menschlichen Gesamtpraxis

Bezugspunkt pädagogischen Umgangs mit dem „bildsamen" Menschen ist für Dietrich Benner das Handeln, die Praxis. In Bildung geht es hiernach um die Befähigung zur Mitwirkung eines jeden Menschen an der sogenannten „menschlichen Gesamtpraxis" (in Hansmann/Marotzki 1988, S. 161–182).

Wird von Gesamtpraxis gesprochen, dann hebt sich diese ab von allen Einzelpraxen. Es ist das Gesamt aller nur denkbaren Praxen gemeint, das der prinzipiellen Bestimmung des Menschen zum Handeln im Unterschied zum reinen Verhalten korrespondiert. Das heißt: neben dem Denken gehört – anthropologisch gesehen – das Handeln zur Bestimmung des Menschen. Und gesellschaftlich gesehen ist der Mensch ausgerichtet auf jeweils spezielles Handeln für spezielle Zwecke in speziellen Handlungsfeldern, die die Gesellschaft für ihn bereithält. Allgemein verstandenes menschliches Handeln („Gesamtpraxis") ist für Benner gebunden an „Freiheit, Geschichtlichkeit und Sprachlichkeit", wobei er in metaphysikkritischer Weise diese Prinzipien als transzendentale Prinzipien versteht. Insofern steht das menschliche Handeln unter der Spannung zwischen dem Pol der unserem Denken und Handeln schon immer „uneinholbar vorausgesetzten Welt an sich" und dem Pol der realen Welt, wobei Kants Trennung der Welt in eine intelligible und eine sensible Welt zugrunde gelegt wird. Die reale Welt ist die, in die wir, sie beherrschen wollend, in konkreten speziellen Handlungsfeldern denkend und handelnd eingreifen. Die reale Welt mit ihren speziellen Handlungsfeldern ist unsere geschichtliche und gesellschaftlich strukturierte Lebenswelt als Bewährungsfeld für eine transzendental vorausgesetzte vernünftige Welt. Die reale Welt ist eine Welt, die uns in gestalteter Ordnung, in Hierarchien und in den Anmutungen vielfältiger differenter Handlungsfelder mit ihren jeweiligen Einzelpraxen entgegentritt. Der „Welt an sich" entspricht die die diversen Einzelpraxen begründende Gesamtpraxis. Die mitwirkende Beteiligung eines jeden Menschen an der Gesamtpraxis in und mit seiner jeweiligen Lebenswelt und deren Praxen dokumentiert sich für Benner im „Diskurs über die Frage der Sinnbestimmtheit menschlichen Handelns" (S. 180). Wenn die Einzelpraxen jeweils zweckorientiert sind, so ist die Gesamtpraxis sinnorientiert. Das heißt: Jede Einzelpraxis (Politik oder Pädagogik, Arbeit oder Sitte, Religion oder Kunst werden als Beispiele gebracht) dient jeweils Zwecken, für die sie eingerichtet und institutionalisiert ist. Aus sich selbst und ihrer Zweckbindung heraus stellen die Einzelpraxen keine Fragen nach ihrer Sinnbestimmtheit; sie sind zweckgenügsam. Die Frage nach der Sinnbestimmtheit des jeweiligen speziellen Handelns ergibt sich erst aus der Frage nach der Sinnbestimmung menschlichen Handelns allgemein.

In dieser allgemeinen Betrachtung menschlichen Handelns unter dem Sinn-Aspekt zeigt sich, daß sich Sinn nicht hierarchisieren läßt und daß sich die am Sinn orientierte Ordnung des Handelns ebensowenig in hierarchische Ordnungszusammenhänge bringen lassen kann. Der Sinn menschlichen Handelns, der sich beispielsweise zeigen mag in Freiheitsverwirklichung oder in der praktizierten Achtung der Würde des Menschen, in der gelebten Mitverantwortlichkeit oder im erfahrbaren Mitleiden, d. h. in Versuchen von Wert- und Tugendrealisierungen, ermöglicht statt Hierarchie eine Gleichgewichtigkeit der Bedeutungen des Handelns. Insofern heißt es bei Benner, daß es heute darauf ankomme, „die Idee eines nicht-hierarchischen Ordnungszusammenhanges der menschlichen Gesamtpraxis zu setzen, welche allen Bereichen menschlichen Handelns, der Arbeit ebenso wie der Sitte, der Pädagogik ebenso wie der Politik, der Kunst ebenso wie der Religion, eine je besondere, nicht hierarchisierbare und nicht finalisierbare, sondern gleichgewichtige Bedeutung zuerkennt". Das setzt aber die genannte anthropologische Bestimmung voraus, die in der Bildsamkeit des Menschen liegt. Die Bildsamkeit ist „weder als naturhaft festgelegt, noch als gesellschaftlich normiert" zu begreifen; sie hat auch nicht „die einzelnen zu einer bloßen Funktionserfüllung in einem oder in mehreren Bereichen menschlichen Handelns zu bestimmen". Vielmehr handelt es sich um eine Bildsamkeit, die „jeden einzelnen als zur Mitwirkung an der menschlichen Gesamtpraxis fähig" anerkennt. „Das Wahrnehmen dieser Aufgabe" der Bildsamkeit in Form von Bildung mit dem Ziel der Fähigkeit, mitzuwirken an der menschlichen „Gesamtpraxis, verbindet die diversen Einzelpraxen in einer Weise miteinander, daß keiner dieser Handlungsbereiche sich von dieser Aufgabe freisetzen und entlasten kann" (S. 181).

Mitwirkenkönnen an der menschlichen Gesamtpraxis heißt als Ziel von Bildung, dazu zu befähigen, für menschliches Handeln Sinnbestimmungsmöglichkeiten zu finden und diese als für menschliches Handeln konstitutiv zu erkennen und zu praktizieren. Dabei darf infolge der grundsätzlichen Vernünftigkeit, Freiheit und Mündigkeit des Menschen Sinnbestimmung nicht affirmativ sein. Das heißt: Bildung muß vermeiden, die Bildsamkeit als naturhaft festgelegte anzusehen, weil sie sich der Vernunft und nicht der Natur verdankt. Und sie muß vermeiden, die Sinnbestimmungsmöglichkeiten als durch Gesellschaft, Politik und Staat vorgegeben anzusehen, wiederum weil sie sich der Vernunft, Freiheit und Mündigkeit des Subjekts als Sinnstiftungssubjekt und „Normensubjekt"[3] verdankt. Das Subjekt sollte nach Befähigung durch Bildung in der Lage sein, sich selbstbestimmend um seine Sinnbestimmungen für das Handeln zu bemühen. Es liegt nahe, diese Bildungsaufgabe und ihr Umsetzungsergebnis unter dem Gedanken der Handlungskompetenz zu verstehen: Allgemeine Handlungskompetenz würde dabei als ein wesentliches konstitutives Moment die Mitwirkungsfähigkeit an der menschlichen Gesamtpraxis in Form der Sinnbestimmung menschlichen Handelns aufweisen müssen.

2.6 Bildung als Handlungsbefähigung durch Revolutionierung des Bewußtseins

Das Handeln des Menschen ist auch zentraler Bezugspunkt eines der Kritischen Theorie verbundenen Bildungsdenkens bei Heinz-J. Heydorn (1980a und b). Zeit- und gesellschaftskritisch wird davon ausgegangen, daß sowohl der Widerspruch zwischen einem naturwissenschaftlich-rationalen und auf die Entfaltung von Produktivkräften ausgerichteten Zeitverständnis einerseits und einer humanen Lebenserfüllung andererseits die Bildungsdiskussion zunehmend bestimmt als auch zunehmend „die industrielle Zivilisation, alte Kulturen zudeckend, ... zum Ausdruck allgemeiner, menschlicher Zivilisation" wird (1980a, S. 111). Bildung, so heißt es bei Heydorn, tauge heute insofern dazu, daß sich die so charakterisierte Gesellschaft über die Schule absichert. Als institutionalisierte, kontrollunterlegene und gesellschaftlich subventionierte Veranstaltung sei Bildung „ein konservatives Phänomen", also bewahrend und systemabsichernd, sie sei aber „kein Modell der Vorwegnahme" einer zukünftigen neuen Gesellschaft. Vom Lehrerstand als Massenberufsstand mit seinem letztlich kollektiven konservativen Bewußtsein könne keine Veränderung der Situation erwartet werden, es sei denn, der Lehrerstand lerne in seinen Vertretern, die die institutionalisierte

---

[3] Zum „Normensubjekt" vgl. Dieter-Jürgen Löwisch: Erziehung als Herausbildung des Normensubjekts. In: Vierteljahrsschrift für wissenschaftliche Pädagogik, 57. Jg., 1981, S. 308–318.

Bildung tragen, nicht nur zu fragen, „was er zu tun hat, was von ihm erwünscht wird, sondern darnach, was er sein will". Es ist „eine Frage nach dem Selbstverständnis des Lehrers, nicht nur nach dem jeweiligen gesellschaftlichen Verständnis von ihm". Dazu gehört, daß „über den Bildungsbegriff menschliche Verwirklichung, somit Zukunft offen gehalten und nicht eben verschüttet wird" (S. 120). Menschliche Verwirklichung heißt Verwirklichung dessen, was den Menschen ausmacht, heißt mithin in der traditionellen Sprache „Humanisierung". Bildung ist somit als „Humanisierung des Menschen" zu verstehen (ebda.). „Wird Bildung ... als humane und wirklichkeitsrelevante Korrektur verstanden, nicht als Auslieferung des Menschen an die Gewalten, als Erzeugung des produktionspotenten, gesellschaftskonformen, in Ganzheiten dämmernden Debilen, so muß sich die Frage stellen", wie es zum „Mächtigwerden des Menschen in der von ihm geschaffenen Welt" kommen kann (S. 123). Dabei hat dieses andere, kritisch-korrektive, humanisierungsbezogene, zukunftsgerichtete Bildungsverständnis damit zu kämpfen, daß Bildung heute unter dem Gedanken der Brauchbarkeit lediglich ihren gesellschaftlichen Wert zugesprochen bekommt als Bildung, die „die Reibungslosigkeit gesellschaftlicher Funktionsvorgänge sicherstellen" soll (S. 309). Um gerade das zu erreichen, weisen die vorliegenden Bildungskonzepte auf „die vollkommenste Verzahnung von Bildung und Technologie, auf die vollendete Fremdbestimmung" hin (S. 314). Demgegenüber ist für Heydorn Bildung an humanistische Aufgaben gebunden, die in der gesellschaftlichen Wirklichkeit sich dieser Wirklichkeit auch zu stellen haben. Voraussetzung dafür ist, „das Bewußtsein innerhalb dieser Wirklichkeit zu sich selbst zu führen, es zu seiner Verwirklichung freizusetzen" (S. 123) und beizutragen zur „Bewußtmachung der Entfremdung und Wiederherstellung menschlicher Handlungsfähigkeit". Dabei habe Bildung auch zu versuchen, „den Prozeß intellektueller Wehrlosmachung des Menschen zu enden" (S. 127), jedoch immer in einer Form, die die Wirklichkeit nicht allein läßt „zugunsten einer geistigen Welt, die sich von ihr löst, sich selbst zur Machtlosigkeit verurteilt und doch schließlich nichts anderes ist als ihr Reflex". Heydorn betont: „Humanität muß mitten in dieser Wirklichkeit gewonnen werden, Herrschaft des Geistes über sie" (S. 125). Ein derart neues (altes) Bildungsverständnis „zielt auf die Inbesitznahme des Geistes der Menschheit durch den Menschen. Dies zu fordern ist wahre Hinterlassenschaft der humanistischen Bildung", denn „der Mensch soll seine eigene Welt bewältigen, aus seiner Determiniertheit zur Identifikation gelangen, handlungsbevollmächtigt werden" (S. 314). „Humanistische Bildung ist Freisetzung des Menschen in seine Wirklichkeit. Diese Freisetzung wird nicht an der Straßenecke verschenkt; sie will mühselig erarbeitet sein" mit dem Ergebnis einer Bildung, „die zum Widerstand fähig macht" (S. 315). Bildung, in dieser Weise durchdacht, stellt sich dar als Verfahren von „Handlungsbefähigung". Der Mensch soll durch Bildung dahin kommen, über sich selber zu verfügen und jede Unterdrückung aufzuheben und damit dafür zu sorgen, – in revolutionärer Bedeutung marxistisch gesehen – Klassengesellschaft als Unterdrückungsgesellschaft aufzuheben. Handlungsfähigkeit zu bewirken ist Aufgabe von Bildung: „Handlungsfähigkeit gegenüber der technologischen Revolution durch Revolutionierung des Bewußtseins", das das Handeln leitet (Heydorn 1988b, S. 162 ff.). Zu dieser Handlungsfähigkeit soll Bildung befähigen, nicht Erziehung. Diese unterwirft den Menschen fremdbestimmend der Faktizität, indem sie ihn „unter ihre Gebote zwingt" (S. 163), was durch die Wirklichkeitsgebundenheit zwar notwendig ist, aber nicht ausschließlich gelten darf. Erziehung hat sich im Laufe des pädagogischen Umgangs überflüssig zu machen, sie hat obsolet zu werden, wohingegen Bildung Wirklichkeit werden soll (S. 162). Befähigung zum Handeln durch Bildung ist somit etwas anderes als eine über Erziehung und Unterweisung laufende Vermittlung von Fachwissen und methodisch korrektem Umgang mit diesem Fachwissen. Fachkompetenz und Methodenkompetenz sind zwar für Handeln notwendig, aber sie erschöpfen nicht den Anspruch des Handelns. Handeln erschöpft sich nicht im Was und Wie – dem Wissen um das, was man tut und wie man es tut –, sondern zum Handeln gehört auch der das Handeln legitimierende Aspekt, der letztlich unter der Warum-Frage steht. Unter dieser Frage kann die Sinnbestimmung menschlichen Handelns intendiert sein, es kann sich um Wertlegitimation oder um religiöse Letztbegründungen handeln, es kann sich auch um weltanschaulich gebundene oder ideologisch ausgerichtete Legitimierungen handeln.

Im Rahmen der Kritischen Theorie ist bei Heydorn das Letztgenannte zu finden: Bildung – auf Humanismus, Aufklärungsdenken und Freiheit rekurrierend – legitimiert sowohl das Handeln als auch liefert sie die Befähigung zum Handeln (und das heißt implizit auch die Befähigung zum Sprung vom Wissen ins Handeln) aus dem revolutionären Denken heraus. Bildung hat eine „umfassend revolutionäre Bedeutung" (S. 163). „Als arbeitsteilige Gesellschaft verhindert" die Klassengesellschaft „die universelle", d. h. allgemeine und ganzheitliche, menschheitliche „Entfaltung des Menschen ... Die auf

Klassen und Ausbeutung beruhende Gesellschaft steht damit im Widerspruch zur Bildung; sie ist zwangsläufig Unterdrückungsgesellschaft." Bildungsaufgabe ist mithin für Heydorn eine „Aufhebung aller Unterdrückung" (ebda.), die ihrerseits abhängt vom entsprechenden revolutionären Bewußtsein der Menschen. Bildung hat von daher die Aufgabe, das Bewußtsein aus den diversen Zwängen und Abhängigkeiten durch das gesellschaftliche System und seine Subsysteme zu befreien und den Menschen in seinem bewußtseinsgesteuerten Handeln freizusetzen zu kritisch-revolutionärem Handeln. „Befreiung des Bewußtseins durch Bildung" nennt Heydorn dies. „Die Revolutionierung des Bewußtseins (wird) zur entscheidenden Bildungsaufgabe", „Bildung ist Aktualisierung der Potentialität" (S. 164). Eine derart auf Aktualisierung der Potentialität bezogene Bildung soll den Menschen „für die Umgestaltung dieser Welt ausrüsten" (S. 166), und das heißt: ihn revolutionär handlungsfähig machen, nicht um des Revolutionären willen, sondern – und darin liegt letztlich für Heydorn die Legitimation eines solchen Handelns – um der Menschheit, der Humanität und des Humanitären willen. „Bildung ... wird sich als Sachwalter der Menschheitskultur, somit auch der überdauernden humanistischen Werte der bürgerlichen Kultur, begreifen, die sie gegen ihre Vernichter erst jetzt in eine künftige Gesellschaft einbringt" (S. 169).

2.7 Bildung als rückhaltloses Denken, als Freigabe des Menschen zur Menschlichkeit, als Alltagsbewältigung und als Überlebensproblem

Neben den bisher skizzierten gegenwärtig gehandelten Bildungsverständnissen (gesellschaftsabhängiges, gesellschaftsreproduzierendes, politikabhängiges, handlungsorientierungsbezogenes, gesamtpraxisbezogenes und revolutionärhandlungsfähigkeitsbezogenes Verständnis) gibt es eine Reihe weiterer, aber in meiner Wahrnehmung weniger intensiv diskutierter und teilweise auch weniger praxisorientierender Bildungsverständnisse. Einige von ihnen sollen kurz und skizzenhaft im Lexikonstil genannt werden:
1. Zu nennen ist hier einmal ein skeptisch-transzendentalkritisches Bildungsverständnis, als dessen Hauptvertreter Wolfgang Fischer gilt, der Bildung unter normenkritischer, weltanschaulich kritischer, metaphysikkritischer und ideologiekritischer Haltung ausweist als etwas, was an nichts „konkretem Allgemeinen mehr

interessiert (ist), sondern am rückhaltlosen Denken, das die Alten 'skeptomai' nannten" (in Pleines 1987, S. 9–25, hier S. 25). Bildung erscheint als philosophierendes Denken, das an keiner Stelle einen Halt findet und finden darf und das ohne einen Rückhalt in einem Sinn- oder Wertbezug jedes philosophische Denkergebnis erneut kritisch-skeptisch befragt. Bildung ist damit ein Denken, das vom Prinzip der perennen Überholbarkeit eines jeden Ergebnisses lebt und dadurch nie zum Stillstand kommt, nie einen Halt findet, also auch nie konstruktiv, positiv und pragmatisch-praktisch werden kann. Bildung ist kritisch-skeptisches Philosophieren in Permanenz.

2. Theodor Ballauff wiederum erklärt Bildung als Selbstlosigkeit: „Durch Bildung kommen wir in die Lage, uns sachlich und mitmenschlich zu besprechen, da wir von uns absehen können" (in Pleines 1987, S. 55–68, hier S. 59f.). Bildung bezeichnet nicht „Reflexion", sondern „Besonnenheit, der Gemessenheit und Gelassenheit korrespondieren ... Sie möchte den einzelnen befähigen, sich selbst Ziele zu setzen entsprechend der Einsicht in ihre Notwendigkeit und Berechtigung" (S. 66). Sie ist bezogen auf „die Freigabe der einzelnen und damit aller zu ihrer Menschlichkeit, nämlich Weltbetrachter (Kosmotheoros), Weltbewohner (Kosmopolit) und Weltgestalter (Kosmotechnit) sein zu dürfen". „Bildung besagt das uns Menschen Auszeichnende, das Zentrum unserer Humanität" (S. 67).

3. Im Verständnis von Peter Heitkämper muß der Bildungsbegriff „mit den alltäglichen, hautnahen Erziehungsproblemen unserer Zeit" verbunden sein. Das heißt: Rückführung der Bildung als gelehrter Bildung auf lebensweltliche Alltagsbereiche, um diese gegenwarts- und zukunftsbezogen bewältigen zu können. Nur so ist ihm der alte Bildungs- und Allgemeinbildungsbegriff „haltbar". „Bildung und Allgemeinbildung werden so erst wieder zu wirklichen 'allgemeinen', d. h. die Öffentlichkeit, die Gemeinschaft und Gesellschaft (Polis) elementar angehenden Grundbegriffen" (1986, Vorwort).

4. Auch die Natur wird für ein Neuverständnis von Bildung bemüht und dazu herangezogen, Bildung zukunftträchtig verstehen zu können. Die Allgemeinheit der Natur wird bei Rolf Huschke-Rhein zum Ausgang eines Konzeptes heutiger Allgemeinbildung genommen. Natur und Leben werden zu einer Art Prinzip für Allgemeinbildung erhoben, womit die „wirklichen und erlebbaren Wachstumsprozesse, die alles Lebendige verbinden" (in Heitkämper/Huschke-Rhein 1986, S. 58–88, hier S. 78), gemeint sind. Nicht menschliche Existenz und gesellschaftliche Existenz allein sind konstitutiv für Bildung, sondern auch die natürliche Existenz: alle drei Existenzen

müssen mit der ökologischen Vernunft in Bezug gesetzt werden (S. 79). Hier wird dem eine Absage erteilt, daß „wahre, bildungswirksame Allgemeinheit ... auf dem Weg weiterer Abstraktheit" erreicht werden kann und daß „weitere Spezialisierung" bildungswirksame Bedeutung erlangen kann: „einfach deshalb", so versucht Huschke-Rhein plausibel zu machen, „weil der Spezialist sich nicht mehr für die wahre Allgemeinheit des Ganzen interessiert: für den Zusammenhang der Menschen, der Lebewesen und Probleme". Ganzheitliche Allgemeinbildung wird zukunftsbezogen gefordert mit dem Argument: „Wenn die Menschheit überleben will, wird sie statt mehr Spezialisten mehr 'Zusammenhangsforscher' brauchen." Das Allgemeine muß konkret verstanden werden, konkret bezogen auf alle anstehenden und alle zu erwartenden Lebensweltprobleme aller Menschen. Insofern heißt es: „Allgemeinbildung ist ein Überlebensproblem" (S. 78), womit Leben als konkretes physisches Überleben der Menschheit zum regulativen Prinzip von Allgemeinbildung wird. Die bildungsbezogenen Konsequenzen sind a), daß der Mensch „sich neu als Vernunft- und als Naturwesen begreifen lernen" muß, und b), daß der Mensch „seine Bestimmung nicht bloß im gesellschaftlichen Sein erfüllen" kann, daß „die produzierende bürgerliche Gesellschaft nicht autonom ist" wie auch das Individuum nicht autonom ist, sondern daß „Produktion und gesellschaftliches Sein auch unter Naturbedingungen stehen". Es gibt deshalb für die Bildungsaufgabe „weder die individuelle noch die staatliche Autonomie, sondern nur eine 'integrative Autonomie'". Unterderhand wird in der Entwicklung der Gedanken aus der Nebenordnung der drei Existenzen eine Hierarchie: Es geht um die „Integration der Ebene 1 (Mensch) und Ebene 2 (Gesellschaft) *in* Ebene 3 (Natur)". Bildung wird geleitet durch das Prinzip der Ökologie: „Bildung ist die Fähigkeit zur integrativen Autonomie" (S. 79).

2.8 Bildung als personale Bildung zur Selbständigkeit

Tradition, Gegenwart und Zukunft miteinander in Vereinbarung zu bringen ist die Grundlage der von Erich E. Geißler vorgelegten Gedanken zur Allgemeinbildung (1977 und 1989). Dabei werden die Begriffe Allgemeinbildung und Bildung in der Regel synonym verwendet, da „Bildung als allgemeine Menschenbildung" und vice versa verstanden wird (1977, S. 59). Dennoch wird von Geißler Allgemeinbildung später auch als Einheitsbezeichnung für Erziehung und

Bildung genommen, insofern Erziehung sich für ihn auf Wollen und Handeln, Bildung auf Wissen und Urteilen bezieht und beide zusammengenommen für das Ziel personaler Selbständigkeit zuständig sind. Allgemeinbildung bezieht sich in dieser späteren Einheitsbezeichnungs-Sichtweise „auf die Person in ihrer Totalität: Wissen, Erkennen, Urteilen" (Bildung) und „Wollen, Handeln" (Erziehung) „gleichermaßen umfassend" (1989, S. 10f.).

Humane, d. h. menschengemäße Lebensführung hängt für Geißler traditional gesehen mit Selbständigkeit zusammen, welchen Begriff er dem der Mündigkeit vorzieht: Selbständigkeit bedeutet Selbstand, Ich-Stand, Eigenstand als Stellung der Individualität im Umgang mit Welt und Umwelt. Bildung ist bezogen auf das Individuum, dem zur Selbständigkeit zu verhelfen ist. Bildung ist dagegen nicht bezogen auf Gesellschaft, die nicht wie ein Individuum konkret ansprechbar ist, sondern die ein theoretisches Konstrukt ist zur Bezeichnung eines speziellen Zusammenschlusses von Individuen. Bildung hat es „mit dem Individuum und dessen Möglichkeiten für eine persönliche Lebensführung" zu tun, die immer „zu einer gesellschaftlichen Wirklichkeit, ihren Bedingungen, Möglichkeiten und Formen in Beziehung" steht und in Beziehung treten muß (1977, S. 59). Aber diese gesellschaftliche Situation ist wie die Gesellschaft selbst „Handlungsergebnis von Menschen", von Individuen – d. h., sie sind von Menschen durch ihr Handeln erzeugt. Und von der Art dieses Handelns hängen der Charakter und die Qualität der Gesellschaft ab, seien es offene oder geschlossene, freie oder totalitäre, tolerante oder fundamentalistische, aufgeklärte oder dogmatisch gebundene, personal getragene oder kollektiv orientierte Gesellschaften. „In der Theorie einer als Personbildung gefaßten Allgemeinbildung ist folglich eine grundsätzliche Aussage über das Verhältnis von Individualität und Gesellschaft, damit über Freiheit der Individualität und freier Gesellschaft enthalten; der Weg zur humanen Gesellschaft führt über die Bildung von Personen, und nur über gebildete Personen kann die Existenz einer freien Gesellschaft bewahrt werden." Diese Absage an die Primatsetzung der Gesellschaft und deren Verwaltungsorganisation in Gestalt der Politik führt zu der Erklärung: „Politische Reglementierungen" – mithin auch die bildungspolitischen Reglementierungen – „können immer nur einen vorbereitenden, stützenden, sichernden, subsidiären Charakter haben" (S. 61). Das heißt: Politik präskribiert nicht, wie Bildung inhaltlich gestaltet zu sein habe und was Bildung inhaltlich sein soll. Politik liefert und sichert den Rechtsrahmen, in dem Bildung als Personbildung sich entfalten soll und kann. Das macht die „freie Gesellschaft" aus: nicht, daß die Gesellschaft frei ist ohne Machtverhältnisse, daß sie ohne Abhängigkeitsstrukturen, ohne Zwangs- und Sanktionsmaßnahmen ist, sondern daß diese typischen Merkmale einer jeden, auch einer freien Gesellschaft im Dienste der Freiheit der Person zu stehen haben. Kein gesellschaftliches (z. B. Preuß-Lausitz) oder kein politisches (z. B. Tenorth) Fundament trägt hier Bildung, sondern ein philosophisches Fundament, das auf Kant, Herbart und das Aufklärungsdenken zurückführt.

Doch was heißt „personale Bildung?" Geißler formuliert hierzu sechs Leitsätze (S. 49, Hervorhebungen: DJL):

1. „Bildung ist der durch soziale Hilfe geöffnete Weg der Person zur *Selbständigkeit.*"
2. „*Selbständigkeit* ist keine Beliebigkeit, sondern zeigt sich darin, daß die Person *begründet Ja oder Nein sagen* kann."
3. „*Begründet Ja oder Nein sagen* zu können setzt ausreichendes *Wissen* über die in die Entscheidung eingehenden Tatbestände voraus."
4. „*Bildungswissen* kann kein bloßes Faktenwissen sein, sondern steht immer im Problemhorizont von Bedeutungen."
5. „*Begründet Ja oder Nein sagen* können wird deshalb zur Grundlage verantwortlichen Handelns im sozialen Bereich."
6. „Der Bestand einer freien Gesellschaft ist davon abhängig, daß Bildung zur *personalen Selbständigkeit* gelingt."

Personale Bildung ist somit an Selbständigkeit und diese an ein begründetes Ja-oder-Nein-Sagen gebunden, mithin an Wissen und Urteilen. *Personale Bildung ist die Öffnung des Weges zur personalen Selbständigkeit und als personale Gebildetheit das Ergebnis des Weges im Bewußtsein, sich ständig um diese personale Gebildetheit bemühen zu müssen, insofern sie ständig zu bewähren ist.* Der personal Gebildete ist als Person „kulturfähig" geworden (1989, S. 10). Die sechs Leitsätze zur „Bildung als Weg der Person zur Selbständigkeit" unterliegen drei Verhältnisbestimmungen, nämlich: Individuum und Kulturtradition, Individuum und Gegenwarts- wie auch Zukunftskultur und Individuum und Persönlichkeit. Sie sind mit Geißlers Worten (1977, S. 50) zu betrachten

1. „einmal bezogen auf das Verhältnis der Individualität zur Kultur in ihrer historischen und gesellschaftlichen Ausformung, von der der einzelne infolge seiner sozialen Gebundenheit abhängig ist und bleibt",
2. „sodann bezogen auf das Verhältnis der Individualität zur Kultur

und Gesellschaft, in die der einzelne als verantwortliche Person hineinwirken soll", und
3. „bezogen auf das Verhältnis der Individualität zu den Bedingungen ihrer eigenen Persönlichkeit".

Das hat zur Folge, daß Bildung sich mit Blick auf Kulturtradition: „Assimilation und Kritikfähigkeit", mit Blick auf Gegenwarts- und Zukunftskultur: „Engagement und Mitbestimmung" und mit Blick auf Persönlichkeit: „Reflexion und Verantwortung" als Bildungsaufgabe zu setzen hat. Aufgegeben sind der Bildung mithin Fähigkeiten, von Geißler auch Qualifikationen genannt, auf die Bildung (Allgemeinbildung) „ausgerichtet bleiben muß und von (denen) her ihre Qualität geprüft werden kann" (1977, S. 54 ff.).

Unter eine Bezeichnung gebracht, plädiert Geißler für formale Bildung: Bildung von Fähigkeiten, Qualifikationen, Handlungsstrategien, Entscheidungsstrategien, Problemlösungsstrategien, kurz: von Kompetenzen. Bildung soll das Individuum in die Lage versetzen, seinen Selbstand und die ihm korrespondierende Qualität der Selbständigkeit bewähren zu können durch den Selbsterwerb von Kompetenzen, die es „davor bewahren, wieder in Zustände der Inkompetenz und Unselbständigkeit zurückzufallen" (1989, S. 52). Dazu ist nötig die Befähigung („soziale Hilfe") sowohl zum Selbsterwerb von Kompetenzen als auch zum ständigen Ausbau von Kompetenzen.[4] Besonders genannt – aber nicht erörtert – werden Urteils- und Handlungskompetenz, logische Kompetenz, soziale Kompetenz, kommunikative Kompetenz, Entscheidungskompetenz. Die Auflistung dieser Kompetenzen wirkt dabei rhapsodisch und es fehlt – wenn Bildung als Kompetenzbefähigung sich darstellen soll – eine Klärung des unscharfen – zumindest in der Pädagogik unscharfen – Kompetenzbegriffs. Die Erklärung, daß „jeder Form von Kompetenz ein bestimmtes Maß an Intelligenz als unabdingbare Voraussetzung zukommt" (S. 32), genügt nicht, um ihn als *pädagogischen* Begriff und als Aufgabe von Bildung gelten zu lassen. Dies gilt auch dann, wenn der Gedanke, daß Allgemeinbildung in dieser kompetenzbezogenen Sichtweise für Gegenwart und „auch im Blick auf die Zukunft" „als die beste Schlüsselqualifikation angesehen werden" könne, bedenkenswert ist (S. 38).

„Kernfragen der Bildungsprobleme heute" sind für Geißler (S. 31 f.) folgende:

---

[4] Sinngemäß heißt es bei Geißler, daß Bildung kein abschließbarer Zustand sei; vgl.: Allgemeinbildung in der modernen Gesellschaft, S. 39

1. „Was kann heute gelernt werden, das im Zeitfortgang (wenigstens einigermaßen) Beständigkeit zeigt?"
2. „Was kann innerhalb einer Situation A so gelernt werden, daß es auch in Bereichen Verwendung finden kann, die sich von dieser Situation A merklich unterscheiden?"

Mit Blick auf die Subjektseite von Bildung als personale Bildung sind dies die oben genannten Handlungsstrategien, Entscheidungsstrategien und Problemlösungsstrategien, die alle zu ihrer Voraussetzung Kompetenzen haben und insofern Kompetenzen sind. Mithin ist für Geißler angezeigt – ohne daß er das begrifflich so festlegt –, daß *personale Bildung als formale Bildung Kompetenzbildung bedeutet.*

Noch zwei weitere, sich erheblich voneinander abhebende Bildungsverständnisse seien aufgeführt, um die Breite des Spektrums gegenwärtiger Bildungs- und Allgemeinbildungsreflexionen deutlich werden zu lassen. Das eine der beiden Bildungsverständnisse zielt auf eine human computerisierte Gesellschaft, das andere auf eine fundamental demokratische Gesellschaft.

2.9 Bildung in informationstechnischer Zeit für eine human computerisierte Gesellschaft

Die Bildungsüberlegungen Klaus Haefners (1982 und 1984) gehen aus von zwei programmatischen Vorausannahmen, die die damalige Situation des Einzugs der Informationstechnik in menschliches Leben, Gesellschaft und Kultur auf Zukunft hochrechnen: „Menschliches Denken und Handeln wird an vielen Stellen durch technische Informationsverarbeitung verändert oder abgelöst werden" (1982, S. 15). Und: „Die erkennbaren Grenzen der Bildungs- und Ausbildungsfähigkeit der Menschen geben der Nutzung der Informationstechnik eine wachsende Chance, menschliches Denken in vielen Bereichen zu ersetzen" (S. 16). Dabei kommt für Haefner – ohne jede anthropologische Begründung – als förderlich hinzu, daß der Mensch einen prinzipiellen Hang zur Faulheit habe. Nach Klaus Haefner bestimmen den Menschen: physische Faulheit, Zurückziehen von langweiliger Arbeit, denkerische Faulheit und affektive Faulheit. Gesucht werde von den Zeitgenossen „die lethargische Rezeption von Information ohne eigentliche Informationsverarbeitung. Der Mensch ohne körperliche und ohne geistige Arbeit stellt die 'Spitze der Faulheit' dar, das Streben nach deren Zustand gehört ebenfalls zu den typischen Eigenschaften des Menschen" (1984, S. 149). Unter diesen Vorzeichen fordert Haefner für die Zukunft eine Neuformulierung der Bildung und Neugestaltung der Bildungsverfahren: „Wir brauchen in Zukunft Bildung und Ausbildung in allen Schichten und Nationen dringender als je zuvor in der Geschichte der Menschheit zur Verwirklichung eines seelisch stabilen Menschen, der in der Welt der Informationstechnik leben kann" (1982, S. 25). Bildung soll mithin seelische Stabilität erzeugen, d. h. ein ausgewogenes psychisches Dispositionsgefüge, das Voraussetzung dafür ist, sich den permanenten Welt- und Lebensalltagsveränderungen unbeschadet für die Seele anzupassen, sich mit ihnen arrangieren zu können, keine Frustrationen und Aggressionen, aber auch keine Euphorien aufkommen zu lassen, also ein gut sozialisierter Mensch in einer Computergesellschaft zu sein. Diese seelische Stabilität soll die Gewähr dafür bieten, daß der Mensch „in der Welt der Informationstechnik leben kann". Nicht mehr, nicht weniger: Es geht nicht darum, wie er leben kann, welche Mindestqualitäten für Leben erfordert werden – nein: Er soll leben können, er soll mit den Anforderungen und Folgen dieser Computergesellschaft existieren können. Damit ist der Würfel gefallen für eine sogenannte human computerisierte Gesellschaft statt einer „human alternativen Gesellschaft".

Verheißungsvoller Ansatz für das neue Bildungsverständnis ist Haefner der Bereich der menschlichen Tätigkeiten, der von der Informationstechnik nicht besetzt wird: nämlich das menschliche Handeln. Die Informationstechnik „kann als technisches System eines sicher nicht: Das menschliche Handeln ersetzen" (S. 25), heißt es im Widerspruch zu der ersten zitierten Vorausannahme. Im Handeln kann der Mensch sein Selbstverständnis finden. Das Handeln muß sich zwar an die neuen Voraussetzungen anpassen, aber es bleibt frei von technischer Ersetzung. Für Handeln sind zunächst gemäß Haefner ausschlaggebend Kompetenz und Verantwortung. Aber diese ändern sich in ihrer Zuständigkeit und Geltung, denn der Mensch muß künftig diese beiden Handlungsvoraussetzungen, die ursprünglich zu seiner ureigenen Domäne gehörten, an ein System aus Mensch und Informationstechnik übergeben, d. h. mit ihm teilen. Dabei ändert sich der Handlungsspielraum des Menschen, denn das Handlungsfeld ist streckenweise subjektiv-entlastend objektiv-determiniert: Der Flugzeugpilot wird durch den Bordcomputer in seiner Tätigkeit bestimmt, er muß diesen nur kontrollieren, richtig gebrauchen und bedienen können. Der Anlageberater in der Bank verläßt sich auf seinen Rechner und braucht für sein Handeln mit dem Kunden soziale und beratende Kompetenzen. Die Steuerung einer Walzstraße geschieht durch Computer: der Mensch hat dabei primär nur noch überwachende und kontrollierende Funktionen. Die Handlungskompetenzen verlagern sich vom ausführenden in den sozialen und den kontrollierenden Bereich. Die Verantwortungen werden dabei zugleich von der Totalität in die Bruchstückhaftigkeit überführt (S. 47 ff.). Denn „das Verhältnis des Menschen zur Informationstechnik ist nicht das Verhältnis des autonomen selbstverantwortlichen 'Ebenbild Gottes' zu einer beliebigen Maschine, sondern es ist der erste Schritt hin zu einer Integration des Menschen in ein sehr komplexes Gesamtsystem, welches für die Menschheit zunehmend Verantwortung und Kompetenz übernimmt. Hieraus resultieren tiefgreifende Fragen bezüglich der Bedeutung des einzelnen Menschen in dieser Welt" (1984, S. 91). Durch ein neues Verständnis der Kompetenzdimensionen und durch Änderung der Totalverantwortung hin zur Restverantwortung können beide, Kompetenz und Verantwortung, „an den einzelnen (Menschen) anbindbar gehalten werden" (S. 353). Das erwähnte Anpassen des Selbstverständnisses des Menschen an die neue Welt ist gebunden an die Bildungsaufgabe, den Menschen dahin zu führen, daß er sich selbst als Teil des Gesamtsystems erkennt und findet und daß er aufgrund der Selbstfindung im Rahmen der konstruktiven Auseinandersetzung mit der neuen Welt sich in diese Welt, die er sich dabei schafft, positiv einpaßt (1982, S. 199). Ziel dieser Bildungsaufgabe ist das „Finden eines angemessenen, ausgewogenen Gleichgewichts zwischen der Entwicklung einer stabilen menschlichen Persönlichkeit und der Fähigkeit, eine gewandelte informationelle Umwelt zu verstehen und zu beherrschen". Das bedeutet zugleich, nicht aus idealistisch humanistischen Gründen den Einbruch der Technik in das menschliche und gesellschaftliche Leben zurückzuweisen oder sich konsumorientiert anzupassen (S. 201). In Kauf genommen werden muß dabei als unumkehrbar das, was Theodor Adorno als Halbbildung kritisierte: „Im Grunde genommen bleiben zunehmend die Erwachsenen Kinder, denn ihre mediale Umwelt, und das heißt ein großer Teil ihres Erfahrungsraums, verändert sich nach der Kindheit kaum noch" (1984, S. 70). Nietzsches hundert Jahre alte Diagnose einer „Dekadenz" der Bildung vollendet sich.[5]

---

[5] Zu Nietzsche und seiner Bedeutung als Bildungskritiker und als „Bildungsretter" vgl. Dieter-Jürgen Löwisch: Nietzsche. In: Wolfgang Fischer und Dieter-Jürgen Löwisch (Hrsg.): Philosophen als Pädagogen, Darmstadt 1998,

Das aber heißt: Das Handeln des Menschen, das für Haefner auch Ansatz für Bildung zu sein hat, muß wesentlich in solchen Räumen gesucht werden, die in einer informationstechnikfreien Zone liegen. Denn nur in solchen Räumen kann der Mensch noch Freiheit leben und erleben, die für Haefner als dritter Faktor neben Kompetenz und Verantwortung zum Handeln gehört. Die gesuchten Räume sind jedoch keine öffentlichen Räume, denn in diesen öffentlichen Räumen hat der Mensch weite Teile seiner ursprünglichen Freiheit durch gesellschaftliche und kulturelle Anpassungs- und Einpassungsprozesse heute schon preisgegeben: so als Teil einer Sozialstruktur, als Teil einer Wirtschaftsorganisation, als Teil einer politischen Ordnung, als Teil einer informationellen Umwelt (Haefner 1982, S. 102–104). Auch für die Zukunft gilt, daß Freiheit weiter zunehmend begrenzt werden wird „durch den Anspruch des Gesamtsystems, leistungsfähig und überlebensfähig zu bleiben" (1984, S. 354). Außerdem findet künftig die ursprüngliche Freiheit der Menschen in ihrer jetzt schon begrenzten Form weitere Begrenzungen, insofern das öffentlich wirksame und auf das Ganze – nicht auf das Private – gerichtete Berufshandeln neue Fremdverfügungen über den Menschen vornimmt. Beispielsweise dadurch, daß es künftig drei große Berufsgruppen geben wird, die – so läßt sich feststellen – zugleich neue Schichten oder neue Klassen in der Gesellschaft abgeben. Es wird die Gruppe der „Autonomen" geben, die Berufe wahrnehmen, die ohne Informationstechnik auskommen und die auch nicht abhängig sind von ihr (für Haefner: Maler, Installateure, Landwirte, Köche z. B.), dann die Gruppe der „Substituierbaren", die unmittelbar betroffen sind von der Informationstechnik, die also ersetzbar, freisetzbar oder höchstens umsetzbar sind in Bewachungsfunktionen (Facharbeiter, Fließbandarbeiter, Büropersonal in Verwaltungen, Personal in Banken und Versicherungen als Beispiele für Haefner). Und als drittes wird die Gruppe der „Unberechenbaren" existieren, die die in den Systemen verfügbaren Informationen intensiv nutzen, deren Arbeit selber aber nicht auf technische Systeme übertragbar ist, weil ihre Tätigkeiten zu komplex und zu stark an Kommunikation gebunden sind (so für Haefner: Unternehmer, Lehrer, Ingenieure, Ärzte, Künstler als Beispiele) (1982, S. 172 und 1984, S. 56 f.).

S. 212–226 und Dieter-Jürgen Löwisch: Der freie Geist – Nietzsches Umwertung der Bildung für die Suche nach einer zeitgemäßen Bildungsvorstellung. In: Niemeyer/Drerup/Oelkers/v. Pogrell (Hrsg.): Nietzsche in der Pädagogik, Weinheim 1998, S. 338–356.

Bildung hat sich also für Haefner um das stabile Ich und um die Selbstfindung auch angesichts derartiger Entwicklungen zu bemühen, damit eine Anpassung an die neue Welt und an ihre Folgen möglich wird. Sie hat sich dabei auch um die Handlungsfähigkeit in Freiheit und aus Freiheit zu bemühen. Aber welche Freiheitsmöglichkeiten gibt es noch in dieser Freiheit und Freiheiten begrenzenden und vernichtenden neuen Welt? Haefner spricht davon, daß es nur so scheine, daß individuelle Freiheit eingeschränkt werde. „Dies ist ... nur insoweit richtig, als es sich hierbei um Aspekte handelt, die im Hinblick auf die Aktivität des einzelnen für das Ganze von Bedeutung sind. In den Bereichen, in denen das Individuum Tätigkeiten nachgeht, die für das Gesamte irrelevant sind, entstehen dagegen neue Spielräume der Freiheit, die es auszuloten und menschlich zu gestalten gilt" (1984, S. 355). Haefner hat hier den privaten Bereich im Blick, den Bereich der Freizeit, der Muße. Die Möglichkeiten, selbsttätig zu handeln und für die Stabilität der Persönlichkeit sorgen zu können, sind damit per definitionem begrenzt auf den Privatbereich, der dadurch seinerseits wieder instrumentalisiert wird: Er ist ein Bereich eines anderen Seins, einer informationstechnisch noch relativ freien Zone; öffentliches Leben und private Existenz treten auseinander. Der private Bereich sorgt für die seelische Stabilität; damit hat er Regenerierungsfunktion und wird instrumentalisiert für die human computerisierte öffentliche Gesellschaftsexistenz.

Damit hat Bildung gemäß der Aufteilung menschlichen Lebens in ein öffentliches, dem Ganzen, dem System und der Gesamtheit verpflichtetes Leben und in ein privates Leben eine Doppelaufgabe: einmal Sorgewaltung für Anpassung an und positive Einpassung in die neue menschenbestimmende informationstechnisch determinierte Welt und zum anderen Sorgewaltung für das seelisch stabile Ich oder die stabile menschliche Persönlichkeit durch Aufklärung über die dem Menschen noch offenen Handlungsmöglichkeiten, in denen er Kompetenz, Verantwortung und Freiheit noch praktizieren und leben kann und sich dabei selbst finden kann. Bildung steht unter einer Formel, die man mit „Anpassung und Selbstfindung" bezeichnen kann, wobei die Selbstfindung und die dadurch erreichte stabile Persönlichkeit letztlich keine Eigenbedeutung haben, sondern dazu taugen, daß der Mensch „in der Welt der Informationstechnik leben kann" (1982, S. 25) und ein „Gleichgewicht" zwischen seinem Selbst und den Anforderungen der informationellen Umwelt herstellen kann.

Damit spaltet sich Bildung auf in öffentliche oder berufsbezogene Bildung und private oder freizeitbezogene Bildung.

2.10 Allgemeinbildung als Qualifikationsvermittlung zur Bewältigung gesellschaftlicher Schlüsselprobleme

Wolfgang Klafki, der geisteswissenschaftlichen Pädagogik und Kritischen Theorie nahestehend, äußert die Auffassung, „daß wir ein neues Allgemeinbildungskonzept als Orientierungsrahmen für die Weiterentwicklung oder die Reform unseres Bildungswesens – vom Kindergarten bis zur Erwachsenenbildung – brauchen" (in Bundeszentrale für politische Bildung 1990, S. 297–310). „Aber ein solches Konzept läßt sich weder traditionalistisch noch in Orientierung an der Vorstellung einer 'human computerisierten Gesellschaft' oder auch in Anlehnung an irgendeine Wissenschaftssystematik begründen, sondern nur als ein umfassender, zugleich pädagogischer und politischer Entwurf im Blick auf Notwendigkeiten, Probleme, Gefahren und Möglichkeiten unserer Gegenwart und der voraussehbaren Zukunft" (S. 298). Auch wenn der Traditionalismus als ausschließlicher Begründungsboden abgelehnt wird, so kann dennoch das zeitgenössische Bildungsdenken nicht ohne traditionelle Bezugspunkte auskommen. So zieht Klafki unter seinem sowohl kritisch-aufgeklärten Pädagogikverständnis als auch geisteswissenschaftlich geprägten Pädagogikverständnis eine Traditionslinie von Lessing über Kant, Humboldt und Hegel bis zu sich, in der das heutige Bildungsverständnis einer humanen, fundamental-demokratisch gestalteten Gesellschaft seine Vorwegbestimmung erfahre. Leitend ist ihm dabei „Kants großartige Formel vom möglichen 'Ausgang des Menschen aus seiner selbstverschuldeten Unmündigkeit'" (S. 299). In kritischer Aneignung habe man sich dieser Traditionslinie zuzuwenden und sie unter den herausfordernden Verhältnissen gegenwärtiger Gesellschaft und Kultur weiterzudenken. Diese Herausforderung bindet Klafki nun nicht ausschließlich an die Informationstechnik, wie dies Haefner getan hatte; diese ist ihm ein Bestandteil unter mehreren Bestandteilen der veränderten Gemengelage der Zeit und des Zeitgeistes. Dabei handelt es sich für ihn um eine Gemengelage, die nicht nur nationale oder internationale Bedeutung trägt, sondern letztlich eine globale oder universale Bedeutung.

Dieser Gemengelage vernünftig beizukommen ist für Klafki die eigentliche Bildungsaufgabe. Dafür hat Bildung die Aufklärung dreier Grundfähigkeiten des Menschen zur Aufgabe, die dieser selbsttätig zu erarbeiten und personal verantwortlich wahrzunehmen habe. Diese sind die Grundfähigkeiten zur Selbstbestimmung, zur Mitbestimmung und zur Solidarität: Selbstbestimmung eines jeden über seine Lebensbeziehungen und Sinndeutungen, Mitbestimmung eines jeden bei der Gestaltung der Verhältnisse der Welt oder Kultur, Solidarität eines jeden, der Selbst- und Mitbestimmung wahrnehmen kann für die, denen diese Rechte vorenthalten werden.

Bildung muß sich dabei als allgemeine Bildung verstehen, weil sie – erstens – als Produkt der Aufklärung „Bildung für alle" zu sein habe. Dabei muß sie – zweitens – „einen verbindlichen Kern des Gemeinsamen haben", d. h., sie muß verstanden werden als „Aneignung der die Menschen gemeinsam angehenden Frage- und Problemstellungen ihrer geschichtlich gewordenen Gegenwart und der sich abzeichnenden Zukunft und als Auseinandersetzung mit diesen gemeinsamen Aufgaben, Problemen und Gefahren" (S. 300 f.). Dieser verbindliche Kern des Gemeinsamen – das Allgemeine – beinhaltet unter dem Universal- oder Globalaspekt alle die Probleme, mit denen die Menschheit als Ganzes konfrontiert ist. Klafki nennt sie *Schlüsselprobleme*. Allgemein ist Bildung insofern auch – drittens –, weil sie „Bildung in allen Grunddimensionen menschlicher Fähigkeiten" ist, die Klafki in fünf Bereiche aufteilt: Bildung der kognitiven Möglichkeiten, der handwerklich-technischen Produktivität, der Sozialität des Menschen, also seiner zwischenmenschlichen Beziehungen, der ästhetischen Wahrnehmungs-, Gestaltungs- und Urteilsfähigkeit und letztlich der ethischen und politischen Entscheidungs- und Handlungsfähigkeit. Daß Ethik und Politik für Klafki zusammenfallen, ergibt sich aus seiner Prämisse, daß beide Bereiche orientiert sind am Prinzip der Gerechtigkeit und an der Demokratie.

Näher und intensiver beschäftigt sich Klafki mit dem, was er den verbindlichen Kern des global Gemeinsamen nennt. Bildung als Allgemeinbildung bedeutet dabei „das Gewinnen eines geschichtlich vermittelten Bewußtseins von zentralen Problemen der Gegenwart und – soweit voraussehbar – der Zukunft, die Einsicht in die Mitverantwortlichkeit aller und die Bereitschaft, an der Bewältigung dieser Probleme mitzuwirken". Es sind ihm – wie erwähnt – „Schlüsselprobleme" (S. 302), die es anzunehmen gilt und die global das Verhältnis Mensch – Welt betreffen. Damit bekommt Bildung eine zeitgeschichtliche Bedeutung und verliert ihre idealistische oder metaphysische Bedeutung. Bildung wird zum Lernen von Bewältigungsaufgaben, Bildung wird Befähigung zur Bewältigung von

Schlüsselproblemen. Und zwar: Bildung weltweit, universal, „im Welt-Horizont", wie Klafki erklärt.

Fünf derartige Schlüsselprobleme benennt Klafki: es sind ihm „epochaltypische Schlüsselprobleme", d. h. für einen bestimmten Zeitraum typische Probleme.

Die fünf Schlüsselprobleme bezeichnet Klafki als inhaltlich bildungsbestimmend. Das erste Schlüsselproblem ist „die Friedensfrage angesichts der ungeheuren Vernichtungspotentiale der ABC-Waffen". Dieses globale Schlüsselproblem trägt eine langfristige Bildungsaufgabe in Form von Friedenserziehung „als kritische Bewußtseinsbildung und als Anbahnung entsprechender Entscheidungs- und Handlungsfähigkeit" in sich. Sowohl Aufklärung der Ursachen der Friedensgefährdung als auch Aufklärung der Ursachen der Friedlosigkeit in den Subjekten, so kollektive Aggressionen, Feindbilder, Vorurteile, Stereotypen, haben Bildungsinhalte zu sein (S. 302).

Das zweite Schlüsselproblem ist die Umweltfrage und „damit die Frage nach der Verantwortbarkeit und Kontrollierbarkeit der wissenschaftlich-technologischen Entwicklung" (ebda.).

Das dritte Schlüsselproblem stellt die gesellschaftlich produzierte Ungleichheit dar. Sie zeigt sich „als Ungleichheit zwischen sozialen Klassen und Schichten, zwischen Männern und Frauen, zwischen behinderten und nicht-behinderten Menschen, zwischen Menschen, die einen Arbeitsplatz haben, und denen, für die das nicht gilt, zwischen Ausländern in Gastländern und der einheimischen Bevölkerung, aber auch zwischen verschiedenen Volksgruppen einer Nation: hier stellt sich die Aufgabe multikultureller Erziehung" (ebda.).

Das vierte Schlüsselproblem bilden „die Gefahren und die Möglichkeiten der neuen technischen Steuerungs-, Informations- und Kommunikationsmedien". Angesichts der Problembeladenheit dieses Bereiches (Qualifikationsfragen, Freizeitfragen, zwischenmenschliche Kommunikationsbeziehungen) wird von Klafki eingefordert, „auf allen Schulstufen und in allen Schulformen" für eine „gestufte, kritische informations- und kommunikationstechnologische Grundbildung als Moment einer neuen Allgemeinbildung" zu sorgen (ebda.).

Das fünfte Schlüsselproblem schließlich rückt „die Subjektivität des einzelnen und das Phänomen der Ich-Du-Beziehungen ins Zentrum der Betrachtung", nämlich: Liebe, menschliche Sexualität, das Geschlechterverhältnis und die gleichgeschlechtlichen Beziehungen (ebda.).

Klafki nennt seine inhaltlich gewendeten Schlüsselprobleme auch „epochaltypische Strukturprobleme von gesamtgesellschaftlicher, meistens sogar übernationaler beziehungsweise weltumspannender Bedeutung" und erwartet, daß über sie ein weitgehender Konsens diskursiv erarbeitet werden kann. Die diversen, in den Bildungsprozeß eingebrachten Lösungsvorschläge dieser Schlüsselprobleme an exemplarischen Beispielen tragen die Chance in sich, „daß jeder Lernende die Unverzichtbarkeit eigener Urteilsbildung, reflektierter Entscheidung und eigenen Handelns ... erkennt" (S. 305). Im Bildungsprozeß, der mit diesen inhaltlichen Schlüsselproblemen arbeitet, sollen vier grundlegende Einstellungen und Haltungen formal erreicht werden:
1. Kritikbereitschaft, Kritikfähigkeit, Selbstkritik,
2. Argumentationsbereitschaft und Argumentationsfähigkeit,
3. Empathie als Fähigkeit, einen Sachverhalt aus der Sicht des jeweils anderen von dem Sachverhalt Betroffenen beurteilen zu können, und
4. vernetzt oder in Zusammenhängen zu denken.

Bildung ist für Klafki: erstens Bildung für alle, zweitens mit einem verbindlichen Kern des Gemeinsamen, wofür die Schlüsselprobleme stehen, drittens in allen Grunddimensionen menschlicher Fähigkeiten. Dem fügt Klafki als viertes den Gesichtspunkt der vielseitigen Bildung hinzu als Ergänzung der Konzentration auf die Schlüsselprobleme. Diese vielseitige Bildung antwortet auf die Mehrdimensionalität menschlicher Aktivität, die sich in Kognition, Emotion, Ästhetik, Sozialität und Technik zeigt wie auch in den „Möglichkeiten, das eigene Leben an individuell wählbaren ethischen und/oder religiösen Sinndeutungen zu orientieren" (S. 308).

Klafkis Bildungsverständnis ist sowohl inhaltlicher als auch formaler Art, es verzichtet aber auf materiale und normative Festlegung und Bestimmung. Es werden keine feststehenden Inhalte vermittelt. Es hat zum Ziel, als Bildung für alle jedem die gleichen Chancen zur Bildung an die Hand zu geben: Insofern ist es getragen vom Gedanken der Chancengleichheit und Demokratie. Damit ist allgemeine Bildung für Klafki immer zugleich auch politische Bildung. Bildung ist bei Klafki des weiteren bezogen auf die Grunddimensionen geistiger und handwerklich-technischer Fähigkeiten des Menschen. Und Bildung hat als historisches Phänomen immer bezogen zu sein auf inhaltliche Gegenwartsprobleme und aus ihnen abgeleitet (bei aller Problematik) auf mögliche Zukunftsprobleme. Für die Gegenwart sind diese Probleme politischer Art (Frieden), natürlicher Art

(Umwelt), gesellschaftlicher Art (Ungleichheit), technischer Art (Informations- und Kommunikationstechnologie) und personaler Art (Liebe, Sexualität). Sie betreffen zugleich differente strukturelle Zugänge zum Verhältnis Mensch und Welt. Daß das personale Strukturmoment als letztes genannt wird, daß hier weder ethische noch religiöse Fragen- und Problemfelder angesprochen werden, und damit die ganze Frage nach Normativität ausgeklammert wird, verdeutlicht, daß es ihm nicht mehr – wie bei seinen Gewährsleuten – auf das Individuelle und damit auf Individualbildung ankommt. Das Individuum ist ihm Träger einer politischen Idee, nämlich der Idee der Demokratie, und ist als solches in den Bildungsbemühungen anzusprechen. Das Individuum ist ihm Systemträger und Systemteil, von daher gibt es erhebliche Nähen zu Haefner, was sich auch darin zeigt, daß Haefner von informationstechnischer Bildung spricht und Klafki von demokratischer Bildung, Bildung für beide also im Dienste nicht des Menschen, sondern im Dienste von zeitgeistgetragenen Gesellschaftsstrukturen steht.

Bildung erweist sich für Klafki also als Befähigung aller zur Bewältigung von zeitgeistgestifteten Problemen (Schlüsselproblemen) unter Beanspruchung aller Dimensionen menschlicher Aktivität. Damit interpretiert sich Allgemeinbildung im Sinne von Bildung für alle als Bildung menschlicher Kompetenzen in ihren verschiedenen Dimensionen. Bildung ist damit Kompetenzbildung in einer Form, die man auch Qualifikationsvermittlung nennen kann: Dem lebenslang Lernenden sollen durch Bildung dessen Potentiale zu Qualifikationen vermittelt werden. Klafkis material-formales Bildungsverständnis ist zugleich ein pragmatisches Bildungsverständnis: nämlich Bewältigung der Welt mit ihren Problemen durch entsprechende Qualifizierung derer, die sich den Bewältigungsprozessen stellen müssen.

3. Lebensweltbezogene Bildung unter der Frage „Was soll ich tun?"

Der an wenigen Beispielen versuchte skizzenhafte Überblick über zeitgenössisches Bildungsdenken, das von seinen Vertretern immer auch als zukunftsgerichtet versichert wird, dokumentiert den Facettenreichtum dieses Denkens. Das birgt in sich Akzeptanzprobleme für die Pädagogik: Wendet sich der Unbefangene und der moderne Wissenschaftsgläubige nämlich an die Pädagogik oder Erziehungswissenschaft mit der Frage, was unter dem so häufig gebrauchten Wort „Bildung" zu verstehen sei, erwartet er verständlicherweise eine klare und eindeutige Antwort, die sein Informationsbedürfnis zufriedenstellt. Er begnügt sich nicht mit diversen Worterklärungen, die infolge ihrer Uneinheitlichkeit ihm nicht weiterhelfen. In einer Zeit, die durch Wissenschaftlichkeit und Expertentum gekennzeichnet ist, sucht er sich in seinem Bedürfnis, statt des Wortes einen Begriff von Bildung zu bekommen, Hilfe in der entsprechenden Wissenschaft, von der er Expertenauskunft erwartet und erhofft. Er will begreifen, was unter Bildung verstanden wird, deshalb sein Interesse an einem Begriff von Bildung. Nach Kant ist ein Begriff etwas „Allgemeines und was zur Regel dient". Das heißt: Begriff ist als eine Bezeichnung anzusehen, die die diversen Besonderungen und Besonderheiten eines Sachverhaltes hinter sich läßt und das Gemeinsame formuliert, das die Besonderheiten als zu einem Sachverhalt gehörig zusammenfaßt und als Besonderheiten des einen Sachverhaltes auszuweisen legitimiert. Im gegebenen Fall: Mein fiktiver unbefangener und neugieriger Wissenschaftsgläubiger hört von Bildungsoffensive, Bildungskrise, Bildungsmißstand, von Bildungspolitik, Bildungsplanung, Bildungsverwaltung, von Bildungsforschung, Bildungsexperten, von Bildungsbürger, Bildungsroman, Bildungsurlaub, von Schulbildung, Fortbildung, Weiterbildung, Altenbildung, Erwachsenenbildung, Berufsbildung, von musischer, ästhetischer, literarischer, moralischer Bildung, von Geistes-, Verstandes-, Vernunft-, Herzensbildung usw. Von der Pädagogik als Wissenschaft von Erziehung und Bildung erwartet der Nachfrager nun, Klarheit über das zu erhalten, was alle Bildungsbemühungen als Besonderungen von Bildung ausmachen: er erwartet einen allgemeinen, d. h. allgemein geltenden objektiven Begriff von Bildung.

Was findet er bei seinen Recherchen vor? Welche Auskünfte geben ihm die angefragten Experten? Er findet sich vor ein Spektrum von unterschiedlichen und verschiedenen Verständnissen von Bildung gestellt, die alle sich darum bemühen, *ihren* Begriff von Bildung jeweils zu formulieren. Die Experten sind Experten von Bildung in relationaler und nicht objektiver Weise: Alle Bildungsbegriffe stehen in Relation zu jeweiligen Voraussetzungen, die die einzelnen Begriffsbemühungen leiten: seien es philosophische, seien es sozialwissenschaftliche, soziologische, politische, ökologische, anthropologische Voraussetzungen. Der Nachfrager wird unsicher, weniger an sich selbst, als vielmehr in seiner Einschätzung der Pädagogik als Wissenschaft, die es für sein Verständnis nicht fertigbringt, einen klaren Begriff von Bildung, allgemein und objektiv, zu formulieren. Diese seine Einschätzung ist getragen von einem zeitgenössischen Wissenschaftsverständnis, von dem die sogenannten exakten Wissenschaften geleitet sind und das den Kriterien Allgemeinheit, Wahrheit, Objektivität, Richtigkeit, intersubjektive Überprüfbarkeit, Falsifizierbarkeit, Mathematisierbarkeit genügt. Als solcherart exakte Wissenschaften gelten u. a. Medizin, Mathematik, empirische Sozialwissenschaften, Pharmazie, Naturwissenschaften und Technikwissenschaften. Geisteswissenschaften, zu denen die Pädagogik zu rechnen ist, unterliegen jedoch anderen Kriterien. In ihnen wird nicht durch Denken objektive, allgemeingültige Erkenntnis mit Gesetzescharakter erzeugt, in ihnen gilt verstehendes und aufklärendes Nachdenken, in ihnen gilt der Dialog und das argumentationsgetragene *Diskursprinzip*, in ihnen gilt die für ihre Erkenntnisse konstitutive und argumentierbare Voraussetzungsgebundenheit, in ihnen gilt nicht der Zwang durch Gesetz und Objektivität, sondern der „zwanglose Zwang des jeweils besseren Arguments", in ihnen gilt die Vielfalt der Denkmöglichkeiten statt einer Einheit von Denknotwendigkeit. In ihnen gilt das Prinzip des Sich-im-Denken-Orientierens, das nicht weniger als Bildungsaufgabe verstanden werden darf als das mathematisierbare, auf objektiven Gesetzmäßigkeiten aufruhende Erkennen. Das Sich-im-Denken-Orientieren ist konstitutiv gebunden an den Denkenden in seiner Lebens- und Alltagswelt: es ist gebunden an den, der über das nachdenkt, was ist und was um ihn ist, und über das, was sein soll. Wenn das Sich-im-Denken-Orientieren an den Denkenden selber gebunden ist als sein orientierungsbezogenes Nachdenken über Seiendes und Zukünftiges vor dem Hintergrund seiner jeweiligen Lebenswelt, dann sucht er *für sich selber* Antworten und erborgt sie nicht von Dritten, von sogenannten Experten. Es kommt *auf ihn selber an*, und was er leistet, sind *seine* Orientierungen – vorausgesetzt, daß er über ein entsprechendes Können verfügt, d. h., daß er die Qualifikation hierzu aufweist. Er schafft sich *sein* Orientierungswissen, das kein Objektwissen und kein zweckgebundenes Verfügungswissen ist, das ihm von anderen vermittelt wird. Was Dritte dabei leisten können im Rahmen von Bildung, ist, in ihm mit ihrer Hilfe die Befähigung zum Sich-im-Denken-Orientieren zu schaffen, aufzubauen und auszubauen. Bildung befaßt sich mit Subjekten und bezieht sich auf Subjekte, um sie zu befähigen, als Subjekte für ihr Orientierungswissen selber sorgen zu können.

Ein Problem der Akzeptanz der Geisteswissenschaften hat auch darin eine Wurzel, daß das philosophisch-dimensionierte Sich-im-Denken-Orientieren in der Öffentlichkeit heute keine gleichberechtigte und gleichgewichtige Bedeutung neben den zweckbezogenen exakten erkenntniswissenschaftlichen Methoden erfährt.

Kant stellte die Philosophie unter vier Fragen:
1. Was kann ich wissen?
2. Was soll ich tun?
3. Was darf ich hoffen?
4. Was ist der Mensch?

Das zeitgenössische schulische und außerschulische Bildungsverständnis widmet sich in der Regel dem *ersten* Fragebereich, in dem Bildung als Wissensvermittlung und Methodenvermittlung, deren Ergebnisse objektiv überprüfbar sind, schulunterrichtsbestimmend ist. Nach meiner oben vorgenommenen Erläuterung von Erziehung und Bildung fällt das Vermitteln, das Einführen, das Unterrichten und Unterweisen in den Erziehungsbereich. Das Vermitteln von Wissen zum Zwecke seiner Aneignung ist nicht in die freie Verfügung der Lehrenden und der Lernenden gestellt, es ist nicht an ihre diskursive Auseinandersetzung unter Sinn- und Wertfragen und nicht an orientierendes Denken mit Hilfe von Diskursen gebunden, die unter Konsensbemühungen stehen. Es geht im Unterricht um effektive und objektive Informationsvermittlung über das, was „Sache ist" und wie die Sachaneignung sich am erfolgreichsten zu vollziehen hat. Es geht um das Vermitteln von Sachwissen, Fachwissen, Methodenwissen als *Verfügungswissen*, das am Ende auf seine Richtigkeit beim Vermittlungsadressaten geprüft wird.

Die *zweite* Frage: „Was soll ich tun?" zielt ab auf die Suche nach Orientierungsmöglichkeiten für geplantes und abgefordertes Handeln. Um die Frage für sich beantworten zu können, muß eine freie Entscheidungsmöglichkeit aufgrund selbst eingeholter Orientierungen angesetzt werden. Was hier zusätzlich zum Verfügungswissen benötigt wird, ist ein *Orientierungswissen*, ein Wissen um Orientierungsmöglichkeiten für Entscheiden und Handeln. Durch das „soll" in der Frage ist der Entscheider freigestellt, aufgrund eingeholter Informationen und Orientierungen über Folgen und Nebenfolgen einer geplanten Entscheidung und unter urteilendem Abwägen zwischen ihnen zu einer Antwort zu gelangen, die nicht objektiv und allgemeingültig ist, sondern die gebunden ist erstens an den jeweils anstehenden Entscheidungsfall, der in dieser Konstellation nicht noch einmal wiederkehrt, und zweitens an das Sich-im-Denken-Orientieren des freien Entscheidungssubjekts. Das Entscheidungssubjekt orientiert sich in seinem Denken an den verschiedenen Entscheidungsmöglichkeiten, nachdem es sich im Diskurs mit den von seiner Entscheidung Betroffenen orientierende Informationen eingeholt hat. Sein Orientieren in seinem Denken unter abwägender Zugrundelegung der Diskursergebnisse führt ihn letztlich zu einer subjektiven Entscheidung, die er als einsames Subjekt verantwortlich tragen kann, die aber auch unpassend und falsch sein kann, was sich im nachhinein in Folgen ausdrücken kann, die im Diskurs nicht bedacht wurden oder die nicht bedacht werden konnten. Damit trägt jede Entscheidung unter der Frage „Was soll ich tun?" auch die Möglichkeit einer ungewollt falschen Entscheidung in sich. Insofern ist auch eine Beantwortung dieser Frage immer mit Risiko und immer auch mit der Möglichkeit des Schuldigwerdens verbunden. Die Antwort auf die Frage „Was soll ich tun?" vermittelt mithin keine Sicherheit von Richtigkeit der getroffenen Entscheidung. Insofern unterscheidet sie sich von Antworten auf die Frage: „Was muß ich tun?", denn ein Müssen ist letztlich immer gebunden an eindeutige Vorgaben, Vorschriften, Aufträge, Regeln, Gesetze, Konventionen.

Wird Bildung praktiziert unter der lebensweltlich pragmatisch sich stellenden Frage „Was soll ich tun?", dann kann sie nur Bildung in der Art sein, daß sie den Sich-Bildenden befähigt, sich sein Orientierungswissen selber zu schaffen, und das in Selbständigkeit und in Mündigkeit, in Autonomie und in Souveränität. Und da die Frage „Was soll ich tun?" auf Handeln bezogen ist, ist Bildung pragmatisch über die Befähigung zum Sich-im-Denken-Orientieren auf die Befähigung zum tatsächlichen Handeln-Können gerichtet. Sie ist mithin auf das gerichtet, was auch umgangs- und alltagssprachlich als *Handlungskompetenz* bezeichnet wird, aber als Common-sense-haftes Alltagsverständnis noch nicht ein pädagogisches Verständnis von Handlungskompetenz darstellt.

3.1 Bildung als Befähigung zu anerkanntem Handeln in der Bewältigung von Lebensweltsituationen

Wenn für Pädagogik die Frage „Was soll ich tun?" angesichts von zunehmenden Schwierigkeiten in lebensalltäglichen Handlungsorientierungen die zentrale Bedeutung gewinnt, dann hat sich Bildung unter dieser zentralen Bedeutung neu zu bestimmen. Es erweisen sich dabei alle zeitgenössischen Konzepte, die Bildung in Wissen und Vielwissen, in Gesellschaftsreproduktion u. a. m. setzen, als vorläufige Konzepte. Es genügt auch nicht, Bildung in „Wissen und Urteilen" aufgehen zu lassen. *Bildung ist auf Handeln zu beziehen.* Dabei ist Handeln in einem unlösbaren Zusammenhang zu sehen mit dem „Aufbau eines differenzierten und reflektierten, persönlichen Wertesystems" (Wollersheim in Beinke u. a. 1996, S. 21), der vorgenommen wird von dem Sich-Bildenden selber und nicht vom Pädagogen.

Wenn Bildung sich auf Handeln bezieht, dann geht es nicht nur um Handeln im Allgemeinen, nicht nur generell um eine Auseinandersetzungsfähigkeit mit Deutungsfragen, Sinnfragen, Normfragen, Wertfragen und nicht nur allgemein um eine „Bereitschaft zu wertgebundenem, verantwortetem Handeln" (Wollersheim, S. 23). Es geht auch um Handeln im Konkreten, und das heißt: Es geht um Handeln in der konkreten Lebenswelt. Mit „konkreter Lebenswelt" ist gemeint das aktuelle Insgesamt von Faktoren, die das Leben des einzelnen einrahmen, bedingen, auch bestimmen und festzustellen sich bemühen. Zur Lebenswelt gehören z. B. die Familie des einzelnen Kindes und Heranwachsenden in ihrer jeweiligen unproblematischen oder problematischen Gestalt. Dazu gehört auch die Familie des erwachsenen Mitgliedes und dessen Familienverständnis. Von Kindersicht aus gesehen gehören zur Lebenswelt auch die Freundschafts- und Feindschaftsbeziehungen in Gruppen, denen das Kind angehört, ferner die Kindergartenwelt und die Schulwelt. Aus der Sicht des Heranwachsenden und Erwachsenen gehören zur Lebenswelt auch alle Institutionen, Organisationsformen und Subsysteme der Gesellschaft, ferner die „Kultur als Lebensform", in die der einzelne hineingeboren wird, sich hineinentwickelt und die ihn ihrerseits enkulturiert. Es gehört dazu das historische und zeitgeistgebundene Selbstverständnis der gesellschaftlichen Lebenswelt, zum Beispiel als wissenschaftliche, technische, technologische, informationelle oder multikulturell strukturierte Lebenswelt. Es gehört wesentlich dazu auch die Lebensumwelt, sei es die der Ballungszentren und der großen Städte mit ihrer Anonymitätsstruktur oder die der kleinen Städte oder die ländliche Lebensumwelt mit ihren diversen Vereinen und engen Nachbarschaftsbeziehungen und ihrem mehr in Natur eingebundenem Lebensverständnis und ihrer stärkeren In-sich-Geschlossenheit. Es gehören zur Lebenswelt die gesellschaftlichen Einstellungen und persönlichen Haltungen, die zu Orientierungsproblemen oder auch zu Orientierungsunfähigkeiten führen können.

Gesellschaftliche Einstellungen, die zu *Orientierungsproblemen* führen können, weil es einerseits keine verbindlichen Wertbeurteilungsmaßstäbe mehr gibt und weil es andererseits einen technologischen Imperativ gibt, das zu tun, was man machen kann („Can implies ought"): derartige gesellschaftliche Einstellungen sind verbreitet. Als Beispiel können die wissenschaftlichen Forschungsbemühungen in den USA dienen, menschliche Lebensdauer auf das Doppelte und Dreifache gegenwärtiger Lebensdauer zu verlängern oder sich für einen längeren Zeitraum tieffrieren zu lassen oder die wissenschaftlichen, auf Umsetzung in Praxis zielenden Bemühungen um das Klonen von Menschen oder das Projekt der Transplantation von Schweineherzen in den Menschen oder die Beantragung eines Patentes zur Herstellung von Tier-Menschen in den USA (Westfalenpost vom 3. 4. 1998).

Zu *Orientierungsunfähigkeiten* gehören die Unfähigkeiten der einzelnen, sich entsprechend in und durch Denken orientieren zu können angesichts existentieller Handlungsbereiche der Menschen, die mit einem gesellschaftlichen Tabu belegt sind oder quasi-tabuisiert sind wie zum Beispiel der Umgang mit Behinderten, mit Schwerstkranken, mit Alten, mit Sterbenden und generell mit dem Tod. Hier fehlen in erheblichem Maße entsprechende Handlungskompetenzen.

Die Art der Wahrnehmung der Lebenswelt eines jeden einzelnen schlägt sich nieder in seiner persönlichen Lebenswelt, die er sukzessive gestaltet aus seinen Erfahrungen mit den Lebensweltsituationen, mit denen er konfrontiert ist und denen er seine subjektiven Bedeutungen zuschreibt, mit denen er naiv oder reflexiv umgeht, die er fraglos hinnimmt oder mit denen er sich kritisch auseinandersetzt.

Man denke an ein Kind, das in einer Trinkerfamilie mit einem brutalen Vater aufwächst, oder man denke an ein im materiellen Luxus lebendes Kind, dem es an nichts fehlt außer vielleicht an einem Geborgenheit gebenden Umgang; man denke an ein Kind, das in „heilen" Lebensweltsituationen aufwächst, oder an ein ausländisches Kind, das zwischen zwei verschiedenen Kulturen und Lebenswelten lebt und sich mit beiden arrangieren muß. *Bildung, die auf Handeln in Form personaler Bewältigung von Lebenswelterfahrungen angelegt ist, muß an derartigen Lebensweltsituationen ansetzen.*

Diese Lebenswelt ist Teil von Welt überhaupt, die dem einzelnen Ich in der „Spannung von Ich und Welt" gegenübersteht. Es ist eine Spannung, die vom Individuum reflektiert werden soll, um sie für seine Lebensführung produktiv und konstruktiv werden zu lassen. Die „Welt" wird somit für den einzelnen wirklichen Menschen faßlich und handlich in seiner konkreten „Lebenswelt". Diese „Lebenswelt" steht ihm exemplarisch für jene „Welt". Insofern ist es die konkrete Lebenswelt – und nicht die abstrakte „Welt an sich" –, die für das Ich Anlaß zur Bildung und Ausgang von Bildung wird. Und die Frage „Was soll ich tun?" ergibt sich dem Frager, der handeln will, aus den konkreten Lebensweltsituationen, wenn sie mit ihren unterschiedlichen Ansprüchen Probleme für das Handeln auslösen und zu ihrer Auflösung entsprechende Orientierungsfähigkeiten beim Handelnden voraussetzen.

Bildung ist somit doppelt gebunden: Bildung „hebt an" einmal mit der Erfahrung von Lebensweltsituationen, sie nimmt ihren Ausgang von einer das Handeln nötigenden Aktualität und von einer jeweils lebensweltlich bestimmten Orientierungsnotwendigkeit. Bildung „entspringt" zum anderen aber nicht der jeweiligen Lebenswelt-Aktualität und nicht der jeweiligen lebensweltlichen Wirklichkeit. Bildung ist eine traditionsstarke und philosophisch getragene Idee seit der Antike. Sie spiegelt wider alle Brüche und Einbrüche der europäischen Geistesgeschichte. Bildung ist in ihren Konkretisierungsversuchen aber immer an die jeweilige aktuelle Lebenssituation der Menschen gebunden, an ihre aktuelle Lebenswelt beispielsweise privater, beruflicher, gesellschaftlicher, kultureller, religiöser Art. Über Bildung wird der einzelne befähigt, sich im Wissen um seine aktuellen Lebenssituationen diese zum Anlaß zu nehmen, um sich als Bildungsakteur um Orientierungen für sein Handeln in den diversen Lebensalltagssituationen mit ihren komplexen und unübersichtlichen Anforderungen zu bemühen, um sich in ihnen sowohl zurechtzufinden als sie auch entsprechend bewältigen zu können. Wissen um aktuelle Lebenssituationen heißt, sie kennen und erkennen, jedoch nicht aus theoretischem Interesse heraus, sondern aus praktischem Interesse heraus, nämlich um kompetent handeln zu können. *Wissen, Urteilen und Handeln machen die Trias aus, auf die Bildung verpflichtet ist.* Dabei versteht sich Bildung als eine Aufgabe im Sinne einer transzendentalen regulativen Idee. Und sie verliert ihren Aufgabencharakter auch nicht, wenn sie zielgruppenspezifisch umgesetzt wird als Schulbildung, Erwachsenenbildung, berufliche Bildung, Weiterbildung, Altenbildung u. a. m. *Bildung hat in allen Spezialisierungen die Aufgabe der Befähigung zur personalen, selbstgestalteten Lebenssituationsbewältigung.*

Bildung will befähigen zur Selbstbefähigung: sich nämlich selbst durch eigenes Denken und Nachdenken in die Lage zu versetzen, für eine je subjektive innere Verfassung zu sorgen, eine personale Haltung aufzubauen, die dauerhaft Lebenssituationen zu bewältigen vermag. *Haltungen* sind auf Dauer gestellte Eigenschaften, die die Persönlichkeit des einzelnen ausmachen: sie sind fundamental. Auf Dauer gestellt heißt: es sind Eigenschaften, die zur Persönlichkeitsstruktur des einzelnen gehören und die infolge eines Nachdenkens über sich und über sein Verhältnis zur jeweiligen Lebenswelt für ihn orientierende Bedeutung erlangt haben, aufgrund deren Lebenssituationsbewältigungen stattfinden können. Bewältigung heißt, walten zu können über Entscheidungs- und Handlungsfälle und subjektive Gewalt im Sinne von subjektiver Mächtigkeit (gegenüber Ohnmächtigkeit) haben zu können angesichts von Handlungsaufforderungen in Lebenssituationen. Der personale Aufbau von Haltungen ist Folge von praktizierter Nachdenklichkeit über Sinnbestimmungsmöglichkeiten für Handeln und über wertgestaltetes Handeln. Von Haltungen abgehoben sind zu verstehen *Einstellungen*, die ebenfalls handlungsorientierende Funktion haben, die jedoch nicht auf Dauer gestellt sind. Einstellungen sind nicht fundamental: sie sind anfällig und beliebig. Einstellungen können sich in kurzer Zeit ändern oder können geändert werden. Sie sind durch Überredung, durch Manipulation, aber auch durch Vorurteile, durch Meinungen, durch subjektive Interessenverfolgung und Karrierebedürfnis, durch Moden und Launen und durch Nützlichkeitsdenken veränderbar. Mit der Erklärung: „Ich habe meine Einstellungen zu dem Sachverhalt oder zu dem Menschen zwischenzeitlich geändert" kann ich eine – streckenweise auch radikale – Neuorientierung in meinem Denken und Handeln auf Fragen Dritter hin erklären, ohne sie ethisch rechtfertigen zu müssen. Werbung beispielsweise funktioniert unter der Forderung, Konsumenteneinstellungen zu Produkten zu erzeugen, ohne dabei auf Langfristigkeit oder gar auf Dauer zu setzen: Das Folgeprodukt soll ja schließlich das gegenwärtig empfohlene Produkt ersetzen können. Wahlkampfreden und Wahlkampfaktionen auf Straßen und Plätzen dienen dazu, kurzfristige positive Einstellungen zu Parteien zu erzeugen und vorhandene negative Einstellungen zu löschen. Haltungen dagegen als dauerhafte Orientierungen und Persönlichkeitseigenschaften schaffen einem selbst einen inneren und begründeten Halt. Er kann dazu beitragen, daß andere – nämlich Betroffene des Handelns – dem Subjekt der Haltung Vertrauen entgegenbringen (er ist dann des Vertrauens in ihn wert, d. h., er ist vertrauenswürdig) und daß das Subjekt der Haltung als wert angesehen wird, daß man an seine Haltung glaubt, das Subjekt der Haltung also als glaubwürdig sich erweist.

Ein lebensweltgemäßes aufklärungsbezogenes Bildungsverständnis muß heute wesentlich geleitet sein von einem praktischen Vernunftinteresse. Sind die Erfolge theoretisch orientierter Bildung in Wissenschaft, Technik, Technologie sowie Informationstechnologie lebensbestimmend und lebensformbestimmend für okzidentale Gesellschaft und Kultur geworden, so weist die Bildung der praktischen Dimension menschlicher Vernunft in ihrer derzeitigen Gestalt Vernachlässigungsformen erheblicher Art auf. Der an das Individuum und an die individuelle Leistung gebundene und rasant betriebene Fortschritt in Wissenschaft, Technik, Technologie und Informationstechnologie ist erkauft durch die Freisetzung des Subjekts von allen fremdbestimmenden moralischen Ein- und Begrenzungen; das Ich emanzipierte sich von seiner Bindung an das Du und an das Wir, es wurde selbstmächtig und kultivierte diese Selbstmächtigkeit. Das Individuum wurde sich selbst genug und sah zunehmend seine Aufgabe in der zur Bildungsaufgabe gemachten Selbstverwirklichung. Die westliche, abendländisch-jüdisch-christliche Kultur lebt von einem freiheitsbegründeten Individualismus, der Bindungen an das Soziale, an Gemeinschaft, an Zwischenmenschlichkeit und an Mitmenschlichkeit, an Solidarität und an Gemeinwohl in privaten und öffentlichen Handlungsfeldern im Laufe der Zeit durch eine Karriere des Individualismus immer mehr gelockert und gelöst hat. Das hat innergesellschaftlich und intrakulturell eine Pluralisierung von Wertverständnissen mit der Folge von Unverbindlichkeiten nach sich gezogen. Um der Aufrechterhaltung gesellschaftlicher Ordnung willen und wegen der rechtlichen Absicherung des lebensweltlichen Pluralismus ist auf der anderen Seite eine erhebliche Zunahme von Geboten mit Gesetzescharakter zu verzeichnen, seien es Gesetze selbst, seien es Vorschriften, Regeln, Konventionen, Funktionsanforderungen etc.

Die gegenwärtige westliche Lebenswelt stellt sich dem einzelnen Subjekt also dar als zusammengesetzt aus einem regelgebundenen *Verhaltensbereich*, der durch diverse Normierungen strukturiert ist, Normenbefolgungen erheischt und dadurch lebensweltkomplexitätsreduzierend wirkt, und aus einem freiheitsgebundenen *Handlungsbereich*, der unter Selbstverwirklichungstendenzen als Selbstbestimmungs- und Autonomietendenzen steht. Gleichzeitig erfährt der Handlungsbereich durch die Freisetzung des Subjekts in seine Wert- und Normensubjektivität (vgl. Löwisch 1981, S. 308–318) Probleme mit der subjektiven Orientierung innerhalb der wertmäßig plural strukturierten und in hoher komplexer Gestalt und unübersichtlich sich darbietenden Lebenswelt, was nicht ohne Auswirkungen auf die Selbstverwirklichungsbemühungen bleibt. Denn das Selbst kann sich nur verwirklichen, wenn es seine Lebenswelt verstehen kann, sich in ihr zurechtfinden kann, sich in ihr denkend orientieren kann, um dann, von anderen anerkannt, auch kompetent handeln zu können. Die Anerkennung durch andere erst ermöglicht ein vernunftbezogenes Selbstverwirklichungsbewußtsein, denn der Wert des Selbst wird gespiegelt in der Anerkennung durch andere. Wird diese Anerkennung dem Selbst verweigert, dann erfährt das Selbst sich in seinen Verwirklichungsbemühungen als nicht akzeptiert. Sich mit den Meinungen anderer auseinandersetzen zu können und sich mit den gesellschaftlichen und kulturellen Entwicklungen – den Lebensweltfaktoren – auseinandersetzen zu können erfordert, sie nicht nur verstehen zu können, sondern sie auch für sich in eine Ordnung bringen zu können, um sich vor diesem Hintergrund in seinem Denken für Handeln orientieren zu können. Dies wiederum erst ermöglicht, sich selbst Antworten auf die Frage „Was soll ich tun?" geben zu können. Ein lebensweltbezogenes aufgeklärtes Bildungsverständnis muß also getragen sein von dem Gedanken, Hilfe zu leisten bei den Versuchen, sich selbst aus Anlaß von Lebensweltsituationen zu einem anerkannten Handeln zu bestimmen. Der Bezug auf – nicht der Anschluß an – die Lebenswelt des Individuums verhindert dabei den Ausverkauf der Bildung an Utopien, an Ideologien, an Maßnahmen zur Revolutionierung des Bewußtseins, an das Prinzip Skepsis, aber auch an Zeitgeist und an Modernismen, an Politik, an bloße Gesellschaftsreproduktion. Diese Hilfeleistung habe ich eingangs für Bildung in Abgrenzung von Erziehung an die Bildungsaufgabe der Befähigung gebunden: Unter Primatsetzung der praktischen Vernunft hat ein zeitgemäßes Bildungsverständnis somit zur Aufgabe, zu anerkanntem Handeln in der Bewältigung der Lebenswelt zu befähigen – wohlgemerkt: nicht zu einer Verhaltensfähigkeit gemäß vorgegebener Normierungen der Lebenswelt zu befähigen: dies ist Aufgabe von Erziehung.

Es geht Bildung mithin um Befähigung zu anerkanntem Handeln, das an eine personale Haltung gebunden ist. Damit ist eine als formal anzusehende Qualität leitend für ein zeitgemäßes Bildungsverständnis: sich nämlich um Anerkennung des Handelns zu bemühen und damit auf der Grundlage einer selbstgeschaffenen Haltung für Vertrauenswürdigkeit und für Glaubwürdigkeit der eigenen Person Sorge zu tragen. Wo immer vom Handeln Menschen betroffen sind – sei es direkt, sei es indirekt –, hat der Handelnde sich um das Deutlichwerdenlassen dieser Qualität zu bemühen. Und da es kein Handeln gibt, das nicht auf Menschen gerichtet ist, das Menschen nicht tangiert, von dem Menschen nicht betroffen sind, gehört zum Handeln des Menschen diese personale Qualität, zu deren Erkenntnis und zu deren praktischen Wahrnehmung ihn Bildung zu befähigen hat.

Diese personale Qualität des Handelns unterscheidet sich grundsätzlich von einer fachlichen Qualität des Handelns. Für Mindeststandards der fachlichen Qualität sorgen objektive Normen, Gütemaßstäbe, Richtlinien. *Die fachliche Qualität ist objektiv überprüfbar.* Dagegen ist die personale Qualität in die Verfügung der Handelnden selber gelegt, die auf dem Vernunftweg des Sich-im-Denken-Orientierens für die Anerkennung ihres Handelns Sorge zu tragen haben, was in einem Diskurs zwischen Handelnden und Betroffenen Thema zu sein hat. *Die personale Qualität ist nicht objektiv überprüfbar, sie ist aber argumentierbar.* Die personale Qualität des Handelns, die zugleich eine des Handelnden ist, gilt für jedes Handeln in jedem Handlungsfeld: Sie ist mithin eine *Schlüsselqualität*, jedoch keine Schlüsselqualifikation, wenn unter dieser verstanden wird eine „erwerbbare allgemeine Fähigkeit ..., Einstellung ... und Strategie ..., die bei der Lösung von Problemen und beim Erwerb neuer Kompetenzen in möglichst vielen Inhaltsbereichen von Nutzen" sind (Bildungskommisssion NRW 1995, S. 113).

Wenn von Menschenbildung, von humanistischer Bildung, von allgemeiner Bildung als von einer regulativen Idee gesprochen wird, d. h. von einer Idee, die dem Handeln zur zu befolgenden Regel dient, dann ist Bildung personaler Haltung aus Anlaß der den Menschen fordernden wirklichen Lebenswelt als Annäherung an diese regulative Idee zu verstehen.

3.2 Bildungsaufgabe: Vernunftbildung

Bildung unter der Frage „Was soll ich tun?" hat es über das „Sich-im-Denken-Orientieren" mit Vernunft und mit Diskurs zu tun; Bildung ist unter dieser Frage auch zu verstehen als Vernunftbildung und Diskursbildung. Das will besagen, daß das Sich-im-Denken-Orientieren eine Vernunftangelegenheit ist, mit der umzugehen einer entsprechenden Befähigung bedarf, und daß die Entscheidungsfindung gemäß dem Sich-im-Denken-Orientieren eine an einen Beratungsdiskurs gebundene Entscheidungsfindung ist. Auch zu ihr ist in Bildung zu befähigen.

Vernunftbildung ist nicht derart mißzuverstehen, daß die Vernunft des einzelnen durch einen Fremdverfügungsvorgang durch Dritte in eine bestimmte Gestalt gebracht wird, beispielsweise in eine moralisch fundamentale Gesinnungshaltung. Vernunftbildung ist keine Form von materialer Bildung. Vernunftbildung ist Aufklärung über Vernunft als transzendentales Apriori menschlicher Existenz als geistiger Existenz. Das heißt: Vernunft ist die Bedingung der Möglichkeit allen verantworteten und zu rechtfertigenden, allen legitimen und moralischen, allen wertbezogenen und sinnbestimmten Handelns. Vernunft ist ein transzendentales Apriori. Insofern ist Vernunft denknotwendig, weil sie schlechthin nicht geleugnet werden kann. Denn die Leugnung von Vernunft kann nur auf argumentativem Wege durch Vernunft und vernunftgeleitete Argumentation vollzogen werden. Damit würde durch ein argumentatives Leugnungsverfahren der Vernunft Vernunft ihrerseits gerade wieder in ihrer unleugbaren apriorischen Voraussetzung bestätigt und ihre Denknotwendigkeit unter Beweis gestellt.

Vernunftbildung ist sowohl Aufklärung über Vernunft als auch Befähigung, mit der derart aufgeklärten Vernunft praktischer Vernunft gemäß umgehen zu können. Denn da alles Letzt-Interesse der Vernunft ein praktisches ist und das theoretische Interesse im Dienste des praktischen Interesses steht (Kant), ist Vernunftbildung als Aufklärung der „Handlichmachung" der Vernunft für Handeln verpflichtet. Vernunftbildung wird geleitet vom Gedanken des Primats der Praxis gegenüber der Theorie und ist dabei keine Form materialer Bildung im Sinne von Sinn- und Wertevermittlung oder im Sinne

der Vermittlung eines inhaltlich geprägten moralischen Bewußtseins. In Form einer formalen Bildung fordert Vernunftbildung, in Selbständigkeit und Mündigkeit und Souveränität Vernunft anwenden und nutzen zu können, so beispielsweise
- in Form der argumentativen Auseinandersetzung mit anderen,
- in Form des Beurteilens,
- in Form von Wertauseinandersetzungen und der Ermöglichung von normenkritischen als normenlegitimierenden Fähigkeiten (Löwisch 1982, Kap. V),
- in Form von Wertreflexion,
- in Form von Sinnabwägungen des Handelns,
- in Form von Legitimierungen und Rechtfertigungen,
- in Form von Gewissensbildung,
- in Form von Verantwortungsreflexion und Abwägung zwischen Verantwortungsarten (Löwisch 1995, Kap. VII),
- in Form von Motivationen und Ausrichtung der Maximen für Handeln,
- in Form der Durchführung von Güterabwägungen in Wert- und Normenkonflikten,
- in Form der personal-selbständigen Schaffung dauerhafter Haltungen anstelle kurzlebiger Einstellungen,
- in Form des Bemühens um Authentizität oder Wahrhaftigkeit der Lebensführung der Person,
- in Form des Umgangs mit Religiosität (Löwisch 1994, S. 31–39),
- in Form des Umgangs mit Kultur und Kulturenvielfalt (Löwisch 1989),
- in Form der Gestaltung von Selbstwert und Selbstbewußtsein,
- in Form der personalen Selbst-Verpflichtung auf einen Umgang mit Kommunikation, der diesen beispielhaft angeführten Formen der Vernunftaufgaben gerecht zu werden vermag (Löwisch 1994, S. 185–196).

Angewendet auf das Thema „Handlungskompetenz als Bildungsaufgabe" unter der Frage „Was soll ich tun?" läßt sich resümierend und in aller Vorläufigkeit erklären: Die Aufgabe von Vernunftbildung in Form formaler Bildung liegt nicht in der Ausbildung von Kompetenzen oder Qualifikationen und also auch nicht in der Ausbildung von einer Kompetenz oder einer Qualifikation zum Handeln. *Die Aufgabe von Vernunftbildung liegt vielmehr in der Befähigung zu einem personal gebundenen vernunftreflektierten kompetenten Umgang mit Kompetenz und demgemäß auch mit Kompetenz zum Handeln.* Einer Vernunftbildung angesichts von Kompetenz zum Handeln als der subjektiven Grundfähigkeit, überhaupt handeln zu können und sich nicht nur zu verhalten in normengeleiteten, routinierten und mechanisierten, sozialisierten, „man"-geleiteten und unhinterfragten Aktivitätsstrukturen, geht es um den sinnbestimmten, gewissenhaften, ethisch reflektierten und damit moralisch gestalteten Umgang mit Handlungskompetenz, entsprechend der Redewendung, eben nicht nur aus bestem Wissen heraus zu handeln, sondern zu handeln aus bestem Wissen und bestem Gewissen heraus. In starker Nähe hierzu hat Alfred Petzelt 1963 für Bildung die Formel „Wissen und Haltung" geprägt.

3.3 Bildungsaufgabe: Diskursbildung

Das eben angesprochene Kommunikative Handeln eröffnet den Blick auf die Bildungsaufgabe einer Diskursbildung, d. h. einer *Befähigung zur Diskurspartnerschaft*. Partner oder Teilhaber an einem Diskurs ist nicht zu verwechseln mit Teilnahme an einer Diskussion. Ist zwar die Wortherkunft von Diskurs und Diskussion dieselbe, so gibt es doch erhebliche Bedeutungsunterschiede zwischen beiden. Das lateinische Herkunftswort „discursus" bedeutet Erörterung und Mitteilung, das Verb „discurrere" wird ins Deutsche übersetzt mit „auseinanderlaufen", dann ausbreiten, mitteilen, erörtern: Gedanken ausbreiten, Gedanken mitteilen, Gedanken erörtern. Dies geschieht im und über den Dialog: das über den Verstand und die Vernunft (logos) laufende Miteinandersprechen, die von Verstand und Vernunft getragene Auseinandersetzung (im Griechischen: dialegesthai, dialegein).

In einer *Diskussion* geht es um eine in Gruppen ablaufende Auseinandersetzung und Erörterung von Sachverhalten. Jeder Diskussionsteilnehmer kann sich an einer Diskussion unter Anerkennung der anstehenden Sachverhalte und unter seinen Interessen, die er mit dem Sachverhalt verbindet, ferner ohne Disziplinierung – sprich Einebnung – seiner individuellen Eigenschaften unter verbindlichen „Spielregeln" in und mit seiner jeweiligen Kommunikationsfähigkeit auch mit seinen Meinungen beteiligen. Die Spannbreite von Diskussionssituationen ist groß: Sie reicht von kleinen privaten oder teilprivaten Diskussionsgruppen (Familie, Freundesgruppe, Schulklasse, Clubmitglieder etc.) über Institutionen (Verbände, Parteien, Vorstände etc.) und Rundfunk- und Medienanstalten (Rundfunkdiskussionen, Fernsehdiskussionen, Talkshows etc.) bis hin zur parlamentarischen Diskussion. Dabei können Diskussionen sinnentleert werden, diffus in den verfolgten Zwecken werden, inhaltlich leerlaufen in sog. „ewigen Diskussionen"[6], in Stereotypen „gebetsmühlenhaft" ablaufen oder zur Profilbildung von Diskussionsteilnehmern genutzt werden. Die Inflation von Fernseh-Talkshows über den ganzen Tag kann das ebenso verdeutlichen wie die Übertragungen von parlamentarischen Diskussionen, die das Parlament in der Öffentlichkeit oftmals zur „Quasselbude" werden lassen. Diskussionen können zu jeder Zeit abgebrochen werden und Diskussionsteilnehmer können sich zurückziehen, denn Diskussionen unterstehen nicht der Aufgabe, zu einem Konsens aller Beteiligten zu finden.

Anders steht es um *Diskurse*. Der Diskurs ist in einer allgemeinen Definition ein auf der Grundlage von Argumenten vollzogener Dialog. Es handelt sich nicht um sachverhaltsbezogene Meinungsaustausche, sondern um endzielgerichtete und um Argumentation bemühte Auseinandersetzungen und Gespräche. Die Kommunikation in Diskursen unterliegt dabei der Verpflichtung zur Einlösung von erhobenen *Geltungsansprüchen*, so der *Wahrheit* des Aussageinhalts und der *Richtigkeit* der kommunikativen Äußerungen sowie der *Wahrhaftigkeit* der Diskurspartner. Hinzu kommen Diskursregeln, die verbindlich einzuhalten sind, so z. B. das Prinzip der Verständlichkeit, das Prinzip des gleichen Informationsstandes, das Prinzip der Gleichwertigkeit der Diskurspartner und ihrer wechselseitigen Achtung, das Prinzip des Sich-Einlassens auf die jeweils eingebrachten Argumente, das Prinzip der Preisgabe eigener Argumente bei Anerkennung anderer, gegenteiliger Argumente, das Prinzip des Verzichts auf Überredung und Manipulation, das Prinzip des Ausschlusses alles Egoistischen, alles Ideologischen, alles Weltanschaulichen, aller subjektiven Interessenverhaftungen und aller subjektiven und emotionalen Befangenheiten als Momente, die den Diskurs bestimmen. Des weiteren werden gemeinsame kommunikative Kompetenzen im Diskurs vorausgesetzt: so z. B. unter anderem ein kontrollierter Umgang mit nonverbalen Formen der Kommunikation und ein diziplinierter Umgang mit dem Stil des Kommunizierens, also mit Lautstärke, Tempo, Tonhöhe etc., und mit der invarianten Prozeßabfolge von Zuhören, sich auf den Diskurspartner mit seinen Argumenten einlassen, nachdenken und antworten. Der Diskurs, der im Idealfall rein sachverhaltsbezogen abzulaufen hat, setzt voraus, daß aufgrund

---

[6] Vgl. die Parlamentarismuskritik bei J. Donoso Cortés: Der Staat Gottes, hrsg. von L. Fischer, Darmstadt 1966.

dessen Diskurspartner ausgetauscht werden können, ohne daß dadurch der in Rede stehende Sachverhalt im Diskurs wie auch der Diskurs selbst beeinträchtigt wird. Eingerichtet und angestrengt werden Diskurse unter den genannten Bedingungen mit dem Ziel, auf argumentativem Wege zu konsensualen Ergebnissen zu gelangen – das heißt: entweder zu Konsensen bezüglich der in den Diskurs eingebrachten Sachverhalte oder zu Konsensen über die vorläufige Geltung von Kompromissen, wenn inhaltliche Konsense nicht erzielt werden können. Gewonnene Konsense über Sachverhalte werden in Form von Kommuniqués festgehalten. Konsense über die vorläufige Geltung von Kompromissen ziehen die Folge erneuter Diskurse nach sich. Für Jürgen Habermas, auf den die Diskursregeln zurückgehen, die zu einer entsprechenden Diskurstheorie geführt haben und über sie zu einer Diskursethik (vgl. 1983, S. 53 ff.), ist der Diskurs ein kommunikatives Handeln (1981). Diskursbildung ist mithin auch anzusehen als Bildung kommunikativer Handlungskompetenz.

Die Verschiedenheit von Diskussion, Dialog, Gespräch auf der einen Seite und dem strengen Diskurs auf der anderen Seite macht deutlich, daß das Einrichten und das Führen von Diskursen eine Bildungsaufgabe mit erheblichem Zukunftsbezug darstellt, da diskursive Verständigung und diskursives Aushandeln dessen, was gemeinsam getan werden kann und soll und was nicht, bei Zunahme von gesellschaftlichen, intrakulturellen und interkulturellen Handlungsproblemen und -konflikten immer notwendiger werden. Der Diskurs ist ein ernstes und strenges argumentatives kommunikatives Handeln in hoher Verantwortung vor dem Gemeinwohl und für das Gemeinwohl unter der Auflage des Findens konsensualer konstruktiver Lösungen anstehender Konflikte und Probleme im Bereich des Handelns. Diskursbildung hat es wie Vernunftbildung und wie Bildung generell mit Befähigung zu tun. In den Aufgabenbereich von Diskursbildung fallen nun alle die Prinzipien und Regeln, alle die Forderungen und Methoden, die Diskurse als deren Bedingungen erst ermöglichen. Sie fallen in den Aufgabenbereich von Diskursbildung sowohl als Bereich der Aufklärung über den Sinn und den Wert von Diskursen wie auch als Befähigungsbereiche bezüglich des Umgangs mit ihnen. *Diskursbildung ist Befähigung des Menschen zur Diskurspartnerschaft.*

Wo immer es um Sinnfragen, um Sinnbestimmung und um Sinnbestimmtheit geht, wo immer es um Wertfragen geht, wo immer es um Handeln und Handlungskompetenz geht, und das heißt: wo immer es um die Frage „Was soll ich tun?" geht, ist jeder Mensch angewiesen auf das schon erwähnte Orientierungswissen. Das Sich-im-Denken-orientieren-Können ist damit auch eine Voraussetzung für die Teilnahme an Diskursen über Sinn- und Wertfragen des Handelns. Denn derartige Diskurse sind getragen von der Fähigkeit, angesichts von Problemen und Konflikten in der Auseinandersetzung mit anderen sich selber als Diskurspartner orientieren zu können.

3.4 Bildungsaufgabe: Befähigung zu orientierendem Denken

„Was soll ich tun?" lautet die Leitfrage der Überlegungen in diesem Buch. Wann wird eine solche Frage an wen gestellt? Von wem wird diese Frage gestellt? Was drückt diese Frage aus? Wie gelangt man am ehesten zu einer Antwort auf diese Frage? Welche Geltung hat diese Antwort? Wie kann eine mögliche Antwort auf diese Frage umgesetzt werden in Handeln?

Betrachten wir uns selbst in unserem Lebensalltag, wann wir diese Frage an wen stellen und unter welchen Bedingungen sowie mit welchem Bewußtsein wir sie stellen. Wir stellen diese Frage zum einen an andere, wenn wir von ihnen Hilfe erwarten in Situationen, die für uns unüberschaubar sind und die von uns eine Entscheidung abverlangen, in denen wir uns selbst angesichts von erwarteten Handlungen als Personen infrage gestellt sehen. Wenn es sich um eine informationsgesteuerte Frage handelt, d. h. um eine Frage, die zur Klärung eines technischen oder instrumentellen Handlungsproblems vonnöten ist, dann fragen wir nicht unter dem Gedanken des Sollens. Unter diesem Gedanken ist vielmehr eine zu treffende Entscheidung problematisch geworden, die an die freie Selbstbestimmung des selbständigen Subjekts gebunden ist. Bei technischen oder instrumentellen Problemen eines von uns abverlangten Handelns fragen wir nach dem, was richtigerweise und korrekterweise einem Sachverhalt angemessen zu tun ist. Wir fragen: „Was muß ich tun?" oder „Was ist zu tun?", wir fragen: „Was habe ich jetzt zu tun?" oder „Wie mache ich etwas richtig?" oder „Wie handle ich im anstehenden Fall korrekt?". Wir suchen eine sachverhaltsbezogene Handlungs- und Methodenauskunft von anderen, bei denen wir entsprechende Sachkompetenz und Methodenkompetenz vermuten. *Das Sollen* in der Leitfrage *hat es* jedoch *nicht mit Richtigkeit und Korrektheit zu tun*, auch nicht mit der Political correctness einer beabsichtigten Handlung. Vielmehr stehen wir mit der Soll-Frage in einer Entscheidungssituation, von der wir wissen, daß sie uns in unserer

Freiheit zu einer bestimmten Handlung herausfordert. Wir fühlen uns als Person gefordert, von der in ihrer Selbständigkeit eine bestimmte, in Freiheit zu treffende Entscheidung als *sinnvolle und wertvolle Entscheidung* abverlangt wird. Unter dem Sollen der Frage verstehen wir uns nicht als Funktionär oder Funktionsträger in einem vorgegebenen normierten Handlungsvollzugsrahmen, der auch als Verhaltensrahmen oder Funktionsrahmen bezeichnet werden kann. Die Frage „Was soll ich tun?" erwächst in einer Entscheidungsnotsituation sinnbezogener oder wertbezogener, d. h. moralischer Art. Es ist eine Frage philosophischer Art, keine Sach- und Methodenfrage. – Die Frage läßt sich zum anderen aber auch an sich selbst stellen, nicht nur an kompetenzreichere Dritte. Wir brauchen die Frage, ja wir sollten sie auch gar nicht als subjektive Sinn- und Wertestifter für unser Handeln primär an Dritte richten: Wohl benötigen wir die anderen als für die Entscheidungssituation hilfreiche Orientierungsdatengeber. Wir stellen also die Frage „Was soll ich tun?" an uns selber und an andere um uns herum, um in orientierungsunsicheren Situationen Orientierungsmöglichkeiten zu erfahren, die für die Bildung eines Orientierungswissens von konstruktiver Bedeutung sind. Zwei Bedingungen gibt es für das Stellen dieser Frage:

Erstens: Es gibt neben dem objektiven Fakten- und Verwendungswissen, das wir haben und das wir durch Lernen und Erkennen uns schaffen, ein Orientierungswissen, das wir durch eine „Orientierung im Denken und durch Denken" (so bei Martens 1990) gewinnen können. Das Orientierungswissen, das wir angesichts der Frage „Was soll ich tun?" benötigen und das wir durch „Orientierung im Denken und durch Denken" gewinnen, sei weniger einer Ethik oder einer neuen Ethik zu verdanken, sondern einem „erneuten Nachdenken darüber, was wir ... tun sollen", schreibt jüngst Ekkehard Martens (1997, S. 8). Und er fährt fort: „Statt angewandter Ethik brauchen wir heute angewandte Philosophie", die sich – provoziert durch die gegenwärtige Problemsituation – „auf die gegenwärtige Problemsituation in ihrer ganzen Breite einläßt". Angewandte Philosophie ist gebunden an das subjektive Vernunftdenken, an das „Selber denken". Dieses Selberdenken ist Nachdenken. Im Nachdenken ist dem nachzugehen, was zur Behebung von Orientierungsdefiziten und zum Aufbau von Orientierungen beitragen kann. Dieses denkerische Nachgehen dem Problem von Orientierungsnöten und den Fragen des Schaffens von Orientierungswissen ist nichts anderes als Philosophieren. Somit kommt einer „Anstiftung zum Philosophieren", wie es Annemarie Pieper (1997) nennt, bei Erwachsenen ebenso wie bei Kindern und Jugendlichen eine erhebliche Bedeutung zu. Das zu gewinnende Orientierungswissen betrifft alle Bereiche, die jenseits des Erfahrbaren und des objektiv Erkennbaren liegen: es betrifft alle Sinnbereiche und Wertbereiche.

Zweitens: Als zweite Bedingung für das Stellen dieser Frage gilt, daß wir in der Schaffung unseres Orientierungswissens auch in Zonen von Ratlosigkeit durch eine zunehmende Unübersichtlichkeit (vgl. Habermas 1985) unserer Kultur geraten können. Unsere moderne Kultur „bedeutet nicht nur individuelle Freiheit, sondern auch Unübersichtlichkeit, und diese Belastung ist immer noch und immer wieder – erst recht in modernen Gesellschaften – ein lebendiger Antrieb zum Nachdenklichwerden" (Schnädelbach 1995, S. 37), mithin zum Philosophieren. Insofern ist „das philosophische Interesse primär ... Ausdruck von Orientierungsbedürfnissen" und hat das Philosophieren eine „Orientierungsfunktion" (S. 38). Die angesprochene Ratlosigkeit angesichts kultureller Unübersichtlichkeit führt aber auch zu Handlungsunsicherheit und Handlungsohnmacht, was nicht selten – ich wage zu sagen: was sehr oft und mit wachsender Tendenz – zur Flucht aus dem eigentlichen Handeln führt, zur Anpassung an Verhaltenserwartungen in Form von normengebundenem und konventionellem wie auch funktionalem Verhalten verleitet oder im Ruf nach immer mehr gesetzlichen Regelungen gipfelt. Eine Flucht aus sinnbestimmtem und wertgebundenem Handeln dokumentiert sich in der sukzessiven Auflösung gemeinschaftsbezogenen, gemeinwohlbezogenen wie auch solidarischen Handelns, im Verzicht auf Zivilcourage als Mut, sich seiner eigenen Vernunft zu bedienen, entsprechend zu denken und zu handeln, im Verzicht auf Wahrhaftigkeit der Person im Denken und Handeln, im Verzicht auf zu verantwortende Verbindlichkeit und Redlichkeit, in einer ungebührlichen Ausdehnung – und damit Pervertierung – des Toleranzprinzips und in einem Beliebigkeitsverständnis von Freiheit unter der Maxime „anything goes". Aber es ist eben nicht alles erlaubt. Freiheit im Denken und Handeln ist nicht Beliebigkeit nach dem Motto: „Bei Nacht sind alle Katzen grau." Katzen sind bei Nacht eben nicht alle grau. Wir müssen uns als Vernunftwesen, die wir unleugbar sind, auch in der „Dunkelheit der Nacht" orientieren können, wenn wir „wahrhaft Mensch" bleiben wollen. Emanzipatorische Radikal-Kritik und transzendentale Skepsis sind insofern problematisch, als sie beide letztlich alle Wertböden und alle Sinnböden für das Handeln destruieren ungeachtet der Tatsache, daß kein Mensch auf Dauer ohne Rückbindung seines Handelns an Wertigkeitsfragen und an Sinnbestimmungen, die von ihm selbst vorgenommen werden, leben kann. Und diese Handlungstatsache speist sich aus der allgemeinen Vernunftbestimmtheit der Menschen, die sich in je subjektiver praktischer Vernunft zeigt. Diese subjektive praktische Vernunft dokumentiert sich in den Maximen, d. h. in den subjektiven Grundsätzen des Handelns, den Motivationen zu bestimmtem Handeln, in den gesuchten Haltungen des Menschen. Sich dessen bewußt zu werden ist eine Aufgabe des Sich-im-Denken-Orientierens, wobei es sich bei dem Denken um ein wirklichkeitsbezogenes Denken, um ein in die Wirklichkeit hineingeholtes und auf sie bezogenes Denken handelt und nicht nur um ein skeptisches, um ein rein theoretisches oder ein mögliches Denken (Vossenkuhl in Dietz u. a. 1996, S. 267). Insofern ist die kantische Frage „Was soll ich tun?" nicht nur philosophische Leitfrage der praktischen Vernunft, die die transzendentale Möglichkeitsbedingung des moralischen Handelns zu klären versucht. Die Frage ist heute angesichts der Offenheit und Vielfältigkeit sinn- und wertbezogenen Handelns auch eine das wirkliche Handeln leitende Frage, deren aktuelle und akute pragmatische Bedeutung sich in der Entscheidungs- und Handlungsnot der heute Lebenden dokumentiert. Und mit ihnen, die die nächsten Generationen auf ihr künftiges Leben vorbereiten, auch der künftig Lebenden. Insofern ist ein Sich-Stellen dieser Frage und sind die Klärungen des pädagogischen Handelns unter dieser Frage zugleich von hoher Zukunftsbedeutung. Dabei spielt das Sich-im-Denken-orientieren-Können eine exponierte Rolle als Bildungsaufgabe. Vossenkuhl bringt das mit Rückbezug auf Kant in das treffende Bild: „'Sich im Denken Orientieren' bedeutet, sich in einem Raum zu bewegen, in dem es keine allgemeingültigen kognitiven Wegweiser gibt: im 'unermeßlichen und mit dicker Nacht erfüllten Raum des Übersinnlichen' (Kant, VIII, 137). In diesem Raum sind wir auf uns selbst gestellt – jeder für sich. Das einzige Mittel, mit dem wir uns in dieser Dunkelheit orientieren können, ist unsere eigene subjektive Vernunft" (Vossenkuhl 1996, S. 265 f.). Dieses Mittel der Vernunft ist kein anderes als das Selberdenken: Sich im und durch Denken orientieren geht nur über das Selberdenken, sprich über das selbständige Philosophieren. Um sich eine eigene Antwort auf die Frage „Was soll ich tun?" geben zu können, ist das an das Selberdenken gebundene Sich-im-Denken-Orientieren ein notwendiger Weg.

Wir leben – so hieß es oben – in einer geistesgeschichtlich bedingten Zeit des Individualismus, was als ursächlich angesehen wird für die Auflösung alles allgemein Verbindlichen. Selbstbestimmung und Selbstverwirklichung leiten den heutigen Menschen weitaus mehr als Gemeinwohl und Solidarität. Jeder sei sich selbst der Nächste geworden – so heißt es – bis hin zu der Feststellung: „Wenn jeder an sich selbst denkt, dann ist an alle gedacht." Wie kann nun verhindert werden, daß der notwendige Weg des Sich-im-und-durch-Denken-Orientierens über das geforderte Selberdenken zum Abbau und zum Verlust von sozialer Haltung, von Solidarität, von Gemeinwohl führt? Welchen Geltungsanspruch hat die auf diesem notwendigen Weg gesuchte und gefundene Antwort auf die Frage „Was soll ich tun?" einzulösen?

Zunächst: Die Antwort soll verbindlich sein. Und das heißt: sie soll Subjekte (z. B. Handelnde und Betroffene) miteinander verbinden und sie nicht voneinander isolieren; sie soll gemein (im positiven Wortsinne) sein, d. h. zum gemeinen Wohl beitragen. Sie soll wahr sein, was ihren Geltungsanspruch angeht. Das hat seine Auswirkung auf das vom Selberdenken getragene Sich-im-und-durch-Denken-Orientieren insoweit, als daß das Sich-im-Denken-Orientieren nicht abgeschlossen monadenhaft vorgehen kann, sondern in einem Verfahren der dialogischen Gemeinsamkeit selbstdenkender Personen. Das unter der „Was soll ich tun?"-Frage angeregte orientierende Denken, das zu einer Antwort führen soll, die in der anstehenden Not einer Entscheidungssituation eine wahre und verbindliche Entscheidung ermöglichen soll, muß sich somit in einen Diskurs einbringen. Als Diskurspartner sind dabei alle die anzusehen, die von der Handlungsentscheidung direkt betroffen und indirekt mitbetroffen sind.

Das Sich-im-und-durch-Denken-Orientieren des einzelnen Subjekts kann der Gefahr eines Individualismus, der zu Lasten anderer (aus)gelebt wird, dadurch enthoben werden, daß der Orientierungsvorgang zum Schaffen von Orientierungswissen an einen derartigen Diskurs gebunden wird. Alle mit dieser Entscheidungsnotsituation befaßten Diskurspartner, die dies dadurch sind, daß sie von der Entscheidung Betroffene und Mitbetroffene sind, sind dem um eine Antwort verlegenen Orientierungswissen-Suchenden notwendige Orientierungsdatengeber: Denn ihre Einschätzungen, Werthaltungen, Sinnvorstellungen sind es, die der Sich-Orientierende in seinem Orientierungsdenken mitzubedenken hat. Was er am Ende zu finden hofft, ist seine durch den Orientierungsdiskurs so weit und intensiv wie möglich abgeklärte subjektive Maxime für sein Entscheiden und Handeln. Wenn Heiner Hastedt schreibt: „Sich orientieren in der Moderne heißt, sich in dieser Vielfältigkeit zurechtzufinden" (in Dietz u. a. 1996, S. 157) und mit Vielfältigkeit gemeint ist, daß „die moderne Existenz ... sich durch außengeleitete Anforderungen und innengeleitete Wünsche in der denkbar größten Vielfältigkeit (auszeichnet)", dann kann dieses Zurechtfinden nur zu etwas führen, was vor der Vernunft zu Recht besteht, was also Anspruch auf vernünftige Geltung hat. Denn das Sich-Orientieren im Denken ist Philosophieren – nichts anderes –, und Philosophieren ist Vernunfttätigkeit. „Die einzig vernünftige subjektive Orientierung bietet die 'Freiheit im Denken' und frei im Denken sind wir, wenn wir unsere Vernunft 'unter keine anderen Gesetze als: die sie sich selbst gibt' (Kant, Bd. VIII, 145) stellen. Wir folgen also *individuell* dem, was wir *alle* als vernünftig einsehen können" (Vossenkuhl 1996, S. 267, Hervorhebung: DJL). Wenn wir alle gleichermaßen etwas in einem anstehenden Diskursfall als vernünftig, damit als wahr ansehen, dann besteht darüber Konsens. Dieser Konsens ist kein Abstimmungskonsens durch Abzählen, sondern er ist ein Abwägungskonsens. Er ist gebunden an das argumentative Abwägen von Orientierungsmöglichkeiten unter Beibringung aller möglichen Orientierungsdaten durch die Diskurspartner. Damit ist ein Fundament geschaffen, auf dem der Sich-Orientierende als „einsames Subjekt" am Ende selber durch sein subjektives Orientierungsbemühen zu seiner subjektiv vertretbaren Maxime für Handeln finden kann und dies mit dem Diskurs im Rücken. Das heißt: Ich denke selbst und ich entscheide selbst durch meine subjektive Maxime, die mir als Entscheidungssubjekt zugeschrieben wird, und ich handle dann selbst. In diesem Prozeß wird von mir nichts an Dritte delegiert, es wird auch nichts Definitives an den Diskurs als Verfahren gebunden. *Der Diskurs hat für das Entscheidungssubjekt in seinem Orientieren lediglich eine aufklärende Beratungsfunktion sowohl in Form der Erweiterung der Daten zur Orientierungsfindung als auch in Form eines möglichen Diskurs-Ergebnisses in Gestalt einer Empfehlung, eines Rates, nämlich das sich in diesem Beratungsdiskurs abzeichnende konsenshafte Orientierungswissen in das Selberdenken, Selberentscheiden und Selberhandeln einfließen zu lassen. Der Diskurs schreibt durch sein Beratungsergebnis* (wenn er zu einem solchen kommt) *nichts vor und der Diskurs entscheidet nicht für das Entscheidungssubjekt.* Der Orientierungsdiskurs ist unter diesem Aspekt analog dem Verantwortungsdiskurs in einer Diskursethik zu sehen (Löwisch 1995, s. Kap. VIII).

Das bedeutet für Bildung als Befähigung zum orientierenden Denken in Situationen der Entscheidungs- und Handlungsnot, daß *das Sich-im-und-durch-Denken-Orientieren* gebunden ist *an eine Kompetenz zum Selberdenken, zum Selberentscheiden in Form einer subjektiven Maxime und zum Selberhandeln*. Und es wird das vorausgesetzt, was unter Vernunftbildung und Diskursbildung als Bildungsaufgaben ausgeführt wurde.

Wie aber kann zum orientierenden Denken befähigt werden? Das Sich-im-Denken-Orientieren ist Philosophieren – nichts anderes –, so hieß es eben. Das Philosophieren ist zu verstehen als Selberdenken; insofern setzt das Philosophieren die Kompetenz zum Selberdenken voraus. Das Philosophieren als Selberdenken ist als Kompetenz stets in Handeln zu überführen, d. h., es hat in eine Performanz einzugehen (vgl. Kap. 4.4). Insofern kann das Sich-im-Denken-Orientieren als Kompetenz zum Selberdenken und Selberhandeln ausgewiesen werden. Wenn das Sich-im-Denken-Orientieren an das Selberdenken konstitutiv gebunden ist und das Selberdenken Philosophieren ist, dann hat Bildung als Befähigung zum orientierenden Denken zum Philosophieren zu befähigen. Insofern läßt sich auch Schnädelbachs Feststellung in seinem Aufsatz „Philosophie in der modernen Kultur" aus bildungsbezogener pädagogischer Sicht voll akzeptieren: Im Rahmen seiner Rede von der „Weltbildfunktion des Philosophierens" spricht er den Bereich der Sinnfragen als Verstehensfragen an. Es geht ihm bei Sinn- und Bedeutungsfragen in Handlungskontexten „um die Bedeutsamkeit des Fraglichen für unser Leben und Handeln. Solche Sinnfragen lauten: Was hat es damit auf sich? Was geht uns das an? 'Was bedeutet dies alles?' ... Was folgt aus all dem für mich, für uns? Wer so fragt, sucht keine zusätzlichen Kenntnisse, die ihm vielleicht die Wissenschaften verschaffen könnten, sondern er braucht Orientierung; darum verstehe ich das philosophische Interesse primär als Ausdruck von Orientierungsbedürfnissen und spreche demzufolge von der *Orientierungsfunktion des Philosophierens*" (Schnädelbach 1995, S. 37f.).

Wenn es nun zutrifft, daß es einen „ursprünglichen Willen zur Kompetenz" (Wollersheim 1993, S. 257 und 259) gibt, dann gibt es angesichts der Kompetenz zum Philosophieren übertragen auch einen ursprünglichen Willen zum Philosophieren. Philosophierendes Denken ist Nachdenken, Denken und Nachdenken sind abhängig vom Fragen und vom Befragen von etwas. Ohne Fragen gibt es kein Denken und Nachdenken. Das Fragen ist etwas Ursprüngliches des menschlichen Geistes. Fragen und Fragehaltung werden nicht gelernt: das Fragen entsteht spontan im Kleinkindalter; Kinder stellen ursprünglich und spontan Fragen, und das heißt: das Denken und Nachdenken und damit das Philosophieren sind etwas Ursprüngliches und Nichtgelerntes: die Kinderfragen und speziell die „schwierigen" Kinderfragen (Zoller 1995) sind die Ausgangsbasis für das Philosophieren. Insofern kann legitimerweise auch davon gesprochen werden, daß es neben dem ursprünglichen Kompetenzwillen zum Selberdenken auch einen ursprünglichen Willen zum Philosophieren gibt. Im Rahmen der wiederaufgelebten Überlegungen und Theorien zum Philosophieren mit Kindern (Matthews, Lipman, Brüning, Freese, Hösle, Horster, Martens, Schreier, Zoller) und der Begründung, daß das Philosophieren mit Kindern eine notwendige Bildungsaufgabe sei (vgl. Kap. 3.5), ist die Befähigung zum Philosophieren, zum Selberdenken, zum Sich-im-Denken-Orientieren etwas, was von Kindheit an zu fördern ist. Die Befähigung zum Philosophieren bezieht sich dabei nicht auf das Schaffen einer Fragehaltung und das Herstellen wirklichen Fragens. Die Befähigung bezieht sich vielmehr auf die Ermöglichung von dauerhaftem Fragen und Weiterfragen und auf deren Förderung. Und sie bezieht sich auf die Vorbeugung gegen ein verbreitetes Unterbewerten und Abblocken des philosophischen und philosophisch dimensionierten Fragens zugunsten eines wissenschaftlich-theoretischen Fragens mit der Folge einer kognitiven Eindimensionalität des Denkens. Denn eine derartige Überbetonung des auf Faktenwissen und Methodenwissen gerichteten Fragens, was Leitprinzip für die schulische Arbeit mit ihrer gesellschaftsbezogenen Qualifizierungsaufgabe ist, zieht nach sich eine Orientierungsschwäche und Orientierungsunfähigkeit sowie ein zunehmend defizitär werdendes Orientierungswissen für Handeln. Diese Defizitsituation von Orientierungswissen und die Ohnmachtssituation bezüglich des Sich-Orientierens sind Ursachen und Gründe für die Desolatheit von Handlungskompetenz.

Was den *Verhaltens*bereich menschlicher Tätigkeit angeht, so ist dieser in einer Weise fremdbestimmt geregelt, daß keine Unsicherheitszonen entstehen können, wenn man sich den funktionalen Erwartungen an das Verhalten überläßt. *Handeln* hingegen setzt andere Qualitäten voraus. Diese Qualitäten gestalten die Handlungskompetenz und sind nicht vermittelbar wie Funktionsanforderungen im Verhaltensbereich. Über Bildung ist zu diesen Qualitäten zu befähigen. Dazu gehört – wie ausgeführt – wesentlich das Sich-orientieren-Können im Selberdenken, für das im frühen Kindesalter schon Vorsorge zu treffen ist. Dabei ist das Orientieren im Sinne des eingangs angesprochenen aufklärerischen Orientierens gemeint entgegen einem informationsgebundenen Orientieren (vgl. Kap.1). In diesem Kontext ist es angebracht, an Kant zu erinnern, der den Zusammenhang von Sich-im-Denken-Orientieren mit Vernunft und Selberdenken sehr klar – wenn auch mit einem gewissen Pathos – formuliert hat: „Freunde des Menschengeschlechts und dessen, was ihm am heiligsten ist! Nehmt an, was Euch nach sorgfältiger und aufrichtiger Prüfung am glaubwürdigsten erscheint, es mögen nun Facta, es mögen Vernunftgründe sein; nur streitet der Vernunft nicht das, was sie zum höchsten Gut auf Erden macht, nämlich das Vorrecht ab, der letzte Probierstein der Wahrheit zu sein. – **Selbstdenken** heißt den obersten Probierstein der Wahrheit in sich selbst (d. h. in seiner eigenen Vernunft) suchen; und die Maxime, jederzeit selbst zu denken, ist die **Aufklärung**. Dazu gehört nun eben so viel nicht, als sich diejenigen einbilden, welche die Aufklärung in Kenntnisse setzen: da sie vielmehr ein negativer Grundsatz im Gebrauche seiner Erkenntnisvermögen ist, und öfter der, so an Kenntnissen überaus reich ist, im Gebrauche derselben am wenigsten aufgeklärt ist. Sich seiner eigenen Vernunft bedienen, will nichts weiter sagen, als bei allem dem, was man annehmen soll, sich selbst fragen: ob man es wohl tunlich finde, den Grund, warum man etwas annimmt, oder auch die Regel, die aus dem, was man annimmt, folgt, zum allgemeinen Grundsatze seines Vernunftgebrauches zu machen. Diese Probe kann jeder mit sich selbst anstellen; und er wird Aberglauben und Schwärmerei bei dieser Prüfung alsbald verschwinden sehen, wenn gleich er bei weitem die Kenntnis nicht hat, beide aus objektiven Gründen zu widerlegen. Denn er bedient sich bloß der Maxime der **Selbsterhaltung** der Vernunft. Aufklärung in **einzelnen Subjekten** durch Erziehung zu gründen, ist also gar leicht; man muß nur früh anfangen, die jungen Köpfe zu dieser Reflexion zu gewöhnen" (Kant 1786, S. 146f.).

Bildung als Befähigung zum orientierenden Denken ist Bildung als Befähigung zum Philosophieren. Es ist eine Bildungsaufgabe, die schon sehr früh wahrgenommen werden sollte: in der Kindheit.

3.5 Zum Umsetzen der Bildungsaufgaben: Das Philosophieren mit Kindern als Beispiel

Im größerem Umfang wird gegenwärtig in Deutschland und Österreich (Camhy 1984 und 1990; Brüning 1996; ausführliche Bibliographie bei Martens 1990) eine Bewegung rezipiert und weiterentwickelt, die in den USA durch Denker wie Matthew Lipman (Lipman/Glatzel 1983 und Lipman 1986) und Gareth B. Matthews (1989, 1991 und 1995) wieder angestoßen und entwickelt worden ist, nachdem sie in den dreißiger Jahren dieses Jahrhunderts in Deutschland im Rahmen der Reformpädagogik schon einmal versuchte, Fuß zu fassen. Begründet wird diese Bewegung in den USA damit, daß die philosophische Dimension des Denkens defizitär geworden ist und daß Studenten für Philosophie, die sie als einen Systemstabilisator ansehen, nur wenig übrighaben (Matthews 1994, S. 7–20). Und in Deutschland wird hinzugefügt, daß das Philosophieren (mit Barbara Brüning: das exoterische tätigkeitsbezogene Verständnis von Philosophie gegenüber einem esoterischen fachwissenschaftlichen Verständnis[7]) eine Orientierungshilfe für den Menschen darstelle, der bezüglich seines Denkens und Handelns zunehmend unter Orientierungsdefiziten in einer äußerst komplexen, unübersichtlichen und widersprüchlichen Welt leide. Er leide darunter, weil er ein Orientierungsbedürfnis habe, das er nicht mehr befriedigen könne, er also im selberdenkenden Zurechtfinden in seiner kompliziert gewordenen Lebenswelt an Ohnmachtsgrenzen gelange.

Wenn heute Orientierungsschwäche oder gar Orientierungslosigkeit des Subjekts diagnostiziert und beklagt wird, dann heißt das entsprechend unserer bisherigen Überlegungen, daß ein Mangel an Kompetenz zum Philosophieren diagnostiziert und beklagt wird. Dieser Mangel ist in unserer Lebenswelt hausgemacht; er beruht auf einer – gewollten und bewußten – defizitären Bildung des Philosophierens: Keine pädagogische Institution betreibt diese Bildung des Philosophierens, weder die Familie noch der Kindergarten, weder die Schule noch die berufliche Bildung. Der Schule wird sogar expressis

---

[7] B. Brüning: Philosophieren mit sechs- bis achtjährigen Kindern in der außerschulischen Erziehung, Phil. Diss. Hamburg 1985, S. 1–25. Es ist eines, Philosophie als theoretische Diziplin in ihren Spezialisierungen wie Logik, Ethik, Ästhetik, Sprachphilosophie, Erkenntnistheorie, Wissenschaftstheorie u. a. m. systematisch zu betreiben in ihrer entsprechenden Sprachlichkeit („esoterische Philosophie"), und es ist etwas anderes, aufgrund von Alltagspraxis in dem Sinne zu philosophieren, Sachverhalte, Dinge, Handlungen usw. ihrer Fraglosigkeit und Selbstverständlichkeit zu entkleiden und ihrer jeweiligen Bedeutung nachzufragen (in sokratischer Gesprächsmanier), um zu immer stückwerkhaften Antworten zu kommen, die in die Alltagspraxis Klarheit und für die Alltagspraxis Durchblick bringen und damit Orientierungsmöglichkeiten für Denken und Handeln schaffen können („exoterische Philosophie").

verbis eine „philosophische Besinnungslosigkeit" attestiert (Freese 1994, S. 19). Lediglich im quartären Bildungsbereich – vor allem im betrieblichen Weiterbildungsbereich – werden vereinzelt, aber zunehmend derartige Aufgaben nacharbeitend wahrgenommen. In der Regel handelt es sich dabei um ethische Fragen. Selbst im Hochschulbereich als tertiärem Bildungsbereich hat eine Bildung des Philosophierens im Sinne exoterischer Philosophie in der Regel keinen Ort. Die Schule als der allgemeine verpflichtende Bildungsbereich füllt den Schüler an mit mehr oder minder nützlichem, erlernbarem, speicherbarem und abprüfbarem Sachwissen, das einem Ausspruch Lichtenbergs nach „unverdaut im Bauche herumklappert". Die Schule depotenziert den Schüler zum Informations- und Wissenssammler und -konsumenten, sie bildet nicht die Möglichkeiten für Informations- und Wissensbewertung und -selektion. Der Schulabgänger besitzt mehr oder minder umfangreiches beigebrachtes, situativ abrufbares und abprüfbares Einzelwissen durch Lernen als Informationsaufnahme: Er kennt umfangreiche Daten, aber er kennt sich in ihnen nicht systematisch und in ihrer Befragenswürdigkeit aus; er hat weitestgehende Kenntnisse, aber wenig selbst begründete Erkenntnisse und Einsichten; er verfügt über „massenhafte" Informationen, weiß aber nicht über sie Bescheid: Vielwissen statt systematischem Bescheidwissen herrscht vor. Unter didaktisch angeleiteter Ausbildung wird der Schüler zu einem Informationsspeicher, aber nicht zu einem gebildeten Informationsmächtigen, d. h. zu einem der gedanklich abgeklärten Informationen Mächtigen. Was in den siebziger Jahren den Philosophieprofessor Matthew Lipman an der Columbia University in New York veranlaßte, sein Augenmerk auf das Philosophieren mit Kindern zu lenken, war die Erkenntnis, daß „im Bildungssystem ... die Fähigkeit weder angestrebt noch ausgebildet worden (war), begrifflich und argumentativ klar über Meinungen und Interessen zu reden, sowie mit unterschiedlichen Auffassungen rational umzugehen" (Martens 1990, S. 32). Das Defizit im Bildungssystem, das Matthew Lipman und Gareth Matthews sich dem Philosophieren mit Kindern zuwenden ließ, um das amerikanische Bildungssystem zu reformieren, ähnelt dem oben genannten Defizit an Bildung des Philosophierens in unseren pädagogischen Institutionen. Nicht ein Sich-im-Denken-Orientieren, nicht ein Orientierungswissen für den kritischen Umgang mit Faktenwissen und für Entscheidungs- und Handlungssituationen ist gefragt und wird gefördert, sondern in der Regel allein ein funktionsbezogenes Tatsachenwissen. Ein kritisches, prüfendes Fragen, ein Infragestellen des Tatsachenwissens zum Zwecke des Ergründens seiner Grundlagen für die Gewinnung gedanklicher, reflexiver Orientierungsfähigkeit im redlichen Umgang mit Sachverhalten stört dabei die Funktionalität von Unterricht. Schulen stehen im Dienste der meßbaren gesellschaftlichen Verwertbarkeit ihrer jeweiligen Arbeit. Sie stehen voll im Dienste eines Utilitarismus, nicht jedoch im Dienste einer Persönlichkeits- oder Menschenbildung.

Das philosophische „Was ist"-Fragen und „Warum ist"-Fragen, das sich bei Kindern noch unverstellt zeigt, wird dabei verstellt und aus den Köpfen verbannt. Damit wird aber die Axt an das „Selbstdenken" (Kant) gelegt mit entsprechenden Folgen: Es wird ein Zeitgeist bestätigt, der von Positivismus, Materialismus, Fraglosigkeit, Gedankenlosigkeit, Visionslosigkeit, Funktionalismus, Utilitarismus, Wert- und Sinnabstinenz, Kommerz, Kritiklosigkeit und Verantwortungsabschiebung getragen ist. Dieser Zeitgeist prägt eine entsprechende Geisteshaltung der Gesellschaftsmitglieder.

Es ist eine Geisteshaltung, die den Menschen ansieht als eine einsetzbare Ressource und Materie, die den Menschen zum Objekt macht, entsubjektiviert und entsubstantialisiert. Sie nivelliert ihn zum „Menschenmaterial" oder zur „Humanressource". Dabei wird kein Gedanke mehr an den „homo sapiens" verschwendet, vielmehr werden viele Gedanken an den Menschen als „homo materia" gebunden, wie es Günther Anders (1983) prognostiziert hat. Die Geisteshaltung, die ohne das philosophische Fragen auszukommen meint, ist eine Perfektionierung der Andersschen Vision des „antiquierten Menschen": der Mensch als Ressource und Materie, der bar aller philosophischen Fragehaltungen ist, der letztlich fraglos sein Leben fristet – und damit für Gesellschaft bequem und nützlich ist.

Das philosophische Fragen ermöglicht aber gerade das als Defizit beklagte Bewerten und Selektieren von Wissen und Informationen, es ermöglicht das Sich-Auskennen in und mit Wissensbeständen, es ermöglicht begründete Erkenntnisse, es ermöglicht das systematische Bescheidwissen, es ermöglicht gedankliche, reflexive Mächtigkeit des Subjekts, es ermöglicht das schon mehrfach angesprochene Sich-im-Denken-orientieren-Können. Die diagnostizierten Orientierungsdefizite sind vor diesem Hintergrund Denkdefizite und damit Defizite im philosophischen Fragen.

Das „Philosophieren mit Kindern" als pädagogischer Einstieg in die „Bildung des Denkens" oder gleichbedeutend in die „Bildung des philosophierenden Nachdenkens" hat den Sinn, den zeitgeschichtlich unverfälschten Aufklärungsanspruch an die Pädagogik wahrzunehmen (Martens 1990, S. 66f.). Dieser Anspruch an die Pädagogik besagt, sie solle befähigen zum selbständigen, kritisch-prüfenden, sinn- und wertbezogenen Denken aus Anlaß von zu hinterfragenden Selbstverständlichkeiten, von Vorurteilen, von Abhängigkeitsstrukturen und von Manipulationstechniken, von Macht- und Gewaltstrukturen, von autoritären Machenschaften. Aber auch Alltagswelten, Lebensanschauungen, Weltanschauungen, Extremismen, fundamentalistische Haltungen, Kulturmonopolansprüche und Intoleranzen sollen der kritischen Hinterfragung unterzogen werden können.

Wenn Kinder sukzessive das Philosophieren lernen, wenn sie zum philosophisch gewendeten Fragen befähigt werden und wenn sie über das angeleitete Selberdenken das eigenständige Finden von vorläufigen Antworten, die zum Weiterfragen Anlaß geben, lernen, dann entwickelt sich auf Dauer ein *reflexives kritisches Potential*.

Das so gebildete kritische Potential ist ein konstruktives Potential, das Grundlage dafür ist und dazu verhilft, dem einzelnen künftigen Erwachsenen Möglichkeitsbedingungen reflexiver und normativer Orientierung anläßlich von Alltags- und Lebensweltproblemen zu erschließen, die ihn problembewältigungsmächtig und damit entscheidungs- und handlungsfähig machen können.

Barbara Brüning hält zwei zusätzliche Forderungen an das Philosophieren mit Kindern für wichtig: „Philosophieren soll allen Menschen als Instrumentarium dienen, sich *in der Gesellschaft zu orientieren bzw. zu engagieren*, und dazu beitragen, den in der Philosophiegeschichte häufig proklamierten *'mündigen Bürger'* ... *zu konstituieren*; Mündigkeit bedeutet vor allem Überwindung von intellektueller Subalternität, Überwindung von Autoritätsgläubigkeit und Konformität – Selbstvertrauen in die eigene Kompetenz" (1985, S. 51, Hervorhebung: DJL).

Das reflexiv-kritische Potential, das mit der Kompetenz zum Philosophieren gegeben ist, vermag die angesprochenen Orientierungsschwächen anläßlich der Orientierungsfrage „Was soll ich tun?" wie auch die verbreitet festgestellten Visionslosigkeiten, die geistigen Unbeweglichkeiten wie auch die oftmaligen Ratlosigkeiten, mit den zeitgeistbedingten Problemen und Fragwürdigkeiten des Lebens zukunftsgerichtet produktiv und konstruktiv umgehen zu können, zu bewältigen. Die durch das Philosophieren ermöglichte reflexive Haltung ist zudem Voraussetzung dafür, gegen den von Kant benannten verbreiteten Hang zur Bequemlichkeit im Denken (1784, S. 35–42, hier S. 35) und zum „dogmatischen Schlummer", der 200 Jahre nach Kant nicht geringer geworden ist, und gegen die gesellschaftlich gewünschte und praktizierte Produktion des „couranten Menschen" (Nietzsche) und des reinen Funktionärs gegenzusteuern. Durch das Philosophieren mit Kindern kann sich zugleich auch eine „geistige Offenheit und Sensibilität für das sich hinter dem scheinbar Selbstverständlichen verbergende Geheimnis" (Freese 1994, S. 12) bilden. Es geht dem Philosophieren mit Kindern also um Aufklärung, die nur preisgegeben werden kann „um den Preis der Unfreiheit" (Martens 1990, S. 67). Wird aber Aufklärung bewußt angestrebt, dann kann sie dazu herhalten, mit Hartmut von Hentig den Kindern „das Nachplappern zu verleiden" (1985, S. 49–126, hier S. 104). Es geht im Philosophieren mit Kindern um die oben angesprochene Vernunftbildung.

Es handelt sich beim Philosophieren mit Kindern nicht um Philosophie und um fachphilosophische Wissensdaten. Kinder philosophieren, sie treiben nicht Philosophie. Es geht um den Prozeß der gedanklichen Auseinandersetzung mit im Alltag aufkommenden Fragen, die den Kindern Probleme sind. Die Fragen mögen sein, ob beispielsweise Blumen glücklich sein können, ob Tiere weinen und traurig sein können, ob Tiere nach dem Tod in den Himmel – und in welchen – kommen, wie man sich die Zeit vorstellen kann, was denn vor dem Anfang der Schöpfung gewesen sei, wie man wissen könne, wann Wirklichkeit und wann Traum sei, ob ein altes restauriertes Schiff immer noch das alte Schiff sei und so weiter. Das Philosophieren mit Kindern lebt aus den sog. schwierigen Fragen, die die Kinder stellen, nicht um sachlich informiert zu werden, sondern um Erlebnissen, Erscheinungen, Erfahrungen, Sachverhalten, Handlungen auf den Grund zu gehen; beispielsweise, was denn „Zeit" sei, wenn Vater sagen kann: „Ich habe keine Zeit." Aus ihrem Alltags- und Lebensbezug heraus stellen sie solcherart schwierige Fragen mit grundlegender Dimension. Barbara Brüning benennt vier Gruppen solcher philosophisch dimensionierter Fragen (1990, S. 23 ff.):
1. metaphysische Fragen,
2. ethische Fragen,
3. Fragen linguistischer und logischer Art sowie
4. ästhetische und anthropologische Fragen.

Es sind in der Regel Fragen, die sich auf Inhalte der Alltagswelt beziehen. Ein achtjähriges Kind, das ein Baby-Bild von sich sieht, stellt fragend fest: „Und das soll ich sein, wo ich doch heute ganz anders aussehe? Bleibe ich denn immer ich, auch wenn ich mich verändere?" Oder ein von Pippi Langstrumpf fasziniertes Mädchen sagt: „Ich möchte so oft Pippi Langstrumpf sein und bleibe doch immer wieder ich – wie kommt das?" Die grundlegenden Dimensionen der Fragen (nämlich: was ist Zeit?, warum bleibe ich immer ich?) machen sie zu philosophischen Fragen, indem sie nach Erklärungen suchen, die von „allgemeiner" Bedeutung (Brüning) oder von „fundamentaler" Bedeutung (Martens) sind. Es sind Fragen, die sich in an sie anschließenden „philosophischen Gesprächen mit Kindern" (Gareth Matthews) als radikale, d. h. an die Wurzel gehende Fragen herausstellen, die das als selbstverständlich Erscheinende (ich bleibe ich; Vater hat keine Zeit) problematisieren und die zum Weiterfragen und Weiterdenken führen. Der Gesprächspartner hat im Dialog mit dem Kind, das nach Grundlegendem fragt und das er in seinem Fragen ernst nimmt, das Kind als grundsätzlich vernünftiges Wesen zu akzeptieren. Er hat sich mit ihm in seiner sich jeweils zeigenden faktischen Vernünftigkeit ernsthaft auseinanderzusetzen, mit ihm eine gemeinsame kommunikative Basis zu suchen und im Fragen und Gegenfragen sich um das Lernen von Argumentationsfähigkeit zu bemühen. Dabei soll er – mit Freese – die Gespräche „in einem offenen Horizont enden lassen" (1994, S. 88). Das Endenlassen der Gespräche in einem offenen Fragehorizont besagt, daß die jeweils gefundenen Ergebnisse immer als vorläufige Ergebnisse zu werten sind und immer als überholbar anzusehen sind. Kant würde sagen, daß dies der negative Nutzen des philosophischen Gespräches ist, das nichts auf Dauer festsetzt. Der offene Fragehorizont entspricht auch ganz dem sokratischen Gespräch, auf das von den Autoren zum Philosophieren mit Kindern immer wieder als Beispiel für die philosophischen Gespräche mit Kindern verwiesen wird und das vom Wissen um das Nichtwissen geleitet wird. Damit ein späteres konstruktives Weiterfragen möglich bleibt, hat sich der Gesprächspartner gleichzeitig vor dem Fehler zu hüten, das radikale Fragen in ein Kritikastertum, in einen grundsätzlichen Skeptizismus, in Haltlosigkeit und Rückhaltlosigkeit einmünden zu lassen. Auf der anderen Seite hat er den Fehler zu vermeiden, dem fragenden Kind Antworten vorzulegen in der Annahme, das Kind in seinem Fragen damit beruhigen und befriedigen zu können. Wenn das Vernunftvermögen unter dem Aufklärungsaspekt in Form des sokratischen Gesprächs „kultiviert und herausgebildet werden (soll)" (Martens 1990, S. 20), dann darf es keine beruhigenden Antworten geben, die das Gespräch abschließen und das Fragen endgültig beenden. Derartige Antworten beruhigen den Geist und schläfern das Denken ein. Sie geben vermeintliche Sicherheiten und lähmen Neugier, sie verhindern gedankliche Irritationen, die zur Vernunftdynamik gehören, und machen dadurch unsensibel für Neues, Ungehörtes, für Außergewöhnliches, für Visionäres und für Ungeheuerliches. Beruhigende Antworten stellen das Denken fest, sie geben dem Denken eine festgestellte, auf Dauer gestellte Position an die Hand, sie machen das Denken geheuer. Abschließende Antworten machen fraglos und gedankenlos, sie machen auf Dauer unmündig. Wenn aber eine vom kritischem Denken abhängige demokratische und offene Gesellschaft sein soll, wenn demzufolge Offenheit sein soll, wenn Dynamik der Vernunft und Wiederherstellung der Aufklärung (v. Hentig) sein sollen, wenn Selberdenken zum Prinzip der Lebensführung werden soll, wenn statt Sicherheit im Denken Risiko durch Freiheit im Denken sein soll, eben Neues und Ungesichertes zu entdecken und auszuprobieren, wenn gedankliche Experimentierlust sein soll, dann ist das Weiterfragen – jeweils nach den spezifischen Möglichkeiten der Frager – zu praktizieren und zu ermöglichen.

Bildungsaufgabe des Philosophierens mit Kindern ist es, sie zum orientierenden Denken zu befähigen und damit verbunden die Orientierungskraft des Selberdenkens aufzuklären, zu fördern und zu wahren und die Kinder vom frühstmöglichen Alter an dafür empfänglich zu machen. Zum Selberdenken zu befähigen erfordert auch, die Kinder selber ihr Verständnis von alltäglich benutzten Wörtern und Begriffen bilden zu lassen und die Kinder selber Alltagsfragwürdigkeiten vorläufig beantworten zu lassen in einem offengehaltenen Fragehorizont. Mit Wittgenstein wird darauf verwiesen, daß Philosophie „Tätigkeit (sei)", also ein Philosophieren, das man den Kindern erschließen soll, „nicht eine Menge von Aussagen über die Welt – eine Tätigkeit, die sich im mitmenschlichen Gespräch erfüllt, im gemeinsamen Fragen, Nachdenken, Erwägen und Deuten" (Freese 1994, S. 20). Es wird darauf hingewiesen, daß „philosophische Probleme ... zu wichtig (sind) und zu interessant, um sie den Philosophen allein zu überlassen; sie gehen uns alle an" (S. 22). Und mit Verweis auf Eugen Fink heißt es, daß es „zur Eigenart der Philosophie (gehört), daß sie ihre 'wahrhaftige Wirklichkeit in der Kommunikation' ... hat" (S. 86). Also: „Philosophieren mit Kindern" im Dialog, im Gespräch, in der gemeinsamen Kommunikation, aber nicht Philosophie für Kinder. Insofern ist das Philosophieren mit Kindern „eine gemeinsame Tätigkeit im Sinne der 'dialogisch-pragmatischen Philosophiedidaktik'" (Martens 1990, S. 11), wie es beispielsweise Matthews in seinen philosophischen Gesprächen mit Kindern praktiziert. Es ist mithin eine pädagogische Bildungsaufgabe und keine rein philosophische Aufgabe allein.

4. Kompetenz: Ein noch immer ungeklärter Begriff in der Pädagogik

4.1 Zur Doppelaufgabe der Pädagogik angesichts von Kompetenz

Was ist unter dem umgangssprachlich gängigen Wort „Kompetenz" zu verstehen?

Wir verwenden umgangsprachlich „Kompetenz" in einem mehrfachen Sinne: Einmal verstehen wir unter Kompetenz die *Fähigkeiten und Urteilsfähigkeiten für fachliches Handeln* von Menschen, Unternehmen und Institutionen wie z. B. die eines Arztes, einer Kfz-Werkstatt oder einer Verwaltungsbehörde. Zum anderen meinen wir mit Kompetenz auch *Befugnisse und Zuständigkeiten von Funktionen und Institutionen* wie beispielsweise der von Kassenwarten in Vereinen, von Bundesländern in der Bildungspolitik oder die Richtlinienkompetenz des Bundeskanzlers. Von Kompetenzen reden wir – drittens – auch, wenn es um *Maßgeblichkeit in fachlicher Hinsicht* geht, so wenn wir einer Bank besondere maßgebliche Kompetenz in Fragen der Vermögensverwaltung zusprechen oder – auch negativ – der Bauabteilung einer Stadt die maßgebliche Kompetenz absprechen oder wenn wir die für die heutigen Aufgaben der Polizei maßgebliche psychologische Kompetenz weiter ausbauen wollen oder die für UN-Einsätze maßgebliche Kompetenz der Bundeswehr besonders betonen. Solche maßgeblichen Kompetenzen können sich auch ändern, wenn Banken zum Beispiel ihre Aktionsbereiche erweitern und das Bausparen einführen. Wir verwenden Kompetenz des weiteren noch in einer vierten Weise: Lehrer z. B. sind befähigt für Unterricht an Schulen; sie haben die Lehrbefähigung, die durch zwei Prüfungen zertifiziert worden ist. Sie tragen somit objektiv formale Kompetenz für den Lehrberuf. Doch unterscheiden wir zwischen Lehrern, die eine solche objektiv-formale Kompetenz tragen und zugleich als Lehrer kompetent handeln, und solchen Lehrern, von denen wir sagen, daß sie zwar fachliche Kompetenzen tragen, aber als Lehrer nicht kompetent handeln. Neben objektiv festgestellter reiner Fachkompetenz gibt es somit subjektiv bewertete und eingeschätzte Handlungskompetenz. Jedes Subjekt bewertet das Handeln eines anderen in einer Handlungssituation oder für eine anstehende Handlungssituation als kompetentes oder nichtkompetentes Handeln unangesehen formal festgestellter Fachkompetenz. Bezüglich der Handlungskompetenz kommen subjektive Bewertungen mit ins Spiel neben objektiven Feststellungen von Fachlichkeit und Zuständigkeit. Neben die Fähigkeit und die Zuständigkeit und die Maßgeblichkeit tritt als Viertes somit die *Qualität des Handelns*.

Weder das Sachwissen allein macht die Qualität kompetenten Handelns aus noch eine übertragene und wahrgenommene formale Zuständigkeit. Dennoch ist die Qualität kompetenten Handelns immer auch an Sachwissen gebunden. Das Sachwissen erweist sich somit als notwendige Bedingung für Kompetenz, nicht aber als hinreichende Bedingung für kompetentes Handeln. Ein Fachlehrer in Mathematik kann beispielsweise hohe Kompetenz (= Fachkompetenz) als Mathematiker haben, im unterrichtlichen Handlungs-Umgang mit Schülern sich aber infolge von Gleichgültigkeit oder Arroganz oder von knochenharter Autoritätshaltung im Lehrerhandeln als inkompetent (= handlungsinkompetent) erweisen.

Pädagogik ist eine praktische Wissenschaft, das heißt: sie ist eine Handlungswissenschaft. Als solche setzt sie es sich zur Aufgabe, den in Qualifizierungsverfahren befindlichen zukünftigen Pädagogen in seiner Ganzheit als Funktionsträger und als Menschen so anzusprechen, daß er sich – beispielsweise – als Lehrer am Ende seiner Ausbildung sachlich korrekt, methodisch effizient, sozial offen, sprachlich passend, emotional einfühlend und verantwortlich handelnd in den Unterricht einzubringen vermag. Das Ergebnis eines derartigen Lehrerhandelns mit Schülern wird dann darin gesehen, daß die Schüler für sich selber ein Handeln lernen, um das er sich als Lehrer und Pädagoge mit seinen Qualitäten bemüht. Denn der Lehrer vermittelt nicht nur Wissen; als Pädagoge erzieht und bildet er Menschen gleichzeitig für ihr gegenwärtiges Handeln und für ihr künftiges Handeln. Das zu erwähnen ist zwar die Betonung des pädagogischen Allgemeinplatzes vom „erziehenden Unterricht", es ist aber im zeitgenössischen schulischen Alltag keine Selbstverständlichkeit mehr, es ist eher eine Ausnahme. Und was exemplarisch auf den Lehrer bezogen gesagt wurde, gilt für jeden pädagogisch Handelnden, seien es Eltern, seien es Sozialpädagogen, seien es Betriebspädagogen, seien es betriebliche Ausbilder, seien es Weiterbildner in Personalleiterseminaren, seien es Ausbilder bei Polizei und Militär, seien es Hochschullehrer. All deren pädagogisches Handeln zielt letztlich auch auf Handlungskompetenz. Mithin ist kompetentes pädagogisches Handeln im Umgang mit Menschen gefordert und gewünscht. Dabei ist kompetentes Handeln nicht zu verwechseln mit Handeln aus Kompetenzen heraus. *Kompetentes Handeln ist ein Handeln, das Vertrauen auslösen und das Glaubwürdigkeit aufweisen soll.* Damit wird kompetentes Handeln an Vertrauen und an Glaubwürdigkeit in einem Handeln gebunden, für das man zugleich objektive Kompetenzen aufweist, nämlich Zuständigkeiten und fachliche Fähigkeiten, auch Qualifikationen genannt.

So erwächst der Pädagogik eine Doppelaufgabe: *Pädagogik will zum einen Kompetenzen im Sinne von Qualifikationen in Sachbereichen und Methodenbereichen vermitteln.* Sie will unterrichten, sie will lehren, sie will beibringen, sie will Wissen vermitteln, sie will in sachliche Kompetenzbereiche einführen, sie will ausbilden. Das geschieht in der Familie, wenn erste Lebenstechniken vermittelt werden von Hygiene bis zum Umgehen mit Besteck, von Traditionsvermittlung bis zu bestimmten Kulturtechniken, von den ersten Erfahrungen mit der Macht der Sprache bis zum ersten Lernen von Verhaltensweisen, von Rollen, von Familiensitten und Bräuchen, von Konventionen, von Funktionen. Das geschieht im Kindergarten, in der Grundschule, in den weiterführenden Schulen, in den Hochschulen, das geschieht in der beruflichen Ausbildung und das geschieht in der Weiterbildung von der Volkshochschule bis in die betriebliche Weiterbildung und in die Berufsakademien und endet in der Senioren- oder Altenbildung. Pädagogik sorgt für fachliche Fähigkeiten und für Zuständigkeiten durch fachliche Qualifizierung, sie sorgt für „Tauglichkeiten" und für „Tüchtigkeiten".

Pädagogik hat aber noch eine zweite Aufgabe – und diese ist nicht sachbezogen; sie ist vielmehr handlungsbezogen. Sie will nicht nur zur fachlichen Kompetenzgewinnung beitragen, *sie will auch kompetentes Handeln erzielen*: glaubwürdiges, vertrauenswürdiges, verantwortetes Handeln. Sie will ein Handeln ermöglichen, das nicht nur fachlichen Respekt erheischt, sondern das auch personale Akzeptanz von den Betroffenen auslöst.

Pädagogik kann die *erste* Aufgabe durch hervorragende Fachleute und Spezialisten wahrnehmen lassen wie z. B. durch Physiker, Chemiker, Techniker, Linguisten, Mathematiker etc. in Form von reiner Fach- und Sachbildung. Die *zweite* Aufgabe muß aber durch originäre Pädagogen wahrgenommen werden, denn hier handelt es sich um Menschenführung und Menschenbildung, nicht lediglich um Fach- und Sachbildung. Hier werden keine „Tauglichkeiten" und

"Tüchtigkeiten" in unterschiedlichen Ausprägungen und Abstufungen zu erzeugen gesucht: hier geht es um das Bilden kompetenten Handelns von Menschen, das immer auch ein Handeln im Umgang mit anderen Menschen ist. Ein Scharfschütze kann hohe Sachkompetenz als Scharfschütze haben, ein Henker hohe Sachkompetenz als Henker, ein Manager hohe betriebs- und volkswirtschaftliche Sachkompetenz als Mitglied der Unternehmensleitung, ein Priester hohe Sachkompetenz als ausgebildeter Theologe haben. Das verantwortliche und glaubwürdige Umgehenkönnen mit diesen Kompetenzen ist eine andere Angelegenheit: Es ist eine ethische Angelegenheit.

Kompetentes Handeln drückt sich nicht allein in Wissen und Sachwalterschaft aus, sondern wesentlich in Haltung und Mitmenschlichkeit. „Wissen und Haltung", so hatte Alfred Petzelt die Doppelaufgabe von Pädagogik bezeichnet, „Sachwalter und Mitmensch" ist die Formel, die Klaus Schaller dafür verwendet, „Kompetenz und kompetentes Handeln" nenne ich diese Doppelaufgabe der Pädagogik, die ich in die Formel bringe: „Aus Kompetenzen heraus kompetent handeln" oder „Mit Kompetenzen kompetent umgehen".

4.2 „Kompetenz" in der Pädagogik: Heinrich Roth

Erst jüngst ist das Thema „Kompetenz" nach einer Pause von fast einem Vierteljahrhundert in der Pädagogik wieder thematisiert worden. Heinz-Werner Wollersheim legte 1993 ein Buch zum Thema „Kompetenzerziehung" vor und beklagt darin, daß der Begriff Kompetenz „bis zum heutigen Tag zum festen Sprachinventar des pädagogischen Berufsfeldes gehört, ohne daß eine inhaltliche Fixierung in ausreichender Form je geleistet worden wäre" (S. 91). Ähnlich äußert sich auch Karl-Heinz Geißler, der von der „fehlenden Integration des Kompetenzbegriffs in eine theoriegeleitete Argumentation" bei gleichzeitigem „inflationärem Gebrauch des Kompetenzbegriffes" spricht (1981, S. 23). Erste Ansätze zur Kompetenzdiskussion in der Pädagogik hat vor gut 25 Jahren Heinrich Roth geliefert. Dann versandete das Thema in der Pädagogik, während es in der Psychologie, vor allem in der amerikanischen Psychologie, in dieser Zeit recht hohe Beachtung erfuhr. Wollersheim kommt das Verdienst zu, daß er das Thema in der Pädagogik wieder hoffähig gemacht hat unter distanzierender Aufarbeitung der Kompetenzdebatte in der Psychologie und unter thematischer Wiederaufnahme der frühen

Rothschen Überlegungen, nicht aber in der inhaltlichen Sichtweise von Roth.[8] Wollersheim gibt dem Kompetenzthema eine neue Sichtweise für die Pädagogik: Er erläutert *Kompetenz als Fähigkeit zur Bewältigung von Konfliktsituationen oder Krisensituationen.* Was das bedeutet, wird später erörtert werden.

Betrachten wir zunächst Heinrich Roths Bemühungen um den Kompetenzbegriff. Im zweiten Band seiner „Pädagogischen Anthropologie" (1971, S. 180) heißt es: „Mündigkeit ... ist als Kompetenz zu interpretieren"; Kompetenz ist mithin eine Interpretation von Mündigkeit. Und er fährt näher erläuternd und differenzierend fort: „Mündigkeit ist als Kompetenz zu interpretieren, und zwar in einem dreifachen Sinne: a) als Selbstkompetenz, d. h. als Fähigkeit, für sich selbst verantwortlich handeln zu können, b) als Sachkompetenz, d. h. als Fähigkeit, für Sachbereiche urteils- und handlungsfähig und damit zuständig sein zu können, und c) als Sozialkompetenz, d. h. als Fähigkeit, für sozial, gesellschaftlich und politisch relevante Fach- oder Sozialbereiche urteils- und handlungsfähig und also ebenfalls zuständig sein zu können." Roth zerlegt Kompetenz mithin in drei Bereiche: Sie betreffen (1) das Ich (das Subjekt, die Person), (2) die Sache und Sachverhalte, um derentwillen gehandelt wird, und (3) die Gesellschaft bzw. das Sozialleben, weil immer in Gemeinschaft mit anderen und für andere gehandelt wird und das Soziale immer unter normativen Erwartungen wie auch unter sozialen Beziehungsfragen steht. Wenn Roth Mündigkeit durch die drei sogenannten „Teilkompetenzen" Selbst-, Sach- und Sozialkompetenz interpretiert, so bindet er dabei Mündigkeit an die Fähigkeit zum Handeln. Nicht das Verhalten des Menschen im Rahmen eines Reiz-Reaktions-Verhältnisses und nicht das Verhalten im Sinne abrufbarer Verhaltensformen ist gemeint, sondern selbstbestimmtes und verantwortetes Handeln. Zum Handeln gehört für Roth das Urteilen, das Argumentieren und damit auch die Freiheit zum Urteilen. Es gehört dazu ferner die Verpflichtung, mittels des Urteilens gegebenenfalls auszubrechen aus fremdbestimmenden Auflagen wie Regeln, Vorschriften, Geset-

---

[8] Leider muß man feststellen, daß sechs Jahre nach Erscheinen des Wollersheim-Buches noch kein Anstoß zu einer systematischen Erörterung des Kompetenzkonstrukts durch das Buch in der Pädagogik zu registrieren ist und daß selbst eine Fachzeitschrift wie die Vierteljahrsschrift für wissenschaftliche Pädagogik sich dem Thema verweigert, indem sie ein hierzu eingereichtes umfangreiches Manuskript ablehnt mit der Erklärung, daß es sich lediglich um alten Wein in neuen Schläuchen handele.

zen, Konventionen. Das Ausbrechen ist an ein Befragen der Handlungsvorhaben und an ein Fragen nach den Gründen für das Handeln gebunden, die es dem, der handeln soll und will, erlauben, sich selber zu einem von ihm zu vertretenden Handeln zu bestimmen. Er fragt also nach Gründen und sucht für sich nach Antworten, die sein Handeln legitimieren, die ihm sein Handeln erlauben. Er sucht legitimierende Antworten, er will sein Handeln verantworten können durch Selbstbestimmung, die an das Urteilen gebunden ist.

Insofern ist die erste der von Roth genannten Teilkompetenzen für Mündigkeit die *Selbstkompetenz*. Sie ist die Fähigkeit, für sich selbst vor seiner Vernunft und vor seinem Gewissen verantwortlich handeln zu können. Der Handelnde will sich durch Selbstbestimmung treu bleiben, er will er selbst bleiben, er will kein reines Vollzugsorgan fremder Vorgaben und kein Anhängsel anderer werden, er will sich nicht durch andere beeinflussen lassen, sondern er will selber einverstanden sein mit dem, was er tut. Er will nicht unter fremder Regie tätig sein, nicht in fremdem Namen tätig sein, sondern er will unter eigener Regieführung und in seinem eigenen Namen handeln. Roth erläutert die Selbstkompetenz als Fähigkeit zu selbstbestimmten Handlungen, die in der Verantwortung der eigenen „letzten Einsichten" geschaffen werden: Er erläutert Selbstkompetenz als Fähigkeit zur Identitätswahrung, als Fähigkeit zur inneren moralischen Mächtigkeit, die einen dazu befähige, man selbst zu bleiben. Roth bindet Selbstkompetenz an Ich, Selbst, Autonomie, Ich-Stärke, Personalität, Selbständigkeit einer autonomen Person. Er bindet Selbstkompetenz des weiteren an Gewissensgründe, an moralische Haltung, an die kognitive Entwicklung, die den Wechsel von der Heteronomie zur Autonomie ermögliche, an moralische Urteilskraft. Zu lernen ist die *Selbstkompetenz als moralische Mündigkeit* über die kognitive Entwicklung der moralischen Urteilsfähigkeit (S. 539ff.). Soweit die erste Interpretation von Kompetenz als Mündigkeit.

Die Erstnennung der Selbstkompetenz bei Roth hat fundierende Bedeutung: Handlungsfähig ist man nur in selbstkompetenter Weise, wie man auch nur in selbstkompetenter Weise urteilsfähig sein kann. Selbstkompetenz ist Basiskompetenz, ohne die man nicht von Sach- und Sozialkompetenz reden könnte wie es auch ohne die beiden keine sinnvolle Selbstkompetenz geben könnte. Selbstkompetenz für sich alleine genommen kann es sinnvollerweise nicht geben, denn Selbstkompetenz als Fähigkeit selbstverantwortlichen Handelns hat immer Bezüge zu Sachverhalten und Sachbereichen. Jedes Handeln ist sachbezogenes Handeln. Und Handeln hat immer Bezüge zu anderen, zu Mitmenschen, zu Gemeinschaft und Gesellschaft. Handeln ist immer zwischenmenschliches Handeln, ist immer Inter-Aktion. Oder mit anderen Worten: moralische Mündigkeit (Selbstkompetenz) alleine gibt es nicht, sie hat keinen Sinn, denn worin (in welchen Sachverhalten) sollte man und vor wem und für wen sollte man moralisch mündig sein? Somit ist die Trias notwendig, und demgemäß erklärt Roth auch: Selbstkompetenz ist „ohne Sach- und Sozialkompetenz kein sinnvoll erfüllter Begriff" – er wäre ein leerer Begriff. In Erinnerung an Kant ließe sich sagen: Selbstkompetenz ohne Sach- und Sozialkompetenz ist leer, Sach- und Sozialkompetenz ohne Selbstkompetenz sind blind. „Es kann" – so Roth – „keine Entwicklung zur Selbstkompetenz geben ohne Entwicklung von Sach- und Sozialkompetenz", denn nur über die Beschäftigung mit Sachen und die Auseinandersetzung mit anderen kann die formale moralische Mündigkeit inhaltlich (oder material) werden (S. 180 und 389).

Sachkompetenz ist für Roth die Fähigkeit zu sacheinsichtigem und sachkenntnisreichem Handeln. Sachkompetenz ist gebunden an sachverhaltbewältigendes Denken und Urteilen und an ein sprachlich-begriffliches Erfassen der Sachwelt (S. 467 ff.). Vorausgesetzt werden für Sachkompetenz von Roth: Sprachfähigkeit (kommunikative Fähigkeit) und Denkfähigkeit, der kritische Gebrauch beider im Austausch, in Kooperation und Kommunikation mit anderen, sowie kausalgerechte Sachverfügung und Sachkonstruktion, d. h. konstruktive und nicht destruktive Sacheinstellung. Dabei ist der sachgerechte Umgang immer an sachangemessene Methoden und Verfahrenswege gebunden, vom spielerischen Umgang mit Sachen beim kleineren Kind angefangen bis zum gelernten fachwissenschaftlichen Umgang mit Sachverhalten beim Wissenschaftler, wozu auch die entsprechenden Sprachfähigkeiten gehören. Für die Sachkompetenz ist maßgeblich – auf der Mündigkeitsbasis – die Intellektualität des Menschen. Insofern handelt es sich hier um intellektuelle Mündigkeit aufbauend auf der moralischen Mündigkeit der Selbstkompetenz. Diese *intellektuelle Mündigkeit als Sachkompetenz* ist lernbar und gebunden an die kognitive Entwicklung und entsprechende Lernaktivitäten. Soweit die zweite Interpretation von Kompetenz als Mündigkeit.

Sozialkompetenz als Drittes zeigt sich nach Roth in sozialeinsichtigem und sozialkonstruktivem Denken verbunden mit kritischem und kreativem Sozialverhalten aus eigener Einsichtsfähigkeit heraus, z. B. im Aufspüren der Möglichkeiten, über bewährtes und gekonntes, zur Routine gewordenes Sozialverhalten hinauszugreifen und neue ungewohnte Sozialverhaltensformen zu schaffen (S. 477 ff.). Sozialkompetenz dokumentiert sich für Roth im aktiven, reflektierten sowie konstruktiven Umgang mit dem Sozialen in all seiner Breite, im offenen und kritischen, ja auch innovativen Umgang – kurz: im sozial-kompetenten Handeln. Aktivität, Reflexivität, Konstruktivität, Offenheit, Kritik und Kreativität sind die Qualitäten des Subjekts, das in seinem sozial-kompetenten Handeln einen für sich und für die anderen akzeptablen Weg zwischen Freiheit und Bindung, zwischen Unabhängigkeit und Abhängigkeit, zwischen Ich und Rolle, zwischen Selbstfindung, Selbstverwirklichung, Selbstbehauptung und Mitarbeit, Hingabe, Anpassung zu finden sich anschickt. Zum sozial-kompetenten Handeln gehört für Roth auch eine mitgestaltete Teilnahme am Sozialleben wie an der Lösung von sozialen Konflikten sowie – ganz wesentlich – eine rationale Erhellung der Antriebe, Affekte und Emotionen im sozialen Beziehungsbereich. Aufbauend auf der moralischen Mündigkeit handelt es sich bei der *Sozialkompetenz um soziale Mündigkeit,* was die dritte Interpretation von Kompetenz als Mündigkeit darstellt. Diese ist – wie die beiden anderen – zu lernen. Der sogenannte soziale Lernprozeß läuft dabei für Roth über folgende Stufen ab: Identifikation – Internalisation – Imitation – rationale Bewußtseinserhellung des sozialen Verhaltens und seiner Normen – Normenerörterung – rationale Erhellung der Antriebe, Affekte, Emotionen und Gefühlswertungen. Er hat zum Endziel ein vernunftgetragenes Niveau mündigen Sozialverhaltens, er hat – in meiner Begrifflichkeit – sozial-kompetentes Handeln zum Endziel.

Heinrich Roth war der erste Pädagoge, der sich dem Thema „Kompetenzbildung" gewidmet hat; nach ihm versandete das Thema in der theoretischen Diskussion der Pädagogik. Man kann schlicht sagen: Roth kam zu früh mit seinen Überlegungen. Fünfundzwanzig Jahre nach Roth ist die Diskussionslandschaft in der Pädagogik eine andere: Zum einen nötigt der pädagogische Sprachgebrauch die theoretische Pädagogik, sich dieses Begriffes zur Formulierung von Erziehungs- und Bildungszielen zu vergewissern. Denn im pädagogischen Sprachgebrauch wird Kompetenz ebenso inflationär verwendet wie im umgangssprachlichen Bereich. Und zum anderen hat die Psychologie in den zurückliegenden Jahren sich dieses Begriffes so bemächtigt, daß die Pädagogik bei ihren Reflexionen auf eine gute Aufbereitung zurückgreifen kann.

4.3 „Kompetenz" in der Psychologie

Ich sagte, die Psychologie habe das Kompetenzthema für sich aufbereitet. Dabei wird deutlich, daß in der Psychologie Kompetenz durchweg angesprochen wird als ein Mittel, mit dem etwas anderes, von ihm Verschiedenes bewirkt werden kann. Kompetenz ist für den amerikanischen Motivations- und Entwicklungspsychologen R. W. White eine Wirkmächtigkeit, die dem Individuum zukommt. Als Wirkmächtigkeit ist sie ein energetisches Moment. Das heißt: sie ist Energie, Drang, etwas Antreibendes und Betreibendes, sie ist Triebkraft zum Aktivsein. Diese Triebkraft ist nicht beliebig, chaotisch, sondern sie ist gerichtet auf Ziele. Schon das Kleinkind versucht, seine Umgebung zu erkunden, zwar noch undifferenziert, aber schon willentlich gesteuert. Im zunehmenden Alter erfährt diese Triebkraft-Steuerung Differenzierungen durch die Erfahrungen, die das Kind mit dem Erkunden seiner Umwelt macht. Es entsteht eine Interaktion mit der Umwelt. Diese Interaktion mit der Umwelt wirkt sich aus auf die Einstellung des Kindes: es entsteht in ihm sukzessive der Wunsch, effektiver als bisher mit der Umwelt zu interagieren. Das Kind motiviert sich zu einem effektiveren Umgang, indem es anfängt, seine Motive zu bedenken, sie differenzierter zu gestalten, immer wieder Übungen sich hinzugeben (Wiederholungshandeln), die Umwelterfahrungen zu nutzen, mit ihnen zu experimentieren. So erfährt es zunehmend eine selbstgewählte oder von ihm selbst besorgte Gerichtetheit seiner Wirkmächtigkeit, die sich dann als „Wirksamkeitsmotiv" zeigt. Und dieses wiederum ist das, was auf dem geschilderten Hintergrund der Motivationspsychologe R. W. White als Kompetenz ansieht. Kompetenz ist ihm die Fähigkeit, effektiv mit seiner Umwelt zu interagieren: Es handelt sich um grundlegende Fähigkeiten zur effektiven Interaktion mit der Umwelt, deren Entwicklung zum großen Teil vom Individuum selbst besorgt wird. Das drängende Wirksamkeitsmotiv fördert nach White die Entwicklung der Kompetenz, die sich in immer wirksameren Situationsbewältigungen zeigt (1959, S. 297–333).

Der Psychologe Rolf Oerter bezeichnet Kompetenz insofern auch als „Bewältigungsressource zwischen Fertigkeit und Tätigkeit". Ressourcen sind Mittel, Hilfsmittel. Gilt es eine Situation zu bewältigen, einen Konflikt oder ein Problem zu lösen, dann bedarf es dazu entsprechender Fertigkeiten, d. h., man braucht Wissen, Reflexionskraft über sich und die Umwelt, Sprache; man braucht entsprechende Methodenfertigkeiten. Um diese aber in Tätigkeit umzusetzen, ist die

Fähigkeit vonnöten, Fertigkeiten umsetzen zu wollen. Auch hier ist der motivationale Aspekt ausschlaggebend, nämlich Fertigkeiten, die auf bestimmte anstehende, und das heißt, konkrete Thematiken (Sachverhalte) und Aufgaben ausgerichtet sind, nutzen zu wollen, sie also zur Aufgabenbewältigung einsetzen zu wollen. Kompetenz erscheint so als Ressource, d. h. als Fähigkeit, alle verfügbaren Fertigkeiten themenzentriert in Tätigkeit umsetzen zu wollen. Zu den Fertigkeiten gehören für Oerter hinzugenommen das Umgehenkönnen mit emotionalen Spannungen und Problemen sowie die Ausrichtung von Tätigkeit unter einem bestimmten thematischen Charakter. Es handelt sich also um gewollte und zielgerichtete Nutzung von Fertigkeiten, wenn Oerter von Kompetenz als Bewältigungsressource spricht. „In jedem Lebensalter", so Oerter, „werden zur Bewältigung von Aufgaben Kompetenzen benötigt, die es zu entwickeln gilt" (1991, S. 158–171). „Entwicklung determiniert Erziehung und Bildung", sie sind für Oerter verschränkt. „Die Verschränkung von Entwicklung und Erziehung kann ... als sich wechselseitig bedingendes Interaktionsgefüge aufgefaßt werden" (S. 158), wobei die Entwicklung Voraussetzung und Ziel für Erziehung ist. Erziehung steht dabei immer im Dienste von Entwicklung. Insofern wird auch von Kompetenzentwicklung gesprochen. Am Beispiel sozialer Kompetenz verdeutlicht Oerter das Gemeinte: „Kompetenzen wären etwa der Umgang mit sozialen Partnern, die dabei erforderliche soziale Kognition und die Fähigkeit des Konfliktlösens. ... Das Beispiel der sozialen Kompetenz beinhaltet als Leistung die Fähigkeit, Konflikte zu lösen, in die man selbst involviert ist. Diese Ichbeteiligung und die damit verbundene emotionale Erregung erfordern neben kognitiven Fähigkeiten und bestimmten Handlungsfertigkeiten auch Leistungen der Kontrolle von Emotionen und die Fähigkeit, sich trotz emotionalen Beteiligtseins von der eigenen Position distanzieren zu können" (S. 167).

Die Bezeichnung „Ressource" findet sich auch bei Ernst Olbrich. „Kompetenz wird nicht etwa als eine Eigenschaft der Person verstanden, sondern als Ressourcen organisierendes Konstrukt" (1989, S. 32–61, hier S. 36 f.). Dabei handelt es sich um Möglichkeiten, den Forderungen der dinglichen und sozialen wie auch emotionalen Umwelt gegenüber thematisch angepaßt und flexibel zu reagieren und diese Reaktionen zu entwickeln. Ressourcen sind hier Mittel als Möglichkeiten, Reaktionen erfolgreich erzeugen zu können. Solche Mittel sind die der Umwelt wie auch eigene Mittel, d. h. dingliche, verhaltensbezogene und partnerbezogene Mittel wie auch reflexive, emotionale und personale Mittel. Diese Mittel oder Ressourcen zu organisieren macht bei Olbrich im Anschluß an amerikanische Arbeiten von Waters und Sroufe Kompetenz aus. Die Bezeichnung „Kompetenz" für das Organisierenkönnen derartiger Mittel und Möglichkeiten der Person (nicht Eigenschaften der Person, die man diagnostizieren kann) ist eine gedanklich-begriffliche Konstruktion des wissenschaftlichen Denkens, mithin ein Konstrukt. Die Person kann aufgrund des Gelingens der Mittelorganisation oder des Mißlingens ihre jeweilige Kompetenz beschreiben. Kompetenz ist aber nicht objektiv bestimmbar. Es gibt für Olbrich nicht die Kompetenz, die sich objektiv bestimmen ließe: „Kompetenzen werden ... in jeder Entwicklungsperiode für jeden Menschen – und zwar spezifisch nach Maßgabe der Anforderungen seiner Lebenssituation ebenso wie nach Maßgabe seiner individuellen Ressourcen – beschreibbar" (S. 33).

Der Gedanke des Ressourcen organisierenden Konstrukts findet sich unter der Bezeichnung „Inneres Modell" als „Grundlage zur Planung der Situationsbewältigung" wieder bei Peter Kaiser in einer lernpsychologisch ausgerichteten Arbeit. Sie trägt den Titel „Kompetenz als erlernbare Fähigkeit zur Analyse und Bewältigung von Lebenssituationen auf mehreren Ebenen". Dort heißt es: „Aus all dem angehäuften, organisierten Wissen, das der Organismus über sich selbst und seine Umwelt gesammelt hat, macht sich das Individuum ein Bild, ein inneres Modell" (1982, S. 64). Zu jedem Selbstbild, das man von sich macht, gehört als Bestandteil das innere Modell. Es gehört zum Selbstbild, und das heißt zum „Kompetenzbewußtsein der Person, imstande zu sein, einen Plan auszuführen" (S. 65). Ähnlich Oerter, der Kompetenz pragmatisch einschätzt als das, was zur Lösung von Aufgaben benötigt wird, und als das, was zwischen Fertigkeiten und Tätigkeiten steht, heißt es bei Kaiser: „Innere Modelle sind ... relativ beständige handlungsregulierende 'psychische Gebilde'" und als solche „sind (sie) das entscheidene Kettenglied zwischen Vorstellung und Handlung". Das innere Modell ist somit die grundlegende Fähigkeit der einzelnen Individuen, effektiv zu handeln, und zwar „umso effektiver, je angemessener das der Handlungsregulation zugrundeliegende innere Modell ist" (ebda.). Wenn das gegenwärtig vorhandene Gesamt des gesammelten und unter dem Aspekt des Sozialen organisierten Wissens über sich und seine Umwelt das momentane innere Modell ist, ist es als grundlegende Fähigkeit anzusehen, eine konflikthafte soziale Situation effektiv zu bewältigen. In einem solchen Falle wird von sozialer Kompetenz gesprochen, die nach Kaiser zwischen der subjektiven Vorstellung einer Konfliktlösung und der durchgeführten Konfliktlösungshandlung als notwendiges verbindendes Kettenglied steht. Das innere Modell als Kompetenz ist die „Grundlage kompetenter Situationsbewältigung". Es ist das „Gesamtgefüge kognitiver Abbilder des Individuums von sich selbst, seinen Handlungen, Ereignissen und Umweltgegebenheiten ... Das innere Modell soll die zu bewältigende Situation möglichst optimal erfassen" (S. 126). Da es an Kognition gebunden ist, ist es für Kaiser auch erlernbar. Es beinhaltet gelernte „Pläne und Handlungsprogramme" und „steuert das Handeln" mehr oder minder effektiv. Es ist ein operatives Modell. Kompetenz ist somit ein erlernbares operatives, handlungssteuerndes inneres Modell, aufgrund dessen jedes Individuum sich selbst bezüglich seines effektiven Situationsbewältigungshandelns einschätzen kann. Selbstbild und Kompetenz gehören zusammen. Das innere Modell als Kompetenz steuert das Handeln, es dient zugleich als Kontroll- und Beurteilungsinstanz und es ermöglicht die Fähigkeit „intellektueller Steuerung" (S. 72 und 127). „Das Individuum entwickelt Kompetenz, indem es über die stufenweise entwickelten Fähigkeiten zur Interaktion mit seiner Umwelt zu reflektieren lernt." Das heißt, auf dem Wege der Kognition und kognitiven Entwicklung bildet das Individuum Kompetenz aus (S. 43). Und es entwickelt ein Kompetenzbewußtsein, je erfolgreicher es handelt.

Als einen „Operator" interpretiert Thea Stäudel Kompetenz: Kompetenz ist eine zentrale Steuerungsvariable zur Verhaltensregulation. „Einer der zentralen Steuerungsmechanismen bei der Handlungsregulation ist die subjektive Einschätzung der eigenen Handlungsmöglichkeiten im Hinblick auf eine gegebene Situation und die vom Individuum darin angestrebten Ziele" (1987, S. 47). Auch hier haben wir es wieder mit einem Möglichkeits-Fähigkeits-Modell für Kompetenz zu tun: Um es ganz deutlich zu machen, erklärt Stäudel, daß „eine subjektive Einschätzung der eigenen Fähigkeiten" nichts anderes darstellt als „die aktuelle Kompetenz" (S. 54), also das, was in actu, im Handeln, das Handeln als Regulator steuert. Diese im einzelnen aktuellen Handlungsfall aufgebrachte Kompetenz schätzt das handelnde Individuum für sich selbst ein unter Rückgriff auf epistemische und heuristische Kompetenzen. Mit epistemischer Kompetenz ist die Fähigkeit gemeint, sich ein klares Wissen über die Inhalte der Handlungssituation zu verschaffen (andernorts heißt das auch: Sachkompetenz); mit heuristischer Kompetenz ist die Fähigkeit gemeint, Aufgaben lösen zu können, Ziele erreichen zu können,

Problemsituationen lösen zu können, kurz: über Verfahren und Methoden verfügen zu können (andernorts heißt das auch: Methodenkompetenz). Kompetenz als zentraler Steuerungsmechanismus ist für Stäudel nicht objektiv bestimmbar; sie ist gebunden an die Einschätzung der Fähigkeit durch das jeweils handelnde Individuum. Ob es seine Fähigkeiten überschätzt oder angemessen einschätzt, hängt vom eingetretenen oder nicht eingetretenen angestrebten Handlungserfolg ab.

Der Entwicklungspsychologe A. Flammer schließlich erklärt: „Wenn davon die Rede ist, daß durch Entwicklung Kompetenzen entstehen, sind im Sinne der Kognitiven Psychologie ... persönliche Voraussetzungen für Verhalten und Erlebnisweisen gemeint. Eine Kompetenz kann nur aus einer gewissen Regelmäßigkeit des Verhaltens und Erlebens erschlossen werden, sie selbst ist nicht sichtbar; aber es ist auch nicht nötig, daß das betreffende Verhalten jederzeit gezeigt oder das Erleben aktualisiert wird, die Kompetenz dafür kann doch (schon oder noch) da sein" (1988, S. 22).

Kompetenzen sind also die persönlichen Voraussetzungen für Verhalten und Erlebnisweisen, mithin das, was die einzelne Person an Fähigkeiten verfügungsbereit hat. Wenn diese Fähigkeiten eine gewisse Regelmäßigkeit aufweisen, kann aus dieser Regelmäßigkeit auf eine Kompetenz geschlossen werden, die nicht etwas Ojektives ist, sondern das Ergebnis eines schlußfolgernden Verfahrens: sie ist ein Konstrukt (vgl. Olbrich). Aus den einzelnen tatsächlich vollzogenen Handlungen, z. B. Problemlösungssituationen, wird rückgeschlossen auf die regelmäßige Voraussetzung bestimmter Fähigkeiten, d. h. auf Kompetenzen. Kompetenzen werden also erworben durch ständiges regelmäßiges zielgerichtetes Handeln, das geleitet oder gesteuert wird durch immer wiederkehrende gleiche Fähigkeiten. Kompetenzen sind also erschlossen aus Handlungsergebnissen. Bei Flammer heißt das: „Kompetenzen sind das Resultat von Performanzen", also tatsächlich vollzogenem Handeln. Ohne erfolgreiches Handeln – sprich Performanz – gibt es also keine Kompetenz. „Auf der anderen Seite" – so fährt Flammer fort – „sind Kompetenzen nur Performanzmöglichkeiten." Performanz ist also sowohl Voraussetzung für erschlossene Kompetenz als auch Ziel von Kompetenz, nämlich Performanz zu ermöglichen. Letzteres gibt der Rede von Kompetenz erst einen Sinn, denn „an sich und nur an sich sind Kompetenzen unbedeutend. Wenn Entwicklung (hier der Kompetenz) für etwas 'gut' sein soll, dann nur, wenn Kompetenz wieder in Performanz" (sprich: in Handeln) „umgesetzt wird. So ist Performanz die wichtigste Voraussetzung der Entwicklung und gleichzeitig der Sinn der Entwicklung" (S. 319).

Ob grundlegende Fähigkeiten zur effektiven Interaktion mit der Umwelt, ob persönliche Voraussetzungen für Verhalten und Erlebnisweisen, ob Bewältigungsressourcen als Fähigkeiten der Vermittlung von Fertigkeit und Tätigkeit, ob inneres Modell als Grundlage zur Planung der Situationsbewältigung im Sinne eines entscheidenden regulierenden Kettengliedes zwischen Vorstellung und Handlung, ob Ressourcen organisierendes Konstrukt als Möglichkeiten und Fähigkeiten, erfolgreich auf Forderungen reagieren zu können, ob zentraler Steuerungsmechanismus zur Handlungssteuerung – *immer handelt es sich psychologischerseits um Möglichkeiten und Fähigkeiten, die Kompetenz ausmachen, um erfolgreiches, effektives Handeln zu erzielen. Und immer handelt es sich dabei um Potentiale, die der Entwicklung bedürfen und die sich unter anderem auch mit Hilfe von Erziehung entwickeln.*

Die Fragen, die sich ergeben, sind die, ob Kompetenzen lediglich Fähigkeiten sind, ob sie sich entwickeln durch Interaktionen mit der Umwelt oder ob sie lernbar sind oder ob sie durch pädagogischen Umgang gebildet werden können, ob sie Erziehungsziele oder Bildungsziele werden können, kurz: ob es nur Kompetenzentwicklung gibt – wie allgemein erklärt wird – oder ob es sich um Kompetenzerziehung oder Kompetenzbildung handeln kann. Diese Fragen ergeben sich aus der Sicht der Pädagogik, die mit dem Kompetenzthema konfrontiert wird durch den Wildwuchs dieses Begriffes in ihrer Fachsprache, eines Begriffes, der für die Pädagogik keine verbindliche theoretische Abklärung und Absicherung bisher gefunden hat. Und die Fragen kommen auf, wenn man die psychologischen Äußerungen zum Kompetenzthema vergleicht mit denen, die aus pädagogischer Sicht Heinrich Roth vor gut 25 Jahren vorgelegt hat wie auch jüngst Heinz-Werner Wollersheim.

Im folgenden nehme ich die Fährte auf – so, wie es auch Wollersheim getan hat –, die Flammer mit seinem Bezug auf Performanz gelegt hat.

4.4 Das Kompetenz-Performanz-Modell

Der Begriff „Performanz" geht zurück auf die amerikanische Lernpsychologie. Tolman erkannte, daß „zwischen den Stimuli der Umgebung und den psychischen Ausgangszuständen auf der einen

Seite und dem resultierenden Verhalten auf der anderen Seite" auf dem Wege mentaler Ereignisse vermittelt werde. Damit wurde die Annahme korrigiert, daß Verhalten ein unmittelbarer Ausdruck von Lernen oder bestimmten Dispositionen sei. Insofern mußte jetzt zwischen learning und performance streng unterschieden werden. Performanz war damit zum Gegenbegriff von Lernen geworden wie auch in der Motivationspsychologie zum Gegenbegriff von Motivation, deren es bedarf, um erlernte Verhaltensweisen auszulösen.

Daß Performanz zum Gegenbegriff von Kompetenz geworden ist, ist auf den Linguisten Chomsky zurückzuführen. Er unterscheidet zwischen Kompetenz als Sprachfähigkeit und Performanz als Sprachhandeln. Sprachfähigkeit ist an die Grammatik gebunden und sie gilt für Chomsky als „ein Modell für die idealisierte Kompetenz", während die Performanz als „eine Widerspiegelung dieser Kompetenz" angesehen wird, und zwar bei einem idealen Sprecher und Hörer, da in der Realität weitere Wirklichkeitsbedingungen nichtsprachlicher Art eine Rolle spielen. Diese Gegenüberstellung hat verschiedene Interpretationen von Performanz erfahren: Der Kompetenz als Können (Sprachbeherrschung) wurde die Performanz als Tun (Sprachverwendung) gegenübergestellt; Performanz wurde als Anwendung eines Mechanismus (Kompetenz) verstanden; die Performanz wurde als das Umgreifende und die Kompetenz als ein Teil, als einer ihrer Faktoren angesehen, „und schließlich ist die Kompetenz eine Theorie, welcher beim Sprecher die Performanz als Praxis ... gegenübersteht" (vgl. Hist. Wörterbuch der Philosophie, Bd. VII, 1989, Spalten 248–250). Generell jedoch gilt, daß Kompetenz die Fähigkeit und Performanz das aktuelle Tun meint.

Kompetenz sucht sich in Performanzen niederzuschlagen: kommunikative Kompetenz beispielsweise in kommunikativem Handeln oder Sprechakten, moralische Kompetenz in sittlich-moralischem Handeln usw. Für die Pädagogik lassen sich in der Übernahme des Kompetenz-Performanz-Modells folgende Überlegungen gewinnen: Die lehrende Vermittlung von Qualifikationen soll dazu führen, Kompetenzen zu entwickeln, die ein Qualifikationen-Set für je bestimmte berufliche oder funktionale Bereiche darstellen und die man als grundlegende Fähigkeiten für diesen jeweiligen Bereich bezeichnen kann. Grundlegend sind sie, weil sie die Basis abgeben für die „Kundigkeit" des Kompetenzträgers in Sachbereichen und damit die Voraussetzung bilden für ein effektives, kompetenzentsprechendes Handeln als aktuelle Realisierung der entsprechenden Kompetenz. Kompetenzen legen das Fundament für effektives fachliches

Handeln in der Performanz. Kompetenz „macht" den medizinkundigen Arzt, „macht" den rhetorisch geschulten Sprecher, „macht" den rechtskundigen Rechtsanwalt, „macht" den sachkundigen Kraftfahrzeugmechaniker. Je größer die Kompetenz ist, je mehr Fähigkeiten durch Qualifizierung vorliegen, desto effizienter wird das Handeln oder wird die Performanz sein: das fachliche und sachliche Interagieren mit der Umwelt. Und je effektiver die durch Kompetenzbefähigung erzeugte Performanz ist, desto mehr wird der Kompetenzträger imstande sein, auch schwierigere Aufgaben zu lösen, schwierigere Lebenssituationen zu meistern, größere Probleme und Konflikte zu bewältigen. Bewältigung heißt: „walten" zu können – Gewalt zu haben – über Probleme und Konflikte, über sie herrschen und sie damit beherrschen zu können, Herr sein zu können über sie.[9] Eine erlangte grundlegende Fähigkeit im Sinne von Basisqualifikation ist – wie es bei Flammer hieß – „an sich und nur an sich ... unbedeutend": Bedeutsam wird sie erst durch ihre Gerichtetheit auf das ihr entsprechende effektive Handeln, mithin auf die Performanz. Insofern ist Performanz auch konstitutiv für Kompetenz: Performanzen sind nicht nur die Konsequenzen aus Kompetenzen, sondern Performanzen „machen" auch Kompetenzen, sie sind konstitutiv sowohl für die Weiterentwicklung von Kompetenzen als auch für den Erhalt und die Stabilität von Kompetenzen.

Für die Weiterentwicklung heißt: Es ist bekannt, daß Rückmeldungen stimulieren. Unter der Voraussetzung, daß ein Zusammenhang von Kompetenz und Akzeptanz sowie Ansehen durch Dritte besteht, läßt sich sagen: Kein Mensch will als Versager angesehen sein; jeder Mensch hat ein ursprüngliches Geltungsbedürfnis und damit zusammenhängend einen Drang zu Selbstbewußtsein und Selbstwertgefühl. Kompetenzgewinnung ist zugleich Akzeptanzgewinnung, Gewinnung von Selbstbewußtsein und Selbstwert. Dies ist als anthropologische Konstante anzusehen. Positive Rückmeldungen von performativ gewordenen Kompetenzen unterstützen nun die Weiterentwicklung von Kompetenzen, die getragen ist vom Geltungswillen. Negative Rückmeldungen von performativ gewordenen Kompetenzen fördern Ausgleichshandeln in Form von besonderen Anstrengungen,

---

[9] Zum Zusammenhang von „bewältigen" mit „walten", „Gewalt" und „Herrschen" vgl. Kluge/Götze: Etymologisches Wörterbuch der deutschen Sprache, Berlin [16]1953; Kluge: Etymologisches Wörterbuch der deutschen Sprache, Berlin/New York [22]1989; Mackensen: Ursprung der Wörter, München 1985.

Scharten auszuwetzen. Oder sie fördern kompensatorisches Handeln auf anderen als den ursprünglichen Handlungsfeldern. Am Beispiel: Wenn der Rechtsanwalt A die Rückmeldung erhält, daß er zwar für kompetent gehalten wird, Rechtsanwalt B aber bevorzugt wird, wird dies bei A in der Regel dazu führen, sich kompetenter zu machen. Gelingt ihm dies nicht, wird er sich um Ansehen und Akzeptanz auf einem anderen Handlungsfeld als Ersatzfeld bemühen, beispielsweise als juristischer Berater in Firmen oder im Verwaltungsbereich.

Für Erhalt und Stabilität heißt: Gewonnene Kompetenz erlangt Erfüllung und Bestätigung in einem sie bestätigenden Handeln, in der Performanz. Fehlt jedoch die Möglichkeit bestätigenden Handelns, fehlt also die Performanzmöglichkeit, kann auf Dauer die vorhandene Kompetenz Schaden nehmen; erst recht kann es zu einer Nichtweiterentwicklung der Kompetenz kommen. Gelernte Kompetenzen als Qualifikationen können verlernt werden. Am Beispiel: Ein langjähriger Berufsausfall, beispielsweise durch Schwangerschaft und Kindererziehung, kann dazu führen, daß ursprünglich vorhandene Kompetenzen geringer werden oder gar verlorengehen und oftmals nur mühsam wieder aufzubauen sind. Performanz konstituiert Kompetenz als eine Bedingung der Möglichkeit effektiven Handelns. Die Effizienz des Handelns – vom Lösen über das Meistern bis zum Bewältigen von Sachverhalten, Problemen und Lebenssituationen – wirkt sich aus auf die Höhe und Höherentwicklung der Kompetenz, insofern sich der Kompetenzträger aufgrund des Feedbacks, das er aus der Performanz gewinnt, sich auch um eine Höherentwicklung seiner Kompetenz bemühen wird. Das heißt: „Kompetenzen (sind nicht nur) die notwendigen Grundlagen von Performanz und bleiben" sie, sondern „Kompetenzen sind (auch) das Resultat von Performanzen" (Flammer). Performanzen erweisen sich somit als kompetenzsteigernd, kompetenzbestätigend und als kompetenzstabilisierend. Das zieht nach sich die Erkenntnis und die Forderung, Performanzmöglichkeiten zu schaffen. Kompetenzerziehung muß also mit Notwendigkeit auch den Umsetzungsbereich mit einbeziehen, d. h., *Kompetenzerziehung muß praktisch gewendet sein*, ihr müssen praktische Bewährungsfelder eröffnet werden, Handlungsmöglichkeiten müssen geschaffen werden. Alle Kompetenzerziehung findet ihre Erfüllung (und damit ihre Berechtigung) erst im Handeln aus Kompetenz und das heißt: in einer performativ abgesicherten Handlungskompetenz.

Halten wir fest: Kompetenz ist bisher besprochen worden als „Fähigkeit", Performanz ist besprochen worden als „aktuelle Realisierung der Fähigkeit in effektivem Handeln". Kompetenz ist die Bedingung der Möglichkeit von Performanz; Performanz ist zugleich die Bedingung der Möglichkeit von Einschätzung der Kompetenz, von Erhalt und von Steigerung der Kompetenz. Zwischen Kompetenz und Performanz tritt demzufolge als notwendiges drittes Glied der Kompetenzträger, der beide Pole miteinander vermittelt und die Wechselbeziehung zwischen Kompetenz und Performanz überhaupt erst ermöglicht. Er ist Vermittler, auch der Vermittler zwischen seiner eigenen Kompetenzeinschätzung und der daraus gezogenen Konsequenz der Planung seiner künftigen Gestaltung des Kompetenz-Performanz-Verhältnisses. Es geht dabei um das Wollen des Kompetenzträgers: daß er nämlich die Anwendung und Verwendung von Kompetenzen selber will, daß er sich der Einschätzung seiner Kompetenz durch andere auch zu stellen bereit ist, sich Mühen und Anstrengungen zu unterziehen bereit ist, um akzeptiert zu werden und nicht zu warten, bis die Akzeptanz sich von selber einstellen könnte. Ansehen, Geltung, Selbstbewußtsein und Selbstwert fallen niemandem quasi in den Schoß. Man muß die angestrebte Akzeptanz durch eigenes Bemühen erreichen wollen, man muß Fremdkritik ertragen und konstruktiv annehmen wollen und man muß auch Selbstkritik üben wollen. Der um Kompetenz Bemühte muß dies wollen können nicht nur, weil er beruflichen Nutzen und materiellen Nutzen damit verbindet, sondern weil er in seiner Kompetenzträgerschaft authentisch, d. h. echt und glaubwürdig sein will. *Glaubwürdigkeit, Authentizität, Vertrauenswürdigkeit gehören zur Bildung und damit auch zur Kompetenzbildung.* Es geht in ihr also auch um das Wollen des Kompetenzträgers. Es geht um sein Wollen kompetenzmäßig gestalteter Handlung in Performanzen, es geht um sein Wollen, beide Pole – Kompetenz und Performanz – in Wechselseitigkeit miteinander zu vermitteln.

Pädagogik mit ihrer Aufgabe einer Kompetenzbildung hat also kompetenz-performanzbezogene Willensbildung zu betreiben. Das Wollen ist abhängig zu sehen von einer persönlichen Haltung, die etwas Bestimmtes zu tun in Verbindung bringt mit der Feststellung von Sinn und Wert des beabsichtigten Tuns, von seiner Verantwortbarkeit. Kompetenzbildung muß also auch auf die Motivation des Kompetenzbemühten ausgerichtet sein, daß er selber verantwortlich an seiner Kompetenzbildung arbeitet, weil es sich dabei um seine Persönlichkeit, um seine Glaub- und Vertrauenswürdigkeit, um seine Authentizität handelt. Und diese kann er nur selber in immer erneuten Bemühungen und Bewährungen erarbeiten. Wie schwer ist es oft, sich dieser Aufgabe zu stellen. Wie leicht drücken einen Frustrationen nieder. Wie sehr hängt man oft an Bequemlichkeiten, wie sehr möchte man oft der Last der Arbeit an sich selber entfliehen und statt Last einfach Lust haben wollen, genießen wollen, faul sein wollen. „Es ist so bequem, unmündig zu sein", hatte vor zweihundert Jahren schon Immanuel Kant festgestellt. Und angesichts dessen hat er für den Menschen gefordert: „Sapere aude. Habe Mut, dich deines eigenen Verstandes zu bedienen", d. h., habe Mut, dich ohne fremde Aufforderung und ohne bequemes Abwarten selber zum Handeln zu bestimmen, etwas aus dir zu machen, auch wenn es schwerfällt. Denn nur so könne man mündig werden. Und nur so kann man an Glaubwürdigkeit gewinnen, nur so kann man authentisch und wahrhaftig werden, nur so kann man im Handeln kompetent werden, nur so können andere in einen selbst Vertrauen setzen, ihm Vertrauen entgegenbringen, das nicht enttäuscht zu werden braucht. Im Handeln Kompetenz zu bewähren und durch das Handeln weiter an seiner Kompetenz zu arbeiten – und das nicht nur gelegentlich, wenn man Lust dazu hat, sondern dies als eine Haltung aufzubauen und diese Haltung zu leben, das macht Authentizität der Person aus. Dazu gehört auch, aus Selbstkritik an seinem Handeln gegebenenfalls Korrekturen vorzunehmen, um seine Glaubwürdigkeit und Vertrauenswürdigkeit (wieder) herzustellen. Denn die Person ist kein gesellschaftliches Produkt, sie ist kein gängiges gesellschaftliches Wesen, kein sogenannter „couranter Mensch" (Nietzsche), kein gesellschaftsgetyptes und gesellschaftlich kalkulierbares Wesen. Person ist vertrauenswürdige und glaubwürdige, wahrhaftige Persönlichkeit mit einer selbst erarbeiteten Haltung, die sich im kompetenten Handeln niederschlägt. Gerade in einer Zeit, in der mehr die Funktionalität und die Funktionsfähigkeit eines Menschen gesellschaftlich gefragt sind, sind personale Haltung und Authentizität vonnöten.

Kompetenz ist nichts allgemein objektiv Bestimmbares, so hieß es. Sie ist jeweils an das Individuum mit seiner kompetenzgetragenen Arbeit und seiner personalen Haltung gebunden und nur für dieses je individuell feststellbar. Insofern ist Kompetenzträgerschaft immer individuell verschieden wie auch die Performanzen individuell verschieden sind. Die individuelle Verschiedenheit der Kompetenzträgerschaft mit ihrer jeweiligen Performanz ist lebensweltlich und biographisch bedingt, sie ist kognitiv bedingt und psychisch bedingt, sie ist abhängig von kulturellen Normen und den sozialen Handlungserwartungen des gesellschaftlichen und beruflichen Umfeldes, sie ist getragen von individuell gestalteten Kommunikationshandhabungen, sie ist ausbildungsmäßig und bildungsmäßig bedingt u. a. m. Sie ist schließlich auch mitbedingt durch Willensfähigkeit, Willensbereitschaft und Motivationsbereitschaft zur Kompetenzgestaltung.

Wenn nun Kompetenz abhängig ist von der Vermittlung von Fertigkeiten und von Kulturtechniken, die auch Basisqualifikationen genannt werden, dann ist Pädagogik im Sinne von Erziehung und Ausbildung angesprochen. Auch wenn Performanz im Sinne effektiven Handelns als notwendiges Pendant zu Kompetenzen anzusehen sein soll und wenn die Wechselbeziehung von Kompetenz und Performanz in Praxis zum Zuge kommen soll, dann ist ebenso Pädagogik angesprochen: Pädagogik als Erziehung und Ausbildung soll für Wissensaufbau und für die Umsetzung von gelerntem Wissen in gekonntes Handeln sorgen. Sie soll auch die Bereitschaft ermöglichen, daß der Kompetenzträger sich selbsttätig durch die Auswirkung des mehr oder minder gekonnten und effektiven Handelns in der Performanz auf die zugrundeliegenden Kompetenzen weiterqualifiziert. Es geht der Pädagogik im Rahmen von Erziehung und Ausbildung mithin um das Schaffen des Willens zur Vermittlung der beiden Pole Kompetenz und Performanz durch den Kompetenzträger. Willens*erziehung* ist also angesagt, wenn es um eine gekonnte Umsetzung von Fähigkeiten und Qualifikationen ins Handeln geht. Aber auch Willens*bildung* ist angesagt, wenn es um die Befähigung dazu geht, aus dem Bewußtsein einer personalen Haltung heraus Kompetenzen in Performanzen umzusetzen wie auch Performanzen kompetenzbildend sich auswirken zu lassen. Das dialektische Wechselspiel von Kompetenz und Performanz muß vom Individuum in seiner selbständig und selbsttätig, verantwortlich und wahrhaftig wahrzunehmenden Steuerungsfunktion für das Handeln aus freien Stücken gewollt werden. Die Umsetzung von Kompetenz in Performanz muß vom Kompetenzträger dabei auch als sinnvoll und wertvoll erkannt werden, die Umsetzung darf nicht nur unter Zweck- und Nützlichkeitsgesichtspunkten gesehen werden. Denn eine zweck- und nützlichkeitsorientierte Umsetzung ist nicht eo ipso auch zugleich etwas Wertvolles und Sinnvolles. Kompetenz muß also für den Pädagogen mehr sein als allein die grundlegende Fähigkeit zu einem effektiven Handeln, dann nämlich, wenn das Handeln nicht nur effektiv, sondern auch moralisch sein soll. Und das heißt: wenn es auch ein verantwortetes effektives Handeln sein soll. Sicher ist es richtig, wenn es heißt: „Mit zunehmender Kompetenz bekommt das Individuum auch zunehmend mehr Sicherheit im Handeln." Fraglich ist es aber, ob die Fortführung des Gedankens noch richtig ist: „Im Zusammenhang damit wird ihm" (dem Individuum) „oft Verantwortung übertragen" (Kaiser 1982, S. 78). Handeln ist immer an Verantwortung gebunden, was nicht heißt, daß sie auch immer in der nötigen Weise wahrgenommen wird. Man kann als Politiker oder Lehrer – sagen wir pragmatisch-strategisch – handeln mit hoher Wirksamkeit, kann dabei aber zugleich unverantwortlich handeln. Insofern habe ich eingangs die Fach- und Sachkompetenz und die Methodenkompetenz des Kompetenzträgers abgetrennt von einem kompetenten Handeln, dem ich die Attribute „vertrauenswürdig" und „glaubwürdig" beigegeben habe.

Kompetenz in Performanz umsetzen heißt demnach zweierlei: einmal Fähigkeiten, Qualifikationen, Fertigkeiten, Sachwissen zum Lösen, Meistern und Bewältigen einer Situation in möglichst effektivem Handeln zum Tragen kommen lassen. Es heißt zum anderen aber auch, aus Kompetenz heraus nicht nur effektives Handeln, sondern auch kompetentes Handeln, und das heißt: verantwortetes, vertrauens- und glaubwürdiges und wahrhaftiges Handeln zu gestalten. Um diese Umsetzungen vornehmen zu können, bedarf es des personal reflektierten Willens zum Umsetzen. Wird in der Literatur davon gesprochen, daß der Mensch einen „ursprünglichen Kompetenzwillen" (vgl. Wollersheim 1993, S. 257 und 259) habe, so ist dagegen der Umsetzungswille als Wille zur Performanz der Kompetenz in effektives *und* kompetentes Handeln durch pädagogischen Umgang erst zu ermöglichen. Der Umsetzungswille ist nicht „ursprünglich" wie der Kompetenzwille.

In der Frage, wie Mündigkeit und Aufklärung im Menschen zu verankern seien, wie das Selberdenken gebildet werden könne, gibt Kant den imperativisch-formelhaften Hinweis: „Sapere aude; habe Mut, Dich Deines eigenen Verstandes zu bedienen!" und erklärt: Kinder sollten sehr früh an diese Reflexion gewöhnt werden. Mut ist etymologisch die „Kraft des Denkens, Empfindens, Wollens; Sinn, Seele, Geist; ... Gesinnung, ... Entschluß, Absicht" (Kluge/Götze: Etymologisches Wörterbuch der deutschen Sprache, Berlin ^{16}1953, S. 511). Unter Heranziehung dieser Etymologie kann man nun sagen: Nötig ist die Kraft des Wollens, sich selber ohne fremde Aufforderung zum Handeln zu bestimmen. Es geht also um die *Selbstverpflichtung* zum Umsetzen der Kompetenz in effektives *und* kompetentes Handeln. In der ganzen pädagogischen Kompetenzfrage ist bei einer Anerkennung des Kompetenz-Performanz-Modells für die Pädagogik die Willensbildung zur Performanz das eigentliche Problem. Denn: Wie kann das Subjekt vom Wissen zum Handeln kommen, von der Kompetenz zur Performanz, vom Urteilen zum Handeln, von der Einsicht zur Praxis? Ein pragmatischer Vorschlag lautet: durch das Vorbild des Pädagogen, durch sein Vorleben, das einen innerlich so berührt, daß man ihm nacheifert (vgl. Krüger 1993). Sicherlich kann das ein Weg sein, aber er ist durch das „Berührtsein" ein an Zufälligkeiten gebundener Weg, an momentane Gestimmtheiten, an Emotionen, an den „Taumel der Empfindungen" (Lessing). Was dadurch erreicht werden kann, ist eine Einstellung, die sich kurzfristig wieder ändern kann, da die Auswirkung einer sozialen Beziehung – hier zwischen Pädagoge und Zögling – ein unkalkulierbarer Bereich ist. Was dadurch jedoch nicht erreicht wird, ist eine auf Dauer gestellte innere Haltung. Insofern neige ich dazu, statt auf Vorbild und Vorleben zu setzen, den Willen zur Umsetzung an einen rationalen Prozeß, an die Fähigkeit zu einem intra- oder interpersonalen Selbstverpflichtungsdiskurs zu binden.

Deutlich ist dieses Problem erst geworden, nachdem in den fünfziger Jahren Chomsky unter Rückgriff auf die amerikanische Lernpsychologie und deren Learning-performance-Modell (Tolman) für die Linguistik das Kompetenz-Performanz-Modell entwickelte. Dies löste im folgenden die Überlegungen aus, dieses Modell auch in die Pädagogik zu übertragen. Roth kannte es noch nicht, denn er bewegt sich mit seinen Überlegungen allein im Kompetenzbereich. Kaiser hat es für die Psychologie verwendet und auf die wechselseitige Verwiesenheit der beiden Pole hingewiesen: Dasselbe hat Flammer getan. Keiner hat jedoch die Performanzermöglichung unter der Frage thematisiert: Wie kommt der mit Kompetenz ausgestattete Fachmann zu effektivem *und* kompetentem Handeln? Wollersheim ist der erste, der sich dieser Frage gegenüber öffnet. Doch auch er bricht die Aufarbeitung dieser Frage letztlich durch die Feststellung, daß Kompetenzen eine normative Dimension aufweisen, vorzeitig ab. Und er trennt nicht – wie alle anderen auch nicht – zwischen *effektivem Handeln* in der Bewährung entwickelter und gelernter Kompetenz und dem *kompetenten Handeln* in der Bewährung von Vertrauens- und Glaubwürdigkeit und personaler Verantwortung im Umgang mit den gelernten Kompetenzen.

4.5 „Kompetenz" in der Pädagogik: Heinz-Werner Wollersheim

Dennoch bezeichnet Wollersheim genau diese Trennung als etwas, was für Pädagogik zumindest bedeutsam sei. „Eine ... Verengung des Kompetenzbegriffs" – so schreibt Wollersheim – „auf ein Konzept der 'Fähigkeiten' ist eine faktische Entwicklung, die bei der Einführung des Begriffs in die erziehungswissenschaftliche Fachsprache nicht unbedingt nahegelegen hatte" (1993, S. 100). Wie sieht nun Wollersheim den pädagogischen Kompetenzbegriff? Kompetenz ist ihm „Grundlage und Ziel von Bewältigungsprozessen" (S. 102), in der amerikanischen Lern-Psychologie: Coping-Prozessen. Das schließt an die Feststellung Flammers an, daß Kompetenz Voraussetzung und Ziel von Performanz sei. „Situationen meistern, Herausforderungen bestehen, kurz: Kompetent-sein ist eine erstrebenswerte Erfahrung", so sieht es Wollersheim, wobei er ein Menschenbild in Anschlag bringt, das seiner gewollten Vervollkommnung eine zentrale Stellung zuweist: Der Mensch als personales Vernunftwesen will seine Vernünftigkeit sich selber gegenüber beweisen und damit sein Selbstbewußtsein stärken, er will über seinen jeweiligen erreichten Zustand hinaus, er will sich nicht bewahren in seinem Sein, sondern er will sich bewähren. Der Mensch weist ein permanentes Höherstreben auf. „Unter diesem Gesichtspunkt ist Kompetenz eine Quelle für Motivation", und „von der Erfahrung eigener Kompetenz geht in der Regel wiederum eine stimulierende Wirkung aus" (S. 113). Das heißt: aus der jeweiligen performativ erfahrenen Kompetenz resultiert der Wille zu mehr Kompetenz.

Doch was macht Kompetenz aus? Es gibt auf der einen Seite für Wollersheim zielgerichtete Fähigkeiten, sog. „resultatsorientierte Könnenskomponenten". Doch ist auf der anderen Seite Kompetenz ein „komplexes Konstrukt, zu dem neben sachlogischen Faktoren (Sach- und Handlungswissen) auch wichtige motivationale, normative und identitätstheoretische Komponenten beitragen" (S. 119). Drei Dimensionen weist Wollersheim dem Kompetenzbegriff zusätzlich zu, womit aber nichts Endgültiges ausgesagt ist; die Dreizahl ist für Wollersheim lediglich eine Mindestzahl. Es handelt sich bei den drei Dimensionen um
1. die kognitive Dimension: sie zeigt sich in Faktenwissen, in Einsicht und Verstehen und in sachbezogenem Urteilen;
2. die normative Dimension: sie zeigt sich in den das Handeln leitenden absoluten Werten (man will das Gute, das Wahre usw.) und in situationsabhängigen Wertungen mit Güterabwägungen;
3. die Handlungsdimension: sie zeigt sich im Planen, im Bereitstellen von Mittel, im Ausführen und Prüfen (S. 217).

Vonnöten sind gemäß dieser Dimensionen für das Vorhandensein von Kompetenz mindestens *Faktenwissen* für sachbezogene, wertneutrale Urteile, *Werteverfügbarkeit* für wertvolles und sinnvolles

Handeln, die auch eine sog. Güterabwägung bei Wertkonflikten umfaßt, sowie *Methodenverfügbarkeit* in der Planung und Durchführung von Handlungen sowie in der Prüfung von Handlungen (S. 120).

Das Vorhandensein von Kompetenz bedeutet für Wollerheim, daß der Kompetenzträger „Bewältigungsstrategien" (S. 152) besitzt, mittels deren er Problem- und Krisensituationen meistern kann. Die dreidimensionale Kompetenz stellt auch ein „Bewältigungskönnen" (S. 217) oder eine „Bewältigungsfähigkeit" (S. 257) dar und hat eine „Orientierungsfunktion" für den Kompetenzträger: er kann sich an seinem tatsächlichen Bewältigungskönnen orientieren über das, was er sich im Handeln zutraut. „Wer sich selbst als wirkmächtig erlebt, wird entsprechende Selbstwirksamkeitserwartungen ausbilden", d. h., er entwickelt aufgrund erfolgreicher Situationsbewältigung eine Motivation, in sich Erwartungen künftiger Wirksamkeiten auszubilden: Er definiert seine Identität durch seine ausgebildete und fortgebildete Selbst- oder Ichwirksamkeit. Das Aufkommen der Motivation bindet Wollersheim daran, daß es „Freude" macht, „eine Situation unter Kontrolle zu haben" (S. 251): Nicht Nützlichkeit (Utilitarismus), sondern Lust und Freude (Hedonismus) sind die Motivationsstifter; Lust und Freude am Erfolg: der als lustvoll erlebte Erfolg motiviert zu weiteren Erfolgen. Er weckt den „Wunsch, sich selbst in relevanten Lebenssituationen als gestaltende Kraft erfahren zu können" (S. 258), einen Wunsch, der sich als „Kompetenzwille" zeigt und der sich paaren muß mit einem auf Orientierungswissen aufruhenden Orientierungswillen (S. 259). Um Erfolge zu erzielen, bedarf es eines Orientierungswissens „im umfassenden Sinn", zu dem nicht nur Wissen und „die Erfahrung eigenen Könnens unter den Bedingungen der umgebenden Kultur" gehören, „von der man abhängt und in die man zugleich hineinwirkt". Es gehören dazu auch die von der Identität des Kompetenzträgers getragene „Kontinuität von Erfahrung und Erwartung" und die „Bedingungen der eigenen Persönlichkeitsentwicklung" (S. 251). Kompetenz ist somit nicht etwas Randständiges oder Peripheres für den Menschen: Sie ist für seine Leistungsentwicklung und Persönlichkeitsentwicklung unter Erfolgsgedanken zentral für den Menschen. Und: Kompetenz steuert das Handeln und ist ihrerseits nichts Statisches: Sie verändert sich. Insofern kann Wollersheim – auch hier wieder in Anlehnung an die Psychologie – sagen: „Kompetenz (erscheint) als eine dynamische, steuernde Größe im Zentrum der Person" (S. 257).

Was bringt diese Kompetenzerläuterung für die Frage nach Kompetenzerziehung? Kompetenz läßt sich für Wollersheim gezielt pädagogisch bilden, und zwar in Analogie zu unterrichtlichen Lern- und Arbeitsprozessen: „Die Situation der Kompetenzerziehung ähnelt in gewisser Weise der bei Herbart beschriebenen ... 'Erziehung durch Unterricht'." Sie „... ist nur möglich 'auf dem Rücken' der Vermittlung von Sach- und Handlungswissen" (S. 260f.). Im Unterricht gelehrtes Sachwissen und Handlungswissen sind unter der Aufgabe von Kompetenzgewinnung vom einzelnen miteinander zu vermitteln, d. h., das Wissen um Sachen und das Wissen um Orientierungen und Methoden für das Handeln, also kognitive Dimension und normative Dimension sowie Handlungsdimension müssen durch das Ich in – wie Wollersheim betont – Selbsttätigkeit miteinander vermittelt, d. h. in Vereinbarung gebracht werden. Das heißt: Kompetenz und Performanz sind durch ein Ich oder Selbst miteinander zu vermitteln. Damit findet auch die genannte Identitätsstiftung statt. Denn jedes Ich oder Selbst vermittelt die Dimensionen auf je eigene individuelle Weise. Vonnöten sind dafür eine „Mannigfaltigkeit von Erfahrungen", für die die Pädagogik zu sorgen hat, wie auch die „Entwicklung eines reflexiven Bewußtseins", für die die Pädagogik ebenso vonnöten ist. „Der Umgang mit Zielkonflikten" des Handelns „läßt sich (beispielsweise) ... nur zum Teil mit den Mitteln des Verstandes" (kognitive Dimension) „lösen; zu einem beträchtlichen Teil stellt er sich als Wert- und Orientierungsproblem dar" (normative Dimension), „das nur im ganzheitlichen Ansatz personaler Bildung mit Aussicht auf Erfolg angegangen werden kann" (Handlungsdimension) (S. 262). Da es beim Menschen gleich welchen Alters „Selbstwirksamkeitserwartungen" gibt, muß Kompetenzerziehung „Möglichkeiten zur Ausbildung entsprechender Selbstwirksamkeitserwartungen zur Verfügung ... stellen", wozu für Wollersheim „ganz elementar die Möglichkeit der Selbsttätigkeit" gehört (S. 258). Wenn Pädagogik nunmehr dafür zu sorgen hat, dann muß „Kompetenzerziehung ... Situationen arrangieren, in denen das Erfahren und Erleben von Werten möglich ist" (S. 259).

Deutlich wird, daß Wollersheim die aus der Lern- und Entwicklungspsychologie bekannte Kompetenzdefinition, die auf Fertigkeiten ausgerichtet ist, übernimmt und erweitert. Er erweitert sie durch das Moment der Personorientiertheit, durch die Identität, die Motivation und die Normativität. Das Ziel der Kompetenzerziehung ist dabei nicht inhaltlich, sondern „hochgradig formal" (S. 260) und methodisch: Bewältigungsfähigkeit, Bewältigungskönnen, Bewältigungsstrategien durch Ausbildung von Sachlogik, Motivationsbereitschaft, Normenumgang, Identität in der kognitiven Dimension, normativen Dimension und Handlungsdimension sowie in der Selbsttätigkeit im Handeln. Pädagogik hat diese formale Bestimmung der Kompetenz zu fördern, zu erhalten oder wiederherzustellen (S. 107).

5. „Kompetenz" in der Pädagogik: Kompetenzerziehung und Kompetenzbildung

5.1 Kompetenz als Qualifikation: Bewältigungskönnen

Um dem Konstrukt Kompetenz mit guten Gründen auch eine pädagogische Bedeutung zuweisen zu können und um Kompetenz in die pädagogisch geführte Ziel- und Aufgabendiskussion einzugliedern, bedarf es einer Abklärung, was unter Kompetenz pädagogischerseits verstanden werden sollte. Hilfreich hierbei ist einmal das Alltagsverständnis von Kompetenz, an das die Pädagogik anknüpfen kann, zumal die Pädagogik den Begriff aus der Alltagswelt in seiner dort mittlerweile ausufernden Weise übernommen hat. Zum anderen sind die psychologische Sicht von Kompetenz als Ressourcenorganisation und Bewältigungsstrategie sowie das Kompetenz-Performanz-Modell hilfreich für das Verständnis dessen, daß Kompetenz auch ein psychisches Steuerungsinstrument ist. Wie wenig sich die Pädagogik bisher mit dem Kompetenz-Begriff unter ihrem Interesse befaßt hat, wird dadurch deutlich, daß der Begriff entweder konturenlos alltagsverständlich verwendet wird, wobei dann jede zu erlangende Fähigkeit als Kompetenz bezeichnet werden kann, oder daß Kompetenz in ihrer pädagogischen Konturenlosigkeit synonym gesetzt wird mit anderen Begriffen, z. B. mit dem der „Schlüsselqualifikation" (Geißler 1989, S. 33). Auch dieser Begriff wurde in die Pädagogik importiert, ohne daß er je pädagogischerseits reflektiert wurde.

Im Alltagsverstand ist Kompetenz die Bezeichnung für Zuständigkeit und Befugnis, für Fähigkeit und Können, für fachliches Handeln und Maßgeblichkeit. Kompetenz bezeichnet in der Regel Eigenschaften von Menschen, Berufen, Institutionen. Derartige Eigenschaften sind entweder erarbeitet (fachliches Wissen) oder erworben (Zuständigkeit) oder verliehen (Ämter, Posten, Funktionen). Das kann sich zeigen in der werbeträchtigen Mitteilung in einem Schaufenster: „25 Jahre Kompetenz als Metzger", im abwägenden Vergleich der Kompetenzen bei Bewerbern um den Posten eines Verwaltungsleiters, bei der Würdigung von Kompetenzen, die zur Verleihung eines Titels geführt haben (Ehrendoktor). Kompetenz weiß sich in allen diesen alltagsbezogenen Verwendungen als menschengebunden, auch wenn von Eigenschaften, von Berufen und Institutionen gesprochen wird. Doch wird alltagsbezogen und umgangssprachlich diese Bindung auch aufgehoben und wird das Wort Kompetenz Sachen zuerteilt, was letztlich von der Inkompetenz dessen zeugt, der mit Sprache umgeht (vgl. Löwisch 1990). Als Beispiel hierfür kann ein Bericht in einer Regionalzeitung dienen, in dem mitgeteilt wird, daß für die Errichtung eines Holzgewerbeparkes „angedacht ist ebenfalls die Installation eines sog. Energie-Kompetenz-Zentrums, das aus den Modulen Blockheizkraftwerk Holz und einer Heiz-Holz-Zentrale bestehen könnte" (Westfalenpost vom 23. 1. 1998). Einer Pädagogik, die lebensweltlich offen ist und die mit zu ihrer Aufgabe hat, Lebensweltsituationen bewältigen zu können, ist dieses Alltagsverständnis hilfreich, weil es den an den Menschen gebundenen Eigenschaftscharakter von Kompetenz deutlich werden läßt und ebenso deutlich werden läßt den Mißbrauch, der mit diesem Wort betrieben werden kann und wird. Das heißt: Pädagogik hätte sich dem mit Kompetenz im Alltagsverstande Bezeichneten zuzuwenden, denn durch die lebensweltliche Verwendung dieses Wortes wurde auch die Pädagogik durch dessen Hineinnahme in ihren Bereich „bereichert". Und Pädagogik hätte dieses Wort für sich zu einem pädagogisch bedeutsamen Begriff aufzubereiten, um unter pädagogischen Interessen mit Kompetenz etwas Bestimmtes anstellen zu können, nämlich Sorge zu tragen für Kompetenzgewinnung.

Kompetenz pädagogisch aufzubereiten und sie damit aus Anlaß ihres Alltagsverständnisses von diesem abhebend zu einer pädagogischen Kategorie zu machen ist wiederum abhängig von pädagogischen Vorverständnissen. Kompetenzen können als Qualifikationen genommen werden im fachlichen, methodischen, sozialen, kommunikativen Bereich mit dem Ergebnis ausgebildeter Sachkenntnisse, methodischer Fertigkeiten, Gruppenaufgeschlossenheit und Sprachfertigkeit. Pädagogik verstünde sich dabei als Qualifizierungsinstrument, das bestimmte gewünschte, notwendige, von vornherein festliegende Fertigkeiten und Wissensbestände so effektiv wie möglich für das Individuum zu verwendbaren Qualifikationen zu machen hätte, mit denen der so Qualifizierte in Gesellschaft leben und überleben kann und die an ihn gestellten Aufgaben und Aufträge bewältigen kann. Das pädagogische Verfahren – Vermitteln von Qualifikationen – ist dabei fremdbestimmender Art, das Ergebnis überprüfbar und gegebenenfalls zertifizierbar. Das Problem, das mit einem derartigen

Kompetenzverständnis verbunden ist, ist, welche Inhalte für jetzt und für künftig benötigte Qualifikationen in Qualifizierungsprozessen als Formen pädagogischen Umgangs legitimiert werden können. Welche Qualifikationen werden benötigt neben den Grundqualifikationen von Lesen, Schreiben und Rechnen? Wie werden die lebensweltlich benötigten Qualifikationen auf die Dringlichkeit ihrer Aufnahme in ein Qualifikationenset hin untersucht? Ist etwa das notwendig, was zur Lebensfristung des einzelnen gehört, oder das, was eine Gesellschaft für ihren Fortbestand und für ihre Reproduktion bedarf? Welche Qualifikationen werden für Zukunft benötigt? Ist Kompetenz/Qualifikation im Umgang mit der Gesundheit ebenso nötig wie die Kompetenz/Qualifikation zum Autofahren, die des Skat- oder Schachspielens ebenso nötig wie die im Umgang mit Rechtsfragen, ist die Kompetenz zur Muttersprache ebenso nötig wie die zur Geschichte, Mathematik, Physik, Chemie, Informatik usw.?

Dieser Schwierigkeiten auf elegante Weise Herr werden zu können ergab sich für die Pädagogik durch den im Bereich von Wirtschaftspolitik entwickelten Begriff der sog. Schlüsselqualifikation. Dieter Mertens hat mit Blick auf die Berufsvorbereitung, auf das gesellschaftliche Verhalten und auf die Persönlichkeitsentwicklung sowie angesichts der Probleme, die sich mit dem Qualifikationskonzept ergaben, nach Qualifikationen gesucht, denen eine Schlüsselrolle zukommen sollte. Schlüsselqualifikationen sind ihm „übergeordnete Bildungsziele und Bildungselemente", die „den Schlüssel zur raschen und reibungslosen Erschließung von wechselndem Spezialwissen bilden" (1974, S. 36–45, hier S. 36). Mertens Definition lautet: „Schlüsselqualifikationen sind ... solche Kenntnisse, Fähigkeiten und Fertigkeiten, welche nicht unmittelbaren und begrenzten Bezug zu bestimmten, disparaten praktischen Tätigkeiten erbringen, sondern vielmehr

a) die Eignung für eine große Zahl von Positionen und Funktionen als alternative Optionen zum gleichen Zeitpunkt, und
b) die Eignung für die Bewältigung einer Sequenz von (meist unvorhersehbaren) Änderungen von Anforderungen im Laufe des Lebens" (S. 40f.).

Mertens entwickelt vier Kategorien von Schlüsselqualifikationen, nämlich
1. „Basisqualifikationen", zu denen er beispielsweise rechnet: logisches Denken, analytisches, kritisches, strukturierendes, dispositives, kooperatives, konstruktives, konzeptionelles, d. h. begriffliches Denken, kontextuelles Denken, kreatives Denken, Lernfähigkeit;

2. „Horizontalqualifikationen" oder „horizonterweiternde Qualifikationen", womit die Qualifikation gemeint ist, sich „Informationen über Informationen" zu beschaffen für „eine möglichst effiziente Nutzung der Informationshorizonte der Gesellschaft für den einzelnen" (S. 41);
3. „Breitenelemente" als „spezielle Kenntnisse und Fertigkeiten, die über breite Felder der Tätigkeitslandschaft nachweislich als praktische Anforderung am Arbeitsplatz auftreten";
4. „Vintage-Faktoren", womit differenzierte Bildungsinhalte und Qualifikationen gemeint sind, die in bestimmten Zeiträumen (vintage: Wein-Jahrgang) innerhalb einer Gesellschaft typisch für diese Zeiträume sind und zur „Aufhebung intergenerativer Bildungsdifferenzen" dienen sollen. Sie verlangen eine „präzise intergenerative Lehrstoff-Vergleichsforschung" (S. 42).

Alle Untergruppen von Schlüsselqualifikation sind allgemeine und allgemein nützliche multifunktionale Fähigkeiten, die für ein bestimmtes jeweiliges Können sorgen. Es sind Fähigkeiten, die lernbar sind und die beigebracht und vermittelt werden oder in die eingeführt wird und deren Vorhandensein am Ende auch überprüft und gegebenenfalls zertifiziert wird. Qualifikationen und Schlüsselqualifikationen können somit als in Vermittlungs- und Unterweisungsprozessen lernbare Kompetenzen angesehen werden, die vom Empfänger derartiger Qualifizierungsverfahren jeweils für sich erarbeitet werden und am Ende jeweiliger Qualifizierungsverfahren als ausgebildete Kompetenzen erwartet werden. Die Qualifizierungsverfahren – ob in der Schule, in der beruflichen Ausbildung, ob in der Fortbildung und Weiterbildung, in Trainings (beruflichen oder sportlichen) oder in Schulungen – werden von Pädagogen (unter anderem von Lehrern, Sportpädagogen, Betriebspädagogen), von Fachdozenten in der Weiterbildung sowie von Trainern wahrgenommen, die in methodisch vielfältiger Gestaltung unterrichten und unterweisen. Die Empfänger dieser Bemühungen haben sich dabei das Vermittelte zu erarbeiten und anzueignen und sowohl Sorge für ihre Weiterqualifizierung zu tragen als auch Sorge zu tragen für die Überprüfung ihrer jeweiligen Kompetenz mittels eines Durchgangs durch die Performanz gemäß dem psychologischen Kompetenz-Performanz-Modell. Man könnte sagen, das, was hier als Kompetenzen bezeichnet wird, sind die notwendigen Voraussetzungen für die aristotelische Poiesis, d. h. für das Herstellen, für das Produzieren: Der Homo faber und der moderne zeitgenössische Dienstleister vom Pflegepersonal und Verwaltungspersonal bis zum Anwalt und Arzt erscheinen in der Form des spezialisierten Kompetenzträgers: er trägt die Qualifikationen und Schlüsselqualifikationen, die ihn zum Kompetenzträger qualifizieren, der zur permanenten Arbeit an seinen Kompetenzen aufgefordert ist durch die sich ständig ändernden lebensweltlichen Umstände.

Insofern läßt sich festhalten: Kompetenz ist an Qualifikation und Schlüsselqualifikation gebunden und ist durch sie näher erläutert. Unter Qualifikation als Kompetenz ist dabei zu verstehen die Ausrüstung des in Funktionen Handelnden mit Fachwissen und mit Methodenwissen, mit Reflexionsvermögen und Urteilsvermögen, mit dem, was man braucht, um „richtig" und in seiner Funktionalität umfassend und erfolgsorientiert handeln zu können, um Entscheidungs- und Motivations- wie auch Handlungssituationen erfolgreich bewältigen zu können. Der Kompetenzträger ist der Fachmann, der Funktionär, der Spezialist; funktionsbezogenes Bewältigungskönnen ist Ziel der Kompetenzausstattung. Gemäß meiner Differenzierung von Erziehung und Bildung (vgl. Kap. 1.3 und 1.4) fällt die Kompetenzausstattung damit in den Bereich fremdgeleiteter Erziehung, Unterweisung, Unterrichtung, die mit Recht als Kompetenzerziehung betitelt werden kann und beispielsweise auch von Wollersheim so betitelt wird mit dem Untertitel seines Buches „Befähigung zur Bewältigung". *Ziel ist das Bewältigungskönnen.*

Nun gibt es natürlich auch das Fehlen von Kompetenz und Bewältigungskönnen dort, wo wir sie eigentlich erwarten, sie aber nicht antreffen, was auf der Nichterarbeitung von Eigenschaften oder von fachlichem Wissen in Berufen oder Institutionen beruht. Dort, wo wir sie nicht erwarten, weil sie nicht zum Beruf oder zur Institution gehört, sagen wir: „Er/Sie hat dafür nicht die Kompetenz." Dort, wo wir sie erwarten und sie aber nicht antreffen, sagen wir: „Er/Sie ist inkompetent" oder: „Bei ihm/ihr liegt Inkompetenz vor." Der, auf den das zutrifft und der das Urteil der Inkompetenz erfährt, motiviert sich dann in der Regel dazu, diesen als Makel empfundenen Vorwurf der Inkompetenz durch Bemühung um Gewinnung von Kompetenz abzustreifen. Der Grund für Kompetenzausgleichsbemühungen liegt darin, daß Menschen oder Institutionen, denen Inkompetenz vorgeworfen wird, zunehmend an Ansehen, an Zuspruch und an Akzeptanz verlieren; sie werden im Laufe der Zeit bedeutungslos. *Kompetenz* und *Ansehen* oder *Kompetenz* und *Akzeptanz* gehören mithin zusammen. Und da es ein Grundzug des Menschen als Sozialwesen ist, auf Ansehen oder Akzeptanz durch andere aus zu sein, ist das Bemühen um Kompetenzgewinnung etwas, das jeder

Mensch aufbringt. Und er tut das auf den Feldern, auf denen er etwas gelten kann und will. Das gilt nicht nur in beruflichem Handeln, es findet sich auch im privaten Handlungsbereich. Man kann daher sagen: *Kompetenzgewinnung wird gesteuert vom Anerkennungs- und Geltungsbedürfnis des Menschen.* Anerkennungs- und Geltungsbedürfnis wiederum hängen mit Selbstbewußtsein und Selbstwert zusammen. Das Selbstbewußtsein nimmt nun aber Schaden, wenn dem Menschen Inkompetenz vorgeworfen wird. Und das Selbstwertgefühl steigt, wenn aufgrund erfüllter Kompetenzerwartungen in den Augen Dritter Akzeptanz und Ansehen wachsen. Das kann auch die Formen annehmen, daß man sich bemüht, nachgewiesene oder nachweisbare Inkompetenz in einem Bereich zu kompensieren durch Kompetenz in anderen Bereichen, in denen man etwas zu leisten vermag. Damit soll dem Makel begegnet werden, aber auf einem anderen Tätigkeitsfeld in Form einer Kompensation, eines Ausgleichs. Ein schlechter Schüler im Fach Deutsch, der eine Inkompetenz im Literaturinterpretieren aufweist, sucht – aus welchen Gründen auch immer (das kann von Unvermögen bis zur Bequemlichkeit reichen) – auf einem anderen Feld, beispielsweise dem der Mathematik, diese Scharte auszugleichen, wenn er darin leistungsstark ist. Er kompensiert also die Inkompetenz durch ein besonderes Bemühen um eine andere Kompetenz. Dieses Vorgehen ist einmal von Odo Marquard mit Blick auf die heutige Aufgabe der Philosophie bezeichnet worden als „Inkompetenzkompensationskompetenz" (1981, S. 22 ff.). Das spricht dafür, daß Kompetenzbemühung immer vorhanden ist: Man bemüht sich angesichts von Inkompetenz um die Kompetenz, die festgestellten Inkompetenzen zu kompensieren. Insofern ist es eine *anthropologische Konstante des Menschen, an Kompetenz zu gewinnen.* Das Gewinnen von Kompetenzen ist somit etwas, das dem Menschen in pädagogisch genannten Aktionen nicht durch Nötigungen aufgezwungen wird: Das Gewinnen von Kompetenzen entspricht seinem Wollen, genauer: seinem Geltenwollen. Heinz-Werner Wollersheim kann insofern von einem „ursprünglichen Kompetenzwillen" sprechen. „Der als ursprünglich angenommene Kompetenzwille läßt sich ... deuten als Wunsch, sich selbst in relevanten Lebenssituationen als gestaltende Kraft erfahren zu können – einschließlich der Möglichkeit, auf solche gestaltende Wirkung freiwillig und aus eigenem Entschluß zu verzichten" (1993, S. 258). Das heißt: Kompetenzgewinnung ist eine unabweisbare Aufgabe für Pädagogik durch den ursprünglichen Kompetenzwillen des Menschen. Sie nimmt sie in Form von Qualifizierungen wahr.

5.2 Kompetenz als Qualität: Bewältigungsbewußtsein

Doch ist dies nur die eine Hälfte von Kompetenz. Ich nenne sie Kompetenz ersten Grades. Ihr gesellt sich mit Notwendigkeit eine zweite Hälfte (Kompetenz zweiten Grades) bei, die zur *Bildungsaufgabe* wird. Sie bezieht sich nicht auf den objektiven Bereich der Qualifikationen zum Handeln aus Kompetenz. Sie bezieht sich auf die personale Seite des sich um Kompetenz Bemühenden und des Kompetenzträgers. Ich stelle diese Seite der Kompetenz unter den Begriff der Qualität.

Wollersheim bezeichnet mit Recht ein Defizit in den psychologischen Beiträgen zur Kompetenz: Es sei unberücksichtigt „die Subjektseite des Bildungsprozesses – (der) Aufbau eines personalen Entscheidungs- und Handlungszentrums" (1993, S. 85). Insofern spricht er dem Kompetenzbegriff unter dem Gedanken einer pädagogischen Modifizierung des psychologischen Kompetenzkonzepts eine normative Dimension und eine Handlungsdimension neben einer kognitiven Dimension zu. Die normative Dimension wird an „absolute Werte" und an „situationsabhängige Wertung mit Güterabwägung" gebunden, die Handlungsdimension wird an rein methodische und organisatorische Überlegungen bis hin zur Qualitätsprüfung der Handlung, also an „Planen, Mittel bereitstellen, Ausführen und Prüfen" gebunden (S. 120f.). Im folgenden soll deutlich gemacht werden, daß eine derartige „Modifizierung" des psychologischen Kompetenzkonzepts nicht ausreicht, um Kompetenz als pädagogische Aufgabe – genauer: als Bildungsaufgabe – auszuweisen.

Wenn im folgenden Kompetenz unter dem Gedanken von Qualität betrachtet wird und der Kompetenz unter dem Gedanken der Qualifikation mit Notwendigkeit beigesellt wird, dann ist nicht eine prüfbare Qualität der Handlung gemeint. Man kann eine Handlung einer Qualitätskontrolle unterstellen und für eine Qualitätssicherung sorgen. Jedoch kann man dies nur, wenn man vom Produkt der Handlung ausgeht, von seiner Güte und Qualität, und rückschließt auf die Handlung, die zu diesem Produkt geführt hat. Eine gute Hausarbeit eines Studierenden läßt rückschließen auf die Qualität der Arbeit daran, eine gut gelungene Wohnungsrenovierung läßt auf die Güte der Malerarbeit schließen, eine gut funktionierende Kaffeemaschine läßt auf die Qualität der Herstellung der Maschine schließen: sie ist eine solide Wertarbeit. Doch bei alledem ist die Qualität und Güte bezogen auf das Produkt: wir bewegen uns dabei immer noch in der aristotelischen *Poiesis*. Dieser hatte Aristoteles die *Praxis* gegenübergestellt. Hier interessiert das Handeln als Handeln ohne Zweckbezug. Das bedeutet: es interessiert das Handeln eines Handelnden, der mit seinem guten Handeln zur Glückseligkeit von sich als Handelndem beitragen will. Wollersheim hat dies nicht im Blick, da seine Handlungsdimension durchweg Zweckbezug aufweist: Planen für einen Zweck, Mittel bereitstellen für einen Zweck, Ausführen unter einem Zweck und Prüfung der Qualität der Handlung angesichts des verfolgten Zweckes.

Kompetenz als Qualität bezieht sich für mich auf die Haltung dessen, der mit Kompetenzen als Qualifikationen handelnd umgeht. Mit Qualität ist demnach die Haltung angesprochen, die hinter einer Handlung steht, und damit das eigentliche personale Moment. Der Kompetenzträger wird als Mensch tätig, der durch seine prinzipielle Vernunftgebundenheit unter einem „Sollen" steht: Er soll diese Vernunft auf menschenwürdige Art praktizieren, und zwar im Umgang mit seinen Qualifikationen, in deren Handhabung und im Praktischwerdenlassen seiner Qualifikationen. Wenn er aus seinen Kompetenzen heraus handelt, dann soll er das gleichzeitig aus seiner personalen Haltung heraus tun. Ich nenne dies: *Aus Kompetenz heraus kompetent handeln*, oder: *Mit Kompetenzen kompetent umgehen*.

Worin drückt sich das als Haltung Bezeichnete aus? Was macht das Handeln aus Kompetenzen heraus zu einem kompetenten Handeln?

Als erstes ist zu benennen die Verantwortungsaufgabe dessen, der in seinen Funktionen und unter deren Voraussetzungen als selbständige Person handelt. Als selbständige Person soll er entsprechend seiner prinzipiellen Vernunftgebundenheit autonom, d. h. sich selbstbestimmend und souverän handeln. Ein solches Handeln ist qualitativ etwas anderes als ein Handeln aus Kompetenzen heraus. Dieses ist gebunden an Verstandestätigkeit: an das Fach-Wissen, das er benötigt, um aus der Kompetenz als Metzger beispielsweise heraus sachgeleitet, nicht selbstgeleitet, handeln zu können. Dasselbe betrifft den dem Fachwissen zugeordneten Methodenbereich. Als Fachmann braucht er Fachverstand in sachlicher und methodischer Hinsicht und ist er diesem Fachverstand gegenüber *funktional verantwortlich*: Er trägt Verantwortung in seiner Funktion für das Fachwissen und den methodischen Umgang mit ihm. Funktionsverantwortung und Objektverantwortung hat er wahrzunehmen, damit sein Handeln als Metzger sachgerecht und normengerecht, mithin richtig ist und nicht beanstandet werden kann. *Richtiges Handeln ist* regelgerechtes und legales Handeln, es ist aber *noch kein moralisches*

Handeln; Funktionsverantwortung ist keine personale Verantwortung. Unter dem Haltungsaspekt und dem Aspekt personaler Verantwortung dagegen ist er nicht geleitet vom Fachverstand; er ist geleitet von seiner Vernunft, die ihm aufgibt, personale Verantwortung (oder auch Gewissensverantwortung) wahrzunehmen. Worin besteht der Unterschied? Am Beispiel der Tätigkeit einer Krankenschwester sei er erläutert:

Eine Krankenschwester hat zugewiesene Funktionen wahrzunehmen, die unter einem für diese Funktionen geltenden Normengefüge stehen. Dieses Normengefüge definiert ihre Zuständigkeit als Oberschwester, als OP-Schwester, als Stationsschwester und setzt jeweilige Kompetenzen voraus. Das jeweilige Normengefüge ist eingepaßt in den gesamten Normkodex für ein Krankenhaus und soll den reibungslosen und zweckgerichteten Ablauf der diversen aufeinander abgestimmten Funktionen garantieren, die in einer festgefügten hierarchischen Struktur stehen. Das Normengefüge für normale Krankenschwestern umfaßt Gebote und Verbote, unter anderem nicht eigenständig, autonom und souverän eine Medikamentierung vorzunehmen. Das Normengefüge abverlangt eine exakte Einhaltung. Bei Verstoß greifen Sanktionsmaßnahmen. Die Krankenschwester trägt in ihrer normengeregelten Funktion für deren Einhaltung Verantwortung, nämlich pünktlich und korrekt sich um die normierten Aufgaben zu bekümmern, um den durch die Aufgaben angestrebten Zweck der patientenbezogenen Betreuungsaufgabe erfüllen zu helfen. Es ist eine zweckrational begründete Verantwortung, eine Funktionsverantwortung. Bei einer Handlungsunsicherheit ihrerseits braucht sie sich bloß unter der Frage: „Was habe ich zu tun?" an den Normen des Funktionsrahmens zu orientieren: dann weiß sie, was sie in der fraglichen Situation zu tun hat. Ist ihre Unsicherheit aber dadurch gekennzeichnet, daß sie moralisch unsicher wird, bekommt aufgrund der anderen Qualität der Unsicherheit ihre Verantwortlichkeit ebenfalls eine andere Qualität: sie ist genötigt, *sich im Denken* über die Werthaftigkeit und die potentiellen Wertentscheidungsmöglichkeiten *zu orientieren*. Dabei gerät die Funktionsverantwortung in eine Auseinandersetzung mit der personalen Verantwortung. Die Fragen lauten dann: „Ist das legale Handeln nach Funktionsnormen und ist die Wahrnehmung von Funktionsverantwortung legitim, d. h. moralisch zu vertreten? Was soll ich jetzt tun?" Indem sie vom reinen normengeleiteten Funktionshandeln in eine „Hinterfragung" des Funktionshandelns überspringt, aktiviert sie ihr Bewußtsein, d. h., sie wird sich ihrer Personalität bewußt, indem sie sich als Person und nicht mehr nur als Funktionsträger und Qualifikationsträger oder Kompetenzträger gefordert weiß: Sie empfindet Mitleid mit einem von Schmerzen geplagten Patienten, der sie um ein starkes Schmerzmittel anfleht. Es ist ihre Nachtschicht und der diensthabende Arzt ist für die nächste Zeit mit einem Notfall befaßt. Ihr Fall ist aber kein Notfall und ihr Wunsch, dem Patienten zu helfen, läßt ihr keine Ruhe: Sie will nicht nur nach bestem Wissen handeln, und das wäre das Wissen um das Verbot eigenmächtiger Medikamentenverabreichung, das zu ihrer Schwesternkompetenz gehört. Sie will auch nach bestem Gewissen handeln, und das heißt für sie, patientenbezogen mitmenschlich zu handeln und ihm die Schmerzen zu erleichtern, damit er schlafen kann. Sie steht mithin in einer für sie offenen Entscheidungssituation zwischen einerseits Legalität (Normenbefolgung) mit der Folge von – für ihr moralisches Gefühl des Mitleids – Illegitimität vor ihrem Gewissen und andererseits Legitimität und Moralität vor ihrem Gewissen, aber dafür Illegalität vor den Funktionsnormen. *Sie muß sich in ihrem Denken* für ein Handeln *orientieren*, das sich ihr wertbezogen und nicht nur normenbezogen zeigt. Sie will in Verantwortung vor ihrem Gewissen handeln, das heißt: als Person verantwortlich handeln, sie will mithin personale Verantwortung tragen. Die Handlungsnot ist für sie eine existentielle Not. Sie muß auf der Orientierungssuche für ihr Handeln mit sich selbst zu Rate gehen, mit sich selbst in einen Diskurs zwischen Kompetenzträger und Haltungsträger eintreten, denn sie fühlt sich als Person infrage gestellt. Einen Diskurs mit den von ihrer Entscheidung Betroffenen kann sie nicht führen, obwohl er in ihrer Orientierungssuche und Orientierungsfindung hilfreich wäre, weil nicht alle Betroffenen erreichbar sind. Sie fragt nicht nach dem, was man im Regelfall in einer solchen Situation braucht, nämlich eine die Handlungsnot beschwichtigende, das Handeln formal absichernde Norm; *sie fragt vielmehr danach, wie sie dieses Entscheidungsdilemma lösen soll, und sucht dafür nach Orientierung im und durch Denken,* in und durch Argumentation. Sie will wahr handeln, dem *Geltungsanspruch von Wahrheit* im Handeln nachkommen, *nicht nur* dem *Geltungsanspruch von Richtigkeit.* Und sie will sich selbst treu bleiben als gewissentlich entscheidende Person, sie will wahrhaftig sein, mithin authentisch sein. Sie will damit in ihrer Person für Dritte glaubwürdig und vertrauenswürdig sein und nicht für Dritte lediglich normenbezogen kalkulierbar und einschätzbar sein.

In dieser Dilemmasituation zwischen Kompetenzhandeln als Kompetenzträger mit ausgebildeten Qualifikationen und kompetentem Handeln als Person und Gewissensträger muß eine Entscheidung getroffen werden: entweder eine nach Sicherheit und in Gebundenheit an verbindlich gesetzte Normen oder eine Entscheidung nach Risiko und in freier Selbstbestimmung und eigengestifteter Wertigkeit. Um das Dilemma aufzulösen, muß die in Entscheidungsnot Stehende aus der unmittelbaren lebensweltlich strukturierten Situation heraustreten. Sie ist nachdenklich geworden und das heißt, sie muß im Nachdenken Orientierungen für ihr Entscheiden suchen. Sie muß die vielfachen Orientierungsmöglichkeiten argumentieren und in eine argumentative Auseinandersetzung eintreten, und das heißt: in einen Diskurs eintreten. So kann sie zu einer fallbezogenen, aber nicht verallgemeinerbaren Entscheidung gelangen, die geleitet ist von der Auseinandersetzung zwischen personaler Haltung und Funktionsforderung und zwischen personaler Verantwortung und Funktionsverantwortung.

Nachdenken und Nachdenklichkeit sind als zweites zu benennen. Sie sind Denkweisen und Eigenschaften einer Person, die nicht wie Qualifikationen in Lernprozessen vermittelbar sind. Nachdenklichkeit entsteht aufgrund einer „prinzipiellen Fragehaltung" des Menschen, die ihrerseits in dessen Vernunftbestimmtheit gründet. Diese Fragehaltung wird nicht durch Pädagogen „gemacht", sie wird nicht erzeugt und nicht gelehrt, sie ist ursprünglich und äußert sich im ursprünglichen Fragen von Kindern. Der Pädagoge hat sie aufzunehmen, zu provozieren, ernst zu nehmen und zukunftbezogen für den Edukanden zu fördern. Für die Befähigung zum Nachdenken taugen keine Lehre und Unterweisung im Fragen, sondern allein die Förderung und Unterstützung des Edukanden in seiner ihm immer schon zukommenden und sich aktualisierenden Fragehaltung sowie die Befähigung zum Dialog aufgrund des Fragens, Befragens und Infragestellens. In dieser wachsenden Fähigkeit zum Nachdenken bildet sich das, was oben schon erörtert wurde: das „Sich-im-Denken-Orientieren", und damit bildet sich das Philosophieren. Das Ergebnis solchen orientierenden Philosophierens ist ein wachsendes Bewußtwerden von Sinnbestimmungen und Normativität in allem Handeln und ein Bewußtwerden des subjektiven Sich-Bemühens um normierende Orientierungen für Entscheiden und Handeln als lebensandauernde permanente Aufgabe. Personale Haltung ist der Ausdruck des Bewußtseins dieser Legitimierungsaufgabe jedes Handelns, das aus Kompetenzen heraus geschieht, es aber nicht auf sich beruhen läßt, sondern das zugleich personal kompetent sein will.

Unter dem *Qualifikationsaspekt* hieß es, daß ein Handeln aus

Kompetenz heraus ein Handeln aus einem *Bewältigungskönnen* heraus darstellt. Unter dem *Qualitätsaspekt* heißt es, daß kompetentes Handeln aus Kompetenzen heraus verstanden wird als ein Handeln aus einem *Bewältigungsbewußtsein* heraus. Was gehört zu einem Bewältigungsbewußtsein, das sich in kompetentem Handeln niederschlägt? Es gehört dazu ein relativ breites Spektrum von Wissen, so beispielsweise
– ein Wissen um das Sollen von Bewältigung generell und ein Wissen darum, wie Bewältigungskönnen gestaltet und gelebt zu werden hat,
– ein Wissen um die Folgen oder Nebenfolgen der jeweiligen Bewältigung für die Handelnden und vom Handeln direkt und indirekt Betroffenen,
– ein Wissen um die verschiedenen Verantwortungsdimensionen: Funktionsverantwortung, Gemeinwohlverantwortung, Gewissensverantwortung, die auch personale Verantwortung genannt wird,
– ein Wissen um die realen lebensweltlichen Bedingungen des Bewältigens,
– ein Wissen um die eigenen Unsicherheitsfaktoren im Handeln,
– ein Wissen um die moralische Haftbarmachung für und ein Wissen um die Rechtfertigung der jeweiligen Art und Weise der Bewältigung,
– ein Wissen um die jeweilige Wertgebundenheit der Bewältigung,
– ein Wissen um die jeweils auf die Probe gestellte Vertrauenswürdigkeit des Handelnden und Glaubwürdigkeit des Handelns, und schließlich
– ein Wissen darum, alles dieses Wissen in Handeln umzusetzen, damit kompetentes Handeln aus Kompetenz heraus entstehen kann, wozu auf der Seite der Pädagogen ein
– Wissen gehört, kompetentes Handeln zur Bildungsaufgabe zu machen.

Bewältigungskönnen und Bewältigungsbewußtsein machen zusammengenommen Handlungskompetenz erst aus: personal kompetentes Kompetenzhandeln oder: aus Kompetenz heraus personal kompetent handeln.

Das für personal kompetentes Kompetenzhandeln wichtige Bewältigungsbewußtsein ist kein abgehobenes gedankliches Konstrukt; es läßt sich lebensweltlich veranschaulichen und dokumentieren und läßt sich aus dem Alltag eines jeden heraus belegen. Dafür stehen einige Beispiele: Wie oft geschieht es, daß wir feststellen, daß jemand, mit dem wir es zu tun haben, eine sogenannte Kapazität auf seinem

Gebiet ist. Er erscheint uns als ein funktional und beruflich tätiger Mensch, der in unserer Vorstellung schon nahezu im Vollbesitz aller Kompetenzen für sein Handeln als Arzt, als Lehrer, als Polizist, als Priester, als Vorgesetzter, als Angestellter in einer Verwaltungsbehörde, beispielsweise auf dem Sozialamt usw. ist. Wir müssen aber gleichzeitig feststellen, daß bei ihm oftmals ein personales Unvermögen im Umgang mit den von seinem Handeln Betroffenen besteht, daß er also ein hervorragender Funktionsträger und Spezialist ist, aber menschlich und zwischenmenschlich Defizite aufweist, umgangssprachlich: eine „Niete" ist.[10] Ein solches Unvermögen, ein solches Defizit, ein solches Nietentum löst weder Vertrauenswürdigkeit noch Glaubwürdigkeit aus, löst auch keine Akzeptanz und Achtung aus, sondern höchstens Respekt. Gleichzeitig entspricht unserer Lebenswelt die Einsicht, daß zukünftig bei vielfach gleichen und vergleichbaren Qualifikationen von Handelnden (der „hardware") für Ansehen und Akzeptanz, also auch für Nachfrage und beruflichen Erfolg die jeweilige Qualität und Haltung der Handelnden (die „software") immer ausschlaggebender sein wird. Am Beispiel: Wie suchen heute viele von uns unseren jeweiligen Arzt oder Zahnarzt aus? Wie oft spielt dabei ein menschliches und zwischenmenschliches Umgangsvermögen des Arztes mit seinen Patienten eine entscheidende Rolle? Wie oft reagieren wir ärgerlich oder aggressiv auf „unfreundliches" Personal in Restaurants oder Geschäften? Wie stark haben sich Beschwerden über „unfreundliches" und „gleichgültiges" Verhalten von Lufthansa-Stewardessen auf Langzeitflügen ausgewirkt auf deren Schulung und Weiterbildung, weil der Fluglinie in diesem Bereich die Akzeptanz versagt blieb zugunsten anderer Fluglinien?

Damit hängt eng zusammen die Bedeutung der Berücksichtigung von Folgen und Nebenfolgen des Handelns für die Handelnden und die Betroffenen, beispielsweise in Fällen der Trennung von Ehepartnern, die unter allen dazu notwendigen Kompetenzen sachlich korrekt und vielleicht auch einvernehmlich abläuft. Aus der fachlichen Kompetenz, eine derartige Situation „sauber" und ohne „Waschen schmutziger Wäsche" bewältigen zu können, folgt jedoch nicht, daß in die saubere und korrekte Lösung der Situation das Bedenken der Folgen einer Trennung für den jeweils anderen Partner einbezogen ist und daß die Überlegung mit maßgeblich ist, unter welchen direk-

---

[10] „Nieten in Nadelstreifen" lautet auch ein Buch von Günter Ogger über die Defizite von Managern (München 1992).

ten Folgen der Trennung die gemeinsamen Kinder zu leben haben und welche Nebenfolgen indirekter Art in psychischer, in schulischer, in persönlichkeitsbildender Hinsicht eintreten können. Dem reinen Bewältigungskönnen mit den entsprechenden Qualifikationen muß aus Verantwortlichkeitsgründen heraus die moralische Dimension des Bewältigungsbewußtseins als die zweite Hälfte des Kompetenzverständnisses beigegeben werden, um – wie auch immer die Entscheidung am Ende aussieht – sagen zu können: wir haben uns darum bemüht, personal kompetent zu handeln und nicht nur unter Zugrundelegung unserer Kompetenzen die anstehende Trennungssituation korrekt und sauber bewältigt.

Zum Bewältigungsbewußtsein gehört auch das Wissen um die menschlichen Unsicherheitsfaktoren, die das Handeln begleiten. Was heißt das? Als Vorgesetzter kann ich einen Mitarbeiter beurteilen unter dem ausschließlich angelegten Maßstab seiner Kompetenzen. Diese mögen eine hohe Qualifikationsstufe aufweisen, aber gleichzeitig weiß ich, daß seine Arbeit auch Probleme erzeugt: vorhandene Kompetenzen lassen manchmal zu wünschen übrig, Abteilungsmitarbeiter haben menschliche Schwierigkeiten mit ihm, er weist ein überzogenes Gehorsamsbild oder ein ebensolches Geltungsbewußtsein auf. Er ist leicht reizbar, manchmal aggressiv, nicht immer pünktlich u. a. m. Hier kann ich als Vorgesetzter in einer Beurteilungssituation nicht nur nach den Kompetenzen vorgehen, die meine Funktion als Personalzuständiger definieren, sondern ich muß mich personal auf den Mitarbeiter einlassen, mich um die Gründe und Ursachen seiner zeitweiligen Auffälligkeit bemühen, seine Schwächen erkennen und in einer Beurteilung berücksichtigen, die biographischen Hintergründe und seine reale Lebenssituation soweit wie möglich unter Wahrung seiner Privatsphäre zu eruieren versuchen u. a. m.

Lasse ich mich in einem Beurteilungsverfahren auf den Mitarbeiter ein, dann nehme ich beide Hälften der Kompetenz als Personalleiter wahr: ich bemühe mich darum, aus funktionsbezogener Kompetenz heraus personal kompetent zu handeln, um als Personalleiter nicht nur formal richtig, sondern auch wahr zu handeln und als Person wahrhaftig zu sein. Die Verantwortungswahrnehmung ist dabei immer auch an Wertbezüge gebunden, meine Bewältigung der Beurteilungssituation dokumentiert im kompetenten Handeln neben dem Kompetenzhandeln dann auch meine personale Wertgebundenheit. Ich handele also nach Kompetenz ersten und zweiten Grades.

Die Beispiele mögen zur Illustration dessen genügen, worin sich

Bewältigungsbewußtsein zeigt, was Kompetenz als Qualität, als Haltung des Kompetenzträgers bedeutet und weshalb das Kompetenzhandeln zu begleiten ist durch ein personal kompetentes Handeln. Damit ist Kompetenz als pädagogisch relevanter Begriff erörtert und umschrieben. Diese Umschrift eines Alltagsverständnisses von Kompetenz und eines psychologischen Verständnisses von Kompetenz in ein pädagogisches Kompetenzverständnis kann die im vorherigen Kapitel angezeigte Ungeklärtheit des Kompetenzbegriffes für Pädagogik aufheben und einer bestimmten Klärung zuführen. Damit wird auch die äußerst verdienstvolle Beschäftigung mit Kompetenz durch Wollersheim nicht für falsch erklärt und für unbrauchbar oder für gar hinfällig. Ihr Anliegen wird hier weitergeführt. Unter einem personalen Pädagogikverständnis, das Erziehung und Bildung trennt und in unterschiedliche Zuständigkeiten bringt sowie im pädagogisch-ethischen Bereich einen unverzichtbaren Teil der Pädagogik sieht, wird ein pädagogisches Kompetenzverständnis formuliert, das nicht mehr getragen ist von den psychologischen Schlacken, wie es weithin bei Wollersheim noch der Fall ist.

5.3 Verschiedene Vorstellungen von Kompetenzgewinnung

Wie vollzieht sich nun Kompetenzgewinnung? Es wird erstens davon ausgegangen, daß *Kompetenz* als eine Eigenschaft, die Menschen, Berufsträgern und Institutionen zukommt – wie es in der Psychologie weithin geschieht –, *gelernt wird*. Das heißt, daß Kompetenzen analog dem Sachwissen methodisch aufbereitet zum Lernstoff werden können und angeeignet werden können.

Doch kommen dem Pädagogen bei dieser Vorstellung zugleich Fragen auf. Zunächst: Lassen sich Eigenschaften und Qualitäten analog Fachwissen lehren und lernen? Die Kompetenz eines Lehrers, eines Arztes, eines Richters beruht zwar auf gelerntem fachlichem und zweckbezogenem Wissen und Urteilen. Sie stellt sich dar in Qualifikationen. Kompetenz im Vollsinn ist aber nicht identisch mit Qualifikationen. Kompetenz als durch Unterweisung und Lernen angesammelte funktionsbezogene Qualifikationen für Funktionszwecke ist nur Kompetenz ersten Grades: Besitz, aber nicht Eigenschaft des Kompetenzträgers. Fachwissen, Methodenwissen, Sozialwissen, Wissen um Kommunikation, Wissen um Personalität etc. als durch vermittlungsgebundenes Lernen reiner *Wissensbestände um ihrer selbst und um des reinen Besitzes willen* und nicht als Verfügungswissen oder als Qualifikationen für Zwecke wären Kompetenzen ohne Sinn und ohne Zweck. Kompetenz (lat. competere: zusammenfallen) im Sinne des Zusammenfallens von vermitteltem Wissen und von Praktizierung des Wissens in Handlungen (Performanz) erfüllt erst den Charakter von Kompetenz ersten Grades als einer Qualifikation. Als Qualifikation bedeutet Kompetenz zugleich die Fähigkeit, mit dem jeweiligen Wissen sach- und fallangemessen umgehen zu können. Und zum zweiten: Fachwissen läßt sich objektiv nachweisen und überprüfen wie auch abprüfen und zertifizieren. Lassen sich aber Eigenschaften objektiv abprüfen? Eigenschaften sind menschliche personale Qualitäten, die von Dritten positiv oder negativ bewertet werden können. Bewertungen sind immer subjektiv. Somit sind auch die Einschätzungen von Kompetenzen subjektiv. Kompetenzen als gekonnte und von Dritten als gekonnt eingeschätzte Eigenschaften und Fähigkeiten, mit vorhandenem Wissen personal kompetent umzugehen, taugen nicht zum Lehr- und Lernstoff.

Eine zweite Erklärung zur Gewinnung von Kompetenz lautet: *Kompetenzen entwickeln sich*. Sie beruhen auf Potentialen im Menschen, die man sich entwickeln lassen sollte. Kompetenzen sind damit nicht abhängig vom Lehren und Beibringen, sondern von einer sich entwickelnden Anlage. So wird es analog den pädagogischen Vorstellungen bei Rousseau und Montessori – unter anderem auch in Teilen der Psychologie – wie auch verbreitet im Alltagsverständnis gesehen. Die Fähigkeiten, die sich unter der Annahme von bestimmten Anlagen individuell entwickeln, lassen sich hierbei beschreiben als Kompetenzen. Um die Fähigkeiten sich auch entwickeln lassen zu können, bedarf es einer entwicklungsförderlichen Umwelt, die unter anderem vom Pädagogen zu arrangieren und zur Verfügung zu stellen ist. Pädagogik steht damit im Dienste von eigengesetzlich ablaufenden Entwicklungen. Pädagogik unterstützt diese Entwicklung, sie ist nachgehend, aber nicht bildend. Kompetenzen sind dann das, was die einzelnen Personen aufgrund ihrer persönlichen Voraussetzungen in Form von Anlagen und Potentialen an Fähigkeiten durch eine unbehinderte und durch Pädagogen unterstützt gelingende Entwicklung verfügungsbereit haben, was im Rahmen des Entwicklungsprozesses also nicht verschüttet wurde.

Die Frage, die hier dem Pädagogen aufkommt, ist, ob Kompetenzen jeweilige Entwicklungsschicksale sind. Damit ist gemeint, ob Kompetenzen jeweils das Ergebnis schicksalhafter Entwicklungsprozesse sind. Bejaht man diese Frage, dürfte es nicht den Vorwurf oder die Feststellung von Inkompetenz als defizitärer Kompetenz geben, denn dann dürfte es nur Kompetenzen oder Kompetenzenlosigkeit geben, aber nicht entwicklungsbedingte Inkompetenzen. Denn Inkompetenz ist die Bezeichnung für ein Handeln, das den vermuteten oder vorgegebenen oder auch den erwarteten Kompetenzen nicht entspricht. Inkompetenz, umgangssprachlich auch Unfähigkeit, ist etwas anderes, als keine Fähigkeit zu haben, und ist etwas anderes als Kompetenzenlosigkeit. Damit wäre aber auch die personale Verantwortung für Kompetenzträgerschaft in Frage gestellt. Denn wenn Kompetenz des Menschen abhängig ist von Potentialen und deren Entwicklung nach einem inneren Entwicklungsplan sowie einer entwicklungsgerechten förderlichen Umwelt, dann „macht" diese Kompetenzentwicklung nicht der Mensch im Rahmen einer ihm gestellten Aufgabe. Kompetenzgewinnung ist dann nicht abhängig von gesetzten Aufgaben (entweder durch Dritte – wie Pädagogen – oder durch sich selbst gesetzt), sondern abhängig von Vorgaben, die im psychisch-organischen Haushalt des Menschen liegen. Insofern ist der Mensch dann auch nicht verantwortlich dafür, welche Kompetenzen er auf welche Weise trägt: er ist nicht verantwortlich für seine Kompetenzträgerschaft. Die Kompetenz eines Richters, die Kompetenz eines Lehrers, die Kompetenz eines Metzgers, die Kompetenz eines Steuerberaters wären also als auf naturgegebenen Potentialen und auf angeborenen Anlagen beruhend anzusehen. Wir hätten dann einen geborenen Richter, einen geborenen Lehrer, einen geborenen Metzger, einen geborenen Steuerberater vor uns, wie es umgangssprachlich dann auch heißt. Jede Umqualifizierungsbemühung, jeder Umschulungsvorgang wäre auf Sand gesetzt, weil es keine Möglichkeiten gibt, gegen angeborenes, sich entwickelndes Kompetenzentum mit Erfolg zu neuen Kompetenzen in Bildungsprozessen zu verhelfen.

Mithin stellt also auch die Rede von einer Kompetenzentwicklung den Pädagogen, der ein personales Menschenbild zugrunde legt, nicht zufrieden: Der Mensch als mit Vernunft ausgestattete, sich selbst gestaltende, autonome, selbständige und souveräne Person kann nicht Schicksal der Entwicklung seiner je bestimmten Anlagen sein, die auch seine ihm zukommenden Kompetenzen entwicklungsmäßig bestimmen und alle ihm von der Anlage her nicht zukommenden Kompetenzen für ihn ausschließen.

Neben dem Kompetenz-Lernen und der Kompetenz-Entwicklung als Antwort auf die Frage, wie man Kompetenzen gewinnen könne, wird auch alternativ von Kompetenzerziehung (im Alltagsverstand und in der Pädagogik) und von Kompetenzbildung (in der Regel im

Alltagsverstand) gesprochen, wobei die Pädagogik sich unschlüssig, weil unsicher, manchmal auch achtlos zeigt. Die alltagsverstandene Kompetenzbildung wird dabei in die Nähe von Sprachbildung, Gefühlsbildung, Genußbildung, Herzensbildung und ähnlichem gesetzt.

5.4 Kompetenzerziehung und Kompetenzbildung als pädagogische Doppelaufgabe

In Wiederaufnahme der im Kapitel 1 gelieferten knappen Skizzierung des Verhältnisses von Erziehung und Bildung und des Verhältnisses von Kompetenzerziehung und Kompetenzbildung soll das letztgenannte Verhältnis noch einmal betrachtet werden.

Der pädagogische Umgang mit Kompetenz erfordert ein pädagogisches Kompetenzverständnis, denn der Pädagoge, gleichgültig, in welchem Bereich er tätig ist, muß wissen, was ihm Kompetenz pädagogisch zur Auflage macht. Ein pädagogisches Kompetenzverständnis kann jedoch nur gewonnen werden im Rückgriff auf vorliegende psychologische Analysen von Kompetenz wie auch im Rückgriff auf das Alltagsverständnis von Kompetenz. Dies erscheint mir besonders aus zwei Gründen wichtig: Erstens: Kompetenz ist ein Begriff, der in unserer Lebenswelt eine steile Karriere gemacht hat. In dieser Lebenswelt hat er seinen Mutterboden. Er wird vorreflexiv benutzt und gehört zum unreflektierten Begriffsinventar unserer Gesellschaft. Er ist in aller Munde. Die Pädagogik hat ihn aus der Alltags-Lebenswelt aufgegriffen und aufgenommen, jedoch ohne ihn begrifflich aufzubereiten. So, wie er in der Alltags-Lebenswelt verwendet wird, so wird er weitestgehend auch in der Pädagogik gehandelt – bei praktizierenden Pädagogen und bei theoretischen Pädagogen. Das wieder heißt: wenn es die Pädagogik aufgrund des massenhaften Gebrauchs dieses Begriffes sich angelegen sein läßt, ihn für sich zu reklamieren, dann akzeptiert sie ihn erst einmal so, wie er in der Lebenswelt verwendet wird. Nicht die Pädagogik hat den in der Lebenswelt tätigen Pädagogen den Begriff – pädagogisch-begrifflich aufbereitet – an die Hand gegeben, sondern Pädagogen haben ihn aufgrund seiner Gängigkeit und Unschärfe aus der Lebenswelt übernommen, um als auf der Höhe der Zeit befindlich zu erscheinen. Er ist also zunächst alltagssprachlich bestimmt. Zweitens: Pädagogik kann, wenn sie sich der Lebenswelt ihrer Klientel verpflichtet weiß und sich nicht von dieser Lebenswelt in einer sie oftmals auszeichnenden falschen und ungerechtfertigten Vornehmheit absetzt und wenn sie die Menschen des Alltags erreichen will, nicht über diese lebensweltliche Vorprägung des Wortes Kompetenz hinwegsehen.

Im Durchgang durch diese Voraussetzungen ergibt sich nun ein pädagogisches Kompetenzverständnis, das der Pädagogik eine Doppelaufgabe zuerteilt, und zwar deshalb, weil Kompetenz in zwei unterschiedlichen Formen auftritt, beide Formen aber zusammengehören und nur in ihrer Zusammengehörigkeit Kompetenz im Vollsinne ausmachen. Ich habe sie oben Kompetenz ersten Grades und Kompetenz zweiten Grades genannt. Das heißt für die Pädagogik die Doppelaufgabe von Kompetenzerziehung und Kompetenzbildung in ihrer Zusammengehörigkeit: Kompetenzbildung ist nicht möglich ohne vorausgesetzte Kompetenzerziehung und Kompetenzerziehung bedarf der Kompetenzbildung. An einem Beispiel sei das erläutert:

Im Rahmen von Weiterbildung sollen interessierte Unternehmens- und Betriebsangehörige zu Betriebspädagogen qualifiziert werden. Sie sollen sich die Qualifikationen erwerben, die sie benötigen, um betriebspädagogische Aufgaben wahrnehmen zu können. Betriebspädagogische Aufgaben sind auf den betrieblichen Alltag bezogene pädagogische Aufgaben, die jedoch nicht ohne die das Unternehmen leitenden betriebswirtschaftlichen, damit nutzen- und profit- wie auch erfolgsorientierten betrieblichen Aufgaben zu verstehen sind. Das Spektrum der betriebspädagogischen Aufgaben reicht vom Sozialbereich bis zum Motivationsbereich, vom Ausbildungs- und Weiterbildungsbereich einschließlich von Schulungen bis zum Personalentwicklungsbereich, vom ethischen Bereich bis zum Kommunikationsbereich, vom Führungsbereich bis zum Öffentlichkeitsarbeitsbereich, vom Beratungsbereich bis zum Betreuungsbereich. Von den Mitarbeitern als Betriebspädagogen werden entsprechende Kompetenzen erwartet. Insofern wird ein Weiterbildungskonzept für diese Klientel entworfen, um sie in den entsprechenden Kompetenzen auszubilden. Der Auftrag des Unternehmens an die Weiterbildung lautet dafür: Qualifiziere meine Mitarbeiter, rüste sie aus mit entsprechendem Wissen, verhilf ihnen zu betriebspädagogischen Zuständigkeiten, bringe ihnen entsprechende Techniken (von didaktischen Techniken über Kommunikationstechniken bis hin zu Führungstechniken) bei, mache sie vermögend für diesen Bereich des Könnens, vermittle ihnen die Einstellung, das, was sie tun, loyal und immer richtig und erfolgsorientiert zu tun, verpflichte sie auf Funktionalität unter sachlichen, objektiven Notwendigkeiten und vermittle ihnen ein Können, mit dem sie ihre Aufgaben zu bewältigen in der Lage sind, ein Bewältigungskönnen als Fachmann, als Spezialist, als Funktionär. Die Aufgabenstellung an den Weiterbildner lautet letztlich: Mache meine Mitarbeiter zuständig für die Übernahme betriebspädagogischer Aufgaben, indem sie dazu qualifiziert werden, die ihnen aufgetragenen Aufgaben so effektiv wie möglich zu einem guten Ende zu führen. Und „gutes Ende" heißt: sie sollen künftig erfolgreich tätig sein in der Schulung von Mitarbeitern, damit diese in ihren Bereichen ihrerseits erfolgreich tätig sein können; sie sollen gute Sachwalter werden durch die Vermittlung entsprechender Kompetenzen. Der Weiterbildungspädagoge betreibt in diesem Weiterqualifizierungs- und Höherqualifizierungsverfahren, das unter betriebswirtschaftlichem Nutzen- und Erfolgsdenken (und damit unter einer Erfolgsethik) steht, keine Bildung, sondern er betreibt Erziehung: genauer Kompetenzerziehung. Er ist der Wissens- und Qualifikationsvermittler, der in fremdbestimmender, an Autorität gebundener Weise gewünschte Zuständigkeiten erzeugt.

Als Weiterbildungspädagoge ist er jedoch nicht nur Lehrender und Unterrichtender, der aus einer asymmetrischen Situation heraus anderen Verfügungswissen, Objektwissen und Methodenwissen unter Einbezug von Objektverantwortung und Funktionsverantwortung unterweisend weitergibt, also Kompetenzen im Sinne von Qualifikationen erzeugt. Diese Aufgabe der Kompetenzerzeugung hat er zwar analog dem Lehrer, aber auch dessen Aufgabe ist nicht nur unterweisender und unterrichtender Art, sondern zugleich auch personal bildender Art. Der pädagogische Aufgabenbereich ist insofern weitergesteckt, als nur Unterricht, Unterweisung, Erziehung zu betreiben: Unterricht, Unterweisung und Erziehung sind notwendige Aufgaben von Pädagogik, aber nicht ausschließliche Aufgaben. Die Schaffung einer durch Dritte überprüfbaren äußeren Verfaßtheit des Kompetenzträgers als für Funktionen zuständiges Rollenwesen im Sinne einer ausschließlichen pädagogischen Aufgabe anzusehen zieht Defizite nach sich. Der Mensch ist nicht nur programmierter Träger von Kompetenzen, die in zu bewältigenden und sachlich und methodisch determinierten Frage-, Problem-, Krisen- und Konfliktsituationen abrufbar und einsetzbar sind. Der Mensch ist Individuum, er ist Person, er ist eine „unverwechselbare" Individualität, die sich – statt dem (fraglosen) Befolgen erzeugter Kompetenzen als Qualifikationen – fragend, vernünftig-kritisch, kreativ, offen als Ich ihrer Lebenswelt gegenüber in ihrer Selbständigkeit, Autonomie und personalen Souveränität bewähren soll und will. Der Weiterbildungspädagoge, der sich unter dem Doppelauftrag von Erziehung und Bildung stehend weiß, wird also die einseitige, klassisch zu nennende Sicht von Kompetenz unter pädagogischem Bildungsaspekt zu erweitern versuchen: er wird neben der Kompetenzerziehung eine Kompetenzbildung reklamieren und betreiben, womit er vor Ort in Konfliktsituationen geraten kann und oftmals auch gerät. Er muß seinem Auftraggeber gegenüber zu argumentieren versuchen, daß er Kompetenz nicht nur mit Qualifikationen zum Handeln, sondern auch mit Qualität des Handelns verbindet. Qualität des Handelns drückt sich aus in personaler Verantwortungswahrnehmung, im selbständigen Reflektieren von Sinn- und Wertfragen, im Bezug des Handelns zu seiner Persönlichkeit, in der Gewissensorientiertheit seines Handelns gemäß dem Motto, aus bestem Wissen und bestem Gewissen heraus zu handeln und unter den Geltungsansprüchen von wahr und von wahrhaftig zu handeln.

Mit Qualität des Handelns eng verquickt ist die Zusprache von Glaubwürdigkeit des Handelns und Vertrauen in die Person dessen, der aus vermittelten Kompetenzen heraus handelt, durch die von seinem Handeln Betroffenen. An begründetes und als wertvoll gewolltes Handeln einer Person glauben zu können, ihr Glaubwürdigkeit zuzusprechen, heißt für die handelnde Person, daß sie von Dritten, sprich Betroffenen, in ihrem Bemühen um die Einlösung des Geltungsanspruches von Wahrheit ernst genommen und anerkannt wird: Man glaubt ihr aus Erfahrung, daß sie sich im Handeln um Wahrheit und nicht nur um Richtigkeit und Korrektheit bemüht. Um Wahrheit bemühen heißt, Handeln so zu gestalten, daß es durch Vernunftargumente und durch jeweils weitestgehende Letztbegründungen grundgelegt ist. Eine letzte Begründung für ein geplantes Handeln mitsamt der dazugehörigen Entscheidungsfindung ist nicht zu verwechseln mit Versuchen philosophischer Letztbegründungen von Normen. Eine Letztbegründung für eine Entscheidung und daran anschließende Handlung ist an ein Auseinandersetzungsverfahren im Idealfall aller aufzubringenden vernünftigen Argumentationen unter Einbezug aller tatsächlich oder potentiell Betroffenen gebunden. Es ist ein Vernunft-Diskursverfahren, in dem ein durch kein anderes Argument mehr überbietbares Argument als allgemein anerkanntes Letzt-Argument alle Beteiligten bindet und ihm zustimmen läßt. Eine gefundene Letztbegründung ist hier mit Blick auf ein „um Wahrheit Bemühen" als Ergebnis des Habermasschen „zwanglosen Zwangs des besseren Arguments" gesehen.

Glaubwürdigkeit bedeutet nicht – und sollte auch nicht bedeuten –, daß an die handelnde Person als Person geglaubt wird: Das wäre Ausschaltung aller vernünftigen Distanz zu Menschen, das wäre Preisgabe der Vernunft, das wäre eine Festlegung und Fixierung des Menschen auf eine bestimmte vorurteilige Heilighaltungsform, Anerkennungsform, Anbetungsform, unüberbietbare Höchstbestimmungsform, es wäre Festlegung auf Fraglosigkeit, Befragungslosigkeit und Kritikenthobenheit. Glaubwürdigkeit hängt mit dem Gedanken zusammen, daß statt eines dogmatischen Glaubens oder eines Kinderglaubens, die beide auf Vernunft verzichten, von der Vernunft ein – mit Kant – „Glaube aus Gründen" gefordert sei, ein begründeter Glaube mithin. Die Gründe, die diesen Glauben rechtfertigen, können sich aber nicht auf die Person als solche beziehen. Sie können sich nur beziehen auf Entäußerungen des Menschen und erst über diese indirekt auf ihn selbst. Das heißt, die Gründe können sich nur darauf beziehen, daß der Mensch sich in Handlungen entäußert, die unter dem Sollen von Geltungsansprüchen stehen und diesen Geltungsansprüchen durchweg ihren Tribut zollen. In zeitgenössischer Sprache: der Mensch „outet" sich im Handeln, er dokumentiert seine Haltung im „outing". Und ist das „outing" stimmig und schlüssig von einer dauerhaften Haltung getragen, dann kann dem Menschen die Wertigkeit (Würdigkeit, Würde) zukommen, daß man an die Qualität seines Handelns, an seine personale Haltung, die das Handeln leitet und bestimmt, glaubt, nicht aber an die Person als Person. Letzteres würde das Gegenüber, an das geglaubt wird, aller realen Lebenswelt entreißen, es idealisieren und idolisieren, es durch Preisgabe der neutralisierenden Vernunftdistanz aller Beobachtung und Kritik entheben.

Der so idolisierte und idealisierte Mensch bekäme auf diesem Wege einen Blankoscheck für unkontrollierbare und unkontrollierte Machtausübung über die an ihn Glaubenden und über die von seinem Handeln Betroffenen an die Hand. Damit ist auch die Gefahr durch eine jede charismatische Führungskraft angesprochen.

Wem nun eine solche Glaubwürdigkeit von Betroffenen zugesprochen worden ist, dem kann auch – muß aber nicht automatisch – Vertrauen entgegengebracht werden. Es ist ein Vertrauen darauf, daß er sich um wahres, an Haltungen orientiertes Handeln bemüht und daß er sich wie in Vergangenheit und Gegenwart so auch in Zukunft darum bemühen wird. Glaubwürdigkeit ist Voraussetzung für Vertrauenswürdigkeit, Vertrauenswürdigkeit ist die Grundlage von Treue. Treue einem Menschen gegenüber halten ist nur möglich, wenn man dem Menschen trauen kann. Als Vertrauter ist er dem Vertrauenden mitmenschlich-personal verbunden und vice versa, jedoch immer auf der Basis von Vernunft. Vertrauen kann sich als Täuschung erweisen, Vertrauen kann enttäuscht werden: daß dies so ist und lebensweltlich zum zwischenmenschlichen Inventar gehört, verdeutlicht, daß Vertrauen immer zugleich durch eine prüfende kritische Vernunft begleitet wird; sie ist nie ausgeschaltet – es sei denn, wir vertrauen blind. Blindes Vertrauen wird aber negativ bewertet, insofern es – mit Kant – eine Form „selbstverschuldeter Unmündigkeit" darstellt.

Kompetenz, die sich auf Qualifikation bezieht, ist bezogen auf Sachwalterschaft. Kompetenz, die für Qualität des Handelns Sorge trägt, hat Denken in philosophischen Dimensionen zur Aufgabe. Bewußt spreche ich hier nicht vom philosophischen Denken, weil diese Bezeichnung zu sehr die Vorstellung eines Denkens in philosophischen Systemen nahelegt. Gemeint ist aber nicht das esoterische philosophische Denken; gemeint ist das exoterische Philosophieren (vgl. Kap. 3). In der als Beispiel genannten Weiterbildung zum Betriebspädagogen haben also aufgehoben zu sein Themen, Fragen, Probleme, die das Philosophieren auslösen und dazu verhelfen, sich im Denken anläßlich derartiger Themen, Fragen, Probleme orientieren zu können. Philosophierendes und kritisch-philosophierendes Nachdenken ist Grundlage einer Kompetenz (der Kompetenz zweiten Grades), die sich auf die personale Qualität des Handelns bezieht. Zentral werden im Bereich von Kompetenz als Qualität Orientierungsfragen, Orientierungsunsicherheiten, Orientierungsprobleme, die die gewünschte personale Haltung beeinflussen oder beeinträchtigen können, das Philosophieren bestimmen. Sie stellen sich dar als zu bewältigende Aufgaben und erfordern ein an Nachdenken und an orientierendes Denken gebundenes Bewußtsein der Bewältigungsaufgabe; kurz Bewältigungsbewußtsein genannt. Zu einem solchen Bewältigungsbewußtsein angesichts von schwierigen oder problematischen Entscheidungs- und Handlungsfällen, die die Frage „Was soll ich tun?" veranlassen und die es in personal zu verantwortender Weise zu bewältigen gilt, ist im Rahmen von Kompetenzbildung zu befähigen. Diese reflexive personale Haltung zeichnet die Person und die Persönlichkeit aus, jedoch nicht den fachmännischen Funktionär, der zur Spezialistenfunktion verpflichtet ist. Insofern zeichnet die reflexive personale Haltung neben der Person und Persönlichkeit auch den Generalisten aus, der immer zugleich ein „philosophischer Kopf" zu sein hat (Löwisch 1988, S. 969–973 und 1994, S. 1–9). Kompetenz als Qualität des Handelns im Sinne einer reflexiven personalen Haltung als philosophisch-moralisches Rückgrat des Handelns erfordert Kompetenzbildung. Und das heißt: sie erfordert eine Bildung als Befähigung zur selbstgestalteten und selbst zu gestaltenden Qualität des Handelns.

Damit erweist sich der pädagogische Umgang, der unter der Aufgabe steht, Kompetenzengewinnung durch den künftigen Kompetenzträger und einen kompetenten Umgang mit gewonnenen Kompetenzen zu ermöglichen, als ein pädagogisches Doppelprogramm von Kompetenzerziehung und Kompetenzbildung. Beide sind aufeinander bezogen, sie stehen in einem Ergänzungsverhältnis zueinander und auf keine von beiden kann verzichtet werden, ohne daß Defizite entstehen: Ein Können ohne eine Haltung, die dem Können und seiner Zweckgerichtetheit Sinn und Wert gibt, ist ein ethisch unkontrolliertes und ein nicht von einem personalen Zentrum her legitimiertes Können. Und eine Haltung ohne ein Können, in dem sie sich niederschlägt und an das sie sich mit ihrer Sinn- und Wertbezogenheit bindet, wäre eine freischwebende Haltung um ihrer selbst willen und ohne jeden Real- oder Lebensweltbezug.

6. Pädagogisch relevante Kompetenzformen

6.1 Zusammenfassung und Fortführung der Überlegungen

Die Ausgangsfrage und Leitfrage unseres Nachdenkens über die Ermöglichung von Handlungskompetenz durch Bildung ist die Frage „Was soll ich tun?". Sie bezieht sich auf einen Bereich menschlicher Existenz, der gemäß der aristotelischen Trennung von Poiesis und Praxis die *Praxis als werthaftes Handeln* und der gemäß der kantischen Trennung von Verstand und Vernunft die *Vernunft als Möglichkeitsbedingung von moralischem Handeln* betrifft. Sie zielt auf das Handeln in Abhebung von Verhalten (Löwisch 1995, S. 53 ff.). Handeln ist dabei zu verstehen als sachlich korrektes, als wertig zu gestaltendes und als an personale Haltung gebundenes Tätigwerden und Tätigsein. Die kompetenzbezogene Frage „Was soll ich tun?" zielt auf Kompetenzen des Menschen, die es ihm ermöglichen, in Selbständigkeit, Autonomie und Souveränität Entscheidungen treffen zu können, deren sachliche Richtigkeit überprüfbar ist und die gleichzeitig die Geltungsansprüche der Vernunft an ein an Argumente gebundenes wahres und wahrhaftiges Handelns erfüllen. Die Last der Beantwortung der Frage „Was soll ich tun?" liegt beim Subjekt, das sich als Sachverständiger in seiner personalen Haltung jeweils im Entscheidungsfall neu um richtige und akzeptable Entscheidungen zu bemühen hat und es sich gleichzeitig um Glaubwürdigkeit und Vertrauenswürdigkeit angelegen sein lassen soll. Da es weithin keine für alle in einer mittlerweile werte-, normen- und kulturenpluralistischen Gesellschaft verbindlichen Normen und Werte mehr gibt und da durch die Radikalität vernünftig-aufgeklärten Denkens auch alle sogenannten Selbstverständlichkeiten aufgelöst werden, die das Handeln einfach und bequem machen können, bedarf das Subjekt Kompetenzen, unter deren Praktizierung es diese Last der Beantwortung der Frage „Was soll ich tun?" bewältigen kann. Diese Kompetenzen sind zum einen spezielle funktionsbezogene und berufsbezogene Qualifikationen und funktionsübergreifende allgemeine kognitive Schlüsselqualifikationen für ein Bewältigungskönnen. Sie sind zum anderen haltungsbezogene Qualitäten, die die qualifikationengetragene Kompetenzträgerschaft auf ihre jeweilige Sinnbestimmtheit und Wertbezogenheit hin reflektieren lassen und damit ein Bewältigungsbewußtsein dokumentieren und je am Fall erneut bewähren lassen. Pädagogik wird angesichts des „Doppelpacks" Kompetenz als Qualifikation und Kompetenz als Qualität in zweifacher Art aktiv: Wenn es um das Beibringen von Qualifikationen geht – vom richtigen funktions- und berufsbezogenen Sachwissen und Methodenwissen über das Wissen um richtiges angemessenes Sozialverhalten bis hin zum Wissen um funktionsbezogene und rechtsgebundene Verantwortlichkeiten und Haftbarkeiten –, dann ist Kompetenzerziehung gefragt. Wenn es um das Befähigen zum Aufbau von Haltungen geht, wenn es um das Befähigen zu Sinn- und Wertreflexionen im Rahmen des Sich-im-Denken-Orientierens geht, wenn es um das Befähigen zu einer Diskurspartnerschaft für das argumentative Aushandeln dessen geht, was am Ende die Antwort auf die Frage „Was soll ich tun?" für das Subjekt material entscheidungsreif sein läßt, dann ist Kompetenzbildung angesagt.

Nun gibt es – ich hatte dies kritisch angemerkt – in der Pädagogik wie im Alltagsverständnis eine Inflation des Gebrauches des Wortes Kompetenz: Es fehlt bisher an einem Begriff von Kompetenz für die Pädagogik. Das Thema „Kompetenz in der Pädagogik" hat sich bisher dadurch erledigt, daß allgemein in der Pädagogik zurückgegriffen wird wesentlich auf Kompetenz sowohl in umgangssprachlicher und alltagsbezogener Weise als auch in Anlehnung an die psychologischen Diskussionen. Ist gegen einen Rückgriff dieser Art nichts einzuwenden und wird er auch von mir vorgenommen, so ist jedoch kritisierenswert und bedenklich der Verzicht auf eine inhaltliche Konturierung und Legitimierung dieses Begriffs als eines pädagogisch relevanten Begriffs. Denn wenn Kompetenz für pädagogisches Handeln nicht pädagogisch bestimmt und legitimiert wird als eine für Erziehung, Bildung, Ausbildung und Weiterbildung notwendige Aufgabe, sondern wenn Kompetenz der Pädagogik von außerhalb ihrer selbst quasi aufgetragen wird lediglich im Sinne der pädagogischen Sorgewaltung für die Erzeugung eines Alltags- und Lebensweltphänomens, dann gilt Tenorths provokative Feststellung, daß Bildung lediglich das Vollzugsorgan und der Resonanzboden von Politik und Gesellschaft sei (vgl. Kap. 2.3). Die Pädagogik amputierte sich selbst als eine eigenständige sinnbestimmte Theorie und Praxis.

Läßt sich Kompetenz aber als ein pädagogisch relevanter Begriff ausweisen und der pädagogische Umgang mit Kompetenz als Kompetenzerziehung und Kompetenzbildung erläutern bei gleichzeitiger

Inflationierung des Wortes Kompetenz in unserer Lebenswelt, dann muß für Pädagogik und für den pädagogischen Umgang geklärt werden, welche Formen von Kompetenz für sie von Bedeutung sind.

6.2 Kompetenzformen

Menschliche Tätigkeit läßt sich allgemein gesehen aufteilen in unbewußtes Verhalten und bewußtes Handeln (Löwisch 1995, S. 53 ff.). Genauer wird differenziert in fremdgesteuertes Verhalten und selbstgesteuertes Handeln. Selbstgesteuertes Handeln ist verbunden mit Selbsttätigkeit, Selbstbewußtsein und Selbstwert. Um gelten zu wollen, akzeptiert sein zu wollen, um als vertrauens- und glaubwürdig anerkannt sein zu wollen, plant und steuert der Mensch sein Handeln, stellt er sich der Fremdkritik und treibt er Selbstkritik, prüft und überprüft er sein Handeln, sucht er nach effektiven Wegen und Methoden zur Zielerreichung, legt er auf Rückmeldungen wert. Der Mensch will tätig sein nach bestem Wissen und Gewissen so, wie es das jeweilige Reflexions-Alter ihm möglich macht. Hinter dem selbstgesteuerten Handeln steht das Kompetenz-Performanz-Modell. Die Fähigkeit und Bereitschaft zum Handeln sowie dessen Wertigkeit setzen Kompetenzerziehung und Kompetenzbildung im erläuterten Sinn voraus. Kompetenz in voller Gültigkeit als dem Menschen verantwortlich zurechenbares Bewältigungskönnen und Bewältigungsbewußtsein kann nur für den selbstgesteuerten Handlungsbereich angesetzt werden, nicht für den fremdgesteuerten Verhaltensbereich. Hier benötigt man allein ein fall- und situations- wie auch funktions- und sachbezogenes Bewältigungskönnen, aber kein Bewältigungsbewußtsein – in der Regel, so bei der Kassiererin im Supermarkt, bei der Krankenschwester, beim Heizungsinstallateur, beim Verwaltungsangestellten etc., d. h. in handwerklichen Bereichen, Dienstleistungsbereichen u. a. Das ändert sich in dem Augenblick, in dem man sich zur Fremdsteuerung des Verhaltens distanziert und die Fremdsteuerung auf ihren Sinn oder Wert, auf ihre Plausibilität und Legitimität oder Illegitimität hin befragt. Dabei gerät man in den Bereich des eigentlichen Handelns. Am Beispiel: Wenn ich mich nach einem Auffahrunfall mit meinem Auto in emotionaler Reaktion fluchend verhalte, dann zeigt sich darin nicht meine Situationsbewältigungs-Kompetenz in Form personaler Haltung. Wohl aber zeigt sich eine solche Kompetenz – oder besser: zeigen sich solche Kompetenzen – in der Art und Weise der Bewältigung der Verhandlungssituation mit dem von mir Geschädigten.

Damit ist ein Handeln als Metzger, als Arzt, als Anwalt, als Lehrer usw. immer an je funktionsbezogene Kompetenzen gebunden, nicht an eine allgemeine Kompetenz oder an die schlechthin verbindliche Kompetenz. Eine allgemeine praxisbestimmende Kompetenz schlechthin gibt es nicht. *Kompetenz im Allgemeinverstand ist ein gedankliches Konstrukt, dem in der Realität nichts erfahrungsmäßig objektiv Gegebenes entspricht. Kompetenz steht als ein solches allgemeines gedankliches Konstrukt allein in der Funktion einer regulativen Idee.* Als regulative Idee ist sie die Bedingung der Möglichkeit der begrifflichen Erfassung der theoretischen und praktischen Verstandes- und Vernunfteigenschaften des Menschen als Voraussetzung für funktional-sachlich-korrektes und für ethisch legitimiertes und wahrhaftiges Handeln. Als regulative Idee drückt sie ein Sollen aus für gelingendes Handeln und wahres, gutes Leben des Menschen. Dieses Sollen wirkt sich als Anspruch an Denken und Handeln des Menschen aus. *In ihrem Anspruchscharakter gilt die Idee als Regel für menschliches Denken und Handeln, sich ihr bei der Umsetzung im jeweiligen situations- und fallbezogenen, sachverhalts- und mitmenschenbezogenen Denken und Handeln soweit, wie es möglich ist, stückwerkhaft anzunähern.*

Kompetenz, der ein ursprünglicher Kompetenzwille des Menschen zugesprochen wird oder: die von einem ursprünglichen Kompetenzwillen getragen ist (so Wollersheim), ist in ihrer gedachten und erdachten Vollkommenheit eine regulative Idee, die – infolge ihres Doppelcharakters als Idee und als Regulativ – nie erfüllbar ist. Die Differenz von theoretischem Anspruch und praktischen Approximationsversuchen durch Denken und Handeln kann grundsätzlich nicht aufgehoben werden. Und so, wie die als allgemein gedachte Kompetenz als regulative Idee angesehen werden muß, so sind auch die diversen Ausformungen von allgemein gedachter Kompetenz, d. h. ihre Spezifizierungen, als Praxis-Regulative anzusehen, die für die Realisierung im Durchgang durch das Schema der Performanz das Sollen ihrer jeweiligen Höherentwicklungen als Approximationsversuche ausdrücken. Weder der allgemein gedachten Kompetenz als regulativer Idee noch den einzelnen speziellen Ausformungen der allgemein gedachten Kompetenz als jeweilige Praxis-Regulative entspricht etwas allgemein Einheitliches und Verbindliches.

Das gilt auch dann, wenn wir alltags- und umgangssprachlich so reden, als ob es eine allgemein-einheitlich zu verstehende Kompetenz gäbe, und zum Beispiel sagen: der Anwalt A hat zwar Kompetenz, der Anwalt B aber hat größere Kompetenz. Denn worin hat A

Kompetenz und worin hat B größere Kompetenz? Hat er sie im Wissensbereich? Hat er sie im Verfahrens- oder Methodenbereich? Hat er sie im sozialen Miteinander? Hat er sie in seiner klienten- und prozeßbezogenen kommunikativen Fähigkeit? Oder hat er sie in seiner Verantwortungshaltung und Verantwortungswahrnehmung? Zeigt sie sich in seinem Willen dazu, beispielsweise ständig auf der Höhe der Rechtsprechung zu sein, also in seiner beruflichen Motivation? Oder gar in seiner Glaub- oder Vertrauenswürdigkeit, in seiner Authentizität?

Hinter jeder dieser Fragen nach dem Worin der Kompetenzträgerschaft verbirgt sich eine spezielle Ausformung von Kompetenz, ich nenne sie spezielle Kompetenzform, oder eine „Teilkompetenz" des gedanklichen Konstrukts einer allgemein gedachten Kompetenz, wie es in der Regel im pädagogischen Sprachgebrauch sprachlich gehandhabt wird. „Teilkompetenz" ist eine weit verbreitete Bezeichnung für spezifische Formen von Kompetenz. Ich werde diese Bezeichnung im folgenden jedoch nicht verwenden: Suggeriert sie doch, daß es sich um Teile von einer Kompetenz handelt, die zusammengenommen dann die Kompetenz als Ganzes ausmachen. Richtiger und verständlicher ist mir die Bezeichnung „Kompetenzform": Sie meint die spezielle funktions- und inhaltsbezogene Form von Kompetenz, zum Beispiel wenn von „Genußkompetenz" als einem Ziel im Rahmen pädagogischer Suchtprophylaxe gesprochen wird (Hallmann 1994, S. 48 ff.). In den oben aufgeführten Fragen zur Kompetenz von Rechtsanwälten verbergen sich dann beispielhaft folgende Kompetenzformen:

1. Der *Wissensbereich* bezieht sich auf die spezielle juristische *Sachkompetenz*.
2. Der *Verfahrens- und Methodenbereich* bezieht sich auf die spezielle juristische und situative *Methodenkompetenz*.
3. Das *soziale Miteinander* bezieht sich auf die *Sozialkompetenz*.
4. Die *kommunikative Fähigkeit* bezieht sich auf die *Kommunikative Kompetenz* des Anwaltes in seinem divers strukturierten Handlungsfeld.
5. Die *Verantwortungshaltung* bezieht sich auf die funktionsbezogene *moralische Kompetenz oder fachlich-berufliche Haftungs-Kompetenz*.
6. Die berufliche *Motivation* bezieht sich auf die *Motivationskompetenz* als Klägervertreter oder Verteidiger oder Verwaltungsanwalt usw.
7. Die *Glaub- und Vertrauenswürdigkeit* und *Authentizität* beziehen sich auf die personalgebundene *Handlungskompetenz*.

Wenn Pädagogik vom primären bis zum quartären Bildungsbereich neben den auszubildenden Kompetenzformen auch personalgebundene Handlungskompetenz bilden soll, dann heißt dies nach dem bisher Erörterten: Pädagogik in ihrem breiten Aufgabenfeld soll Kompetenz zum glaub- und vertrauenswürdigen sowie authentischen Handeln nach bestem sowohl speziellen als auch umfassenden Wissen und bestem Gewissen für spezielle Handlungsfelder bilden. Oder anders formuliert: Pädagogik soll Kompetenzen zum glaub- und vertrauenswürdigen, authentischen, wahrhaftigen, korrekten, qualifizierten, redlichen und verantwortlichen Handeln für spezielle Handlungsfelder bilden. Kompetenz tritt immer auf als Bündel von Kompetenzformen, so daß es für unsere weiteren Abklärungen eigentlich heißen müßte: Pädagogik hat die verschiedenen Kompetenzformen zur Aufgabe, zu denen auch die Handlungskompetenz gehört, da Handlungskompetenz nicht als eine einfache Addition von Kompetenzformen oder Teilkompetenzen zu verstehen ist.

Was hat es nun mit den einzelnen Kompetenzformen auf sich?

6.3 Sachkompetenz

Wenden wir uns zunächst – auch den Gedanken Roths und Wollersheims folgend und sie verwertend – der Sachkompetenz zu. Sachkompetenz sorgt für einwandfreies Sachwissen und für die Sachlichkeit des Handelns in je speziellen Handlungs- und Funktionsfeldern. Sachwissen und Sachkundigkeit setzen Sachverstand voraus, der infolge der schnellen Veraltung des Sachwissens – je nach Handlungsfeld verschieden – und seiner permanenten Weiterentwicklung ständig in seiner Dynamik bewährt zu werden hat. Sachwissen setzt auch Sacheinsicht voraus, womit gemeint ist, daß Sachwissen nicht nur punktuelle Sachkenntnis bedeutet, sondern auch die Entwicklungsgeschichte und die Erkenntnisvoraussetzungen der Sachkenntnisse und die Systematik, in der und von der Sachwissen lebt, umfaßt sowie die Kontextualität des Sachwissens in sich begreift. Zum Sachwissen gehören auch die Visionen dessen, was aus gegenwärtigem Sachwissen heraus sich als künftiges Sachwissen entwickeln können wird. Sachwissen findet sich überall da, wo Menschen handlungsfeldgebunden sachbezogen denken und handeln. Wenn dieses Denken und Handeln von professioneller Art ist, wird von Fachwissen gesprochen. Der professionell Handelnde muß über entsprechendes Fachwissen verfügen, damit er die notwendige Voraussetzung aufweist, für Sachgebiete in seiner fachbezogenen Berufstätigkeit urteilsfähig und handlungsfähig zu sein. Dies verschafft ihm die fachliche Zuständigkeit: Er ist zuständig für Sachen und Sachverhalte in seinem beruflichen Fachgebiet. Dazu gehört als erstes Wissen, und zwar umfassendes Wissen. Dazu gehört als zweites zu wissen, wie man selber zu dem umfassenden Wissen gelangt. Ferner gehört dazu das Wissen, wann man sich um das Erborgen von Wissen von anderen bemühen muß, wenn man es selber nicht aufzuweisen hat und wenn man es sich selber auch nicht erarbeiten kann. Es gehört dazu auch das Wissen, welches Wissen man sich von anderen erborgen will. Zur Sachkompetenz gehört deshalb auch die Kenntnis der Sachgrundlagen, auf denen man gezielt und mit sachkritischem Verständnis sogenannte Experten als Wissenslieferanten suchen kann und diese sachlich gezielt ansprechen kann. Sachkompetenz verlangt also Sacheinsicht: Sacheinsicht ist mehr als Sachwissen, weshalb ich auch von „umfassendem Wissen" gesprochen habe. Einsicht heißt: etwas einsehen. Etwas einsehen heißt: etwas verstehen mit allen seinen Voraussetzungen und Gründen, also nicht nur über gelernten Wissensstoff zu verfügen, wie er lexikalisch abfragbar ist, sondern begründetes selbst-erkanntes Wissen haben, ein Wissen, das man sich selber argumentativ aufgebaut und erarbeitet hat. Dem liegt ein Lernen im Sinne von eigenständiger Erkenntnisproduktion zugrunde. Ein derart gelerntes Sachwissen ist nicht vergleichbar einem abgespeicherten Datenfriedhof. Dieses so von mir bezeichnete umfassende begründete Wissen trägt nicht den Charakter von Vielwissen und von Stoffhuberei, es ist vielmehr ein sogenanntes *Bescheidwissen*. Wenn einer erklärt, er wisse Bescheid, bedeutet das, daß er sich im anstehenden Sachverhalt so auskennt, daß er ihn in seiner Gänze und in seiner Genese kennt. Man kann viele, z. B. historische Daten kennen und man weiß damit viel, ja man kann mit ihnen auch in entsprechenden Spielshows auftreten und dabei Preise gewinnen, oder man kann mit ihnen in Party-Gesprächen jonglieren, Small-Talk machen, im Gespräch bleiben. Wenn man global und allgemein viel weiß, weiß man zugleich wenig Näheres und Tieferes, wenig Genaueres und wenig Begründetes.[11] Sachkompetenz im Sinne von genauem und begründetem Bescheid-

---

[11] Die ursprüngliche Bedeutung von „sich bescheiden" ist „zur Einsicht kommen", Luther setzt das Wort „Bescheidenheit" für „Erkenntnis", im Griechischen „gnosis": vgl. Kluge/Götze: Etymologisches Wörterbuch der deutschen Sprache. Berlin 1953, S. 70

wissen in Sachen und Sachverhalten ist gebunden an Sprachfähigkeit, an Denkfähigkeit, an Kritikfähigkeit, an Verstehensfähigkeit, an Urteilsfähigkeit, kurz: an Intellektualität. Es ist eine Form des Wissens, die Max Scheler als „Leistungswissen" bezeichnet, das dem Ziel „der praktischen Beherrschung und Umbildung der Welt für unsere menschlichen Ziele und Zwecke (dient)" und das „nötig (ist) für die Erfassung der „Sachverhältnisse" (Scheler 1925, S. 33). In fremdgeleiteten Lernprozessen als Anregung und in selbstgeleiteten Lernprozessen als durch Selberdenken gesteuerte Erkenntnisprozesse ist dieses Bescheidwissen von jedem um Sachkompetenz Bemühten selbsttätig mit Pädagogenhilfe zu erarbeiten.

6.4 Methodenkompetenz

Die Methodenkompetenz wäre als zweites zu nennen. Sie macht die sogenannte Könnenskomponente sowohl beim Erwerb von Sacheinsicht als auch beim Umgang mit Sachwissen aus. „Methode ... heißt zielgerichtetes Voranschreiten ... Wegfindung in einem unbekannten Neuland ... Diese Wegfindung braucht richtungsorientiertes Voranschreiten" (Geißler 1983, S. 149). Zur Methodenkompetenz gehört auch „die Fähigkeit, komplexe Problemlösungen zu planen, Mittel zu ihrer Ausführung bereitzustellen", aber auch für Sachverhalte adäquate Problemlösungen zu suchen und zu finden, erarbeitete und gewählte Lösungswege „schließlich durchzuführen und zuletzt die Qualität der Handlungen zu prüfen", das heißt auch die Ergebnisse des Umgangs mit Sachwissen zu überprüfen (Wollersheim 1993, S. 120). Methodenkompetenz benötigt jeder, der mit der *Gewinnung* von Bescheidwissen, mit der *Vermittlung* von Wissen und mit dem *Umgang* mit Wissen zu tun hat. Dabei müssen die Methoden sowohl den Sachverhalten angemessen sein als auch situationsspezifisch und adressatenspezifisch gehandhabt werden. Methode ist das geregelte, geordnete und zielgerichtete Vorgehen bei der Gewinnung von Einsichten (Sacheinsichten), beim Aufbau von Sacheinsicht bei sich und bei Lernenden sowie bei der Umsetzung von Sacheinsicht in Handeln. Zur Methodenfähigkeit gehören Kommunikative Fähigkeit, Denkfähigkeit, Urteilsfähigkeit, Kritikfähigkeit, Kenntnis der und Umgehenkönnen mit der Methodenvielfalt des Denkens, Philosophieren und Sich-im-Denken-orientieren-Können, Transfer- oder Umsetzungsfähigkeit, Problemfindungs- und Problemlösungsfähigkeit, Fragestellungsfähigkeit, Kreativität und Produktivität, Kooperationsfähigkeit und eine konstruktive Sacheinstellung. Zur Methodenkompetenz gehört auch das Lernenkönnen: nämlich die Fähigkeit, „Lernprozesse selbständig und selbsttätig voranzubringen" (Hallmann 1994, S. 28) wie auch die Fähigkeiten, „den selbständigen sachgerechten Umgang des Schülers mit didaktischen Materialien ebenso wie die Beherrschung fachgemäßer Arbeitsweisen, die Fähigkeit zur Einzel-, Partner- und Gruppenarbeit, zum Gespräch oder zur Lösung sozialer Konflikte im Unterricht" (Geppert/Preuß 1980, S. 8) über Lernverfahren zu schaffen. Ob nun ein Lehrer effizient Unterrichtsthemen bearbeiten will, ob im Betrieb ein Qualifizierungsverfahren mit neuen Technologien und Techniken vertraut machen will, ob in der Hochschule wissenschaftsbezogen mit Studenten gearbeitet werden will, ob ein Videohändler gewinnbezogen sein Geschäft planen und einrichten will – immer gehen dabei Sachkompetenz und Methodenkompetenz eine Verbindung ein.

6.5 Sozialkompetenz

Als dritte Form von Kompetenz ist die Sozialkompetenz zu nennen, die eine besondere Bedeutung innerhalb des Sets von pädagogisch bedeutsamen Kompetenzformen aufweist, was dokumentiert wird durch die Intensität der literarischen Beschäftigung mit ihr, die allerdings in der Regel außerpädagogischer Provenienz ist. Dabei kommt der Sozialkompetenz zugleich eine hervorgehobene Bedeutung für die Bildung von Handlungskompetenz zu. Denn Handeln findet immer in einem sozialen Raum mit anderen, immer in einer Beziehung zu anderen und immer für andere und gegen andere statt. Handeln ist immer Handeln zwischen Menschen, ist immer Inter-Aktion. Diese anderen, diese vom Handeln betroffenen Menschen und diese das Handeln durch die Betroffenheit mitbestimmenden Menschen, haben jeweils ihre Erwartungen an den Handelnden, sie haben ihre Rechte, haben aber auch ihre Pflichten gegenüber dem Handelnden, sie können unmittelbar anwesend sein oder können mittelbar einbedacht werden, es können konkrete bekannte oder fremde unbekannte Menschen sein. Will der Handelnde den vielschichtigen Bezug zu den anderen in seinem Handeln so berücksichtigen, daß ihm nicht vorzuwerfen ist, er vergäße sie, er benutze sie für seine Interessen, sie seien ihm gleichgültig, er mißachte sie, er beschneide sie in ihren Rechten und in ihrem Eigenwert, dann ist aus dem Wissen um den ständigen Mitmenschenbezug – wie im

Sachbereich – ein systematisches Bescheidwissen um den ständigen Mitmenschenbezug zu machen. Und das heißt: Es ist Einsicht in die Bedeutung des Sozialen zu gewinnen mit dem Ziel, „sozialeinsichtiges Handeln" zu entwickeln. Sozialkompetenz ist damit zum einen die „Fähigkeit, für sozial, gesellschaftlich und politisch relevante Sach- und Sozialbereiche urteils- und handlungsfähig und ... zuständig sein zu können" (Roth 1971, S. 180). Sie ist die Fähigkeit zu kritischem und kreativem Sozialverhalten aus eigener Einsichtsfähigkeit heraus. (S. 477 ff.). Eberhard Krüger erklärt diesen Subjektbezug von Sozialkompetenz mit der Formulierung, daß Sozialkompetenz heiße, „das eigene Handeln auf gemeinschaftliche Ziele hin, auf gesellschaftliche Verpflichtungen und in bezug auf eine Gemeinwohlverantwortung hin zu orientieren und wirksam werden zu lassen" (1993, S. 187).

Dabei ist aber darauf zu achten, daß der Handelnde selbst sich im Sozialen nicht verausgabt und sich darin nicht verliert, daß er seine Ich-Identität nicht aufgibt. Insofern besagt Sozialkompetenz zum anderen auch die „Fähigkeit zur Balance zwischen den Ansprüchen anderer und denen des eigenen Ichs" (in Bayer 1986, S. 12). Das Übernehmen von Verhaltensmustern, von Funktionserwartungen, von Rollenerwartungen, von Konventionen, von Normensets gehört ebenso zur Sozialkompetenz wie die Einsicht in die Bedingungen von Verhaltensstandards und deren Veränderbarkeit. Die Sozialpsychologen Holfort und Lück haben diese allgemeinen und allgemein formulierten Fähigkeiten in „Teilfähigkeiten" hin konkretisiert und erklären, daß die Sozialkompetenz z. B. beinhalte (S. 12 f.):
- Die Fähigkeit, sich auf wechselnde Partner einzustellen (soziale Flexibilität),
- die Fähigkeit, Partnerbeziehungen neu- und umzugestalten (soziale Kreativität),
- die Fähigkeit, die Absicht anderer zu entschlüsseln,
- die Fähigkeit, für die Konsequenzen des eigenen Verhaltens für andere sensibel zu sein,
- die Fähigkeit, die Interpretationsbedürftigkeit, Vorläufigkeit und Kompromißhaftigkeit von Rollen zu erkennen und einzuschätzen (Rollendistanzierung),
- die Fähigkeit, Aufgaben und Rollen in Gruppen zu übernehmen,
- die Fähigkeit, Entscheidungen zu treffen,
- die Fähigkeit, sich auch bei Widerständen durchzusetzen,
- die Fähigkeit, auch für die Vorteile der Partner ohne Belohnung zu arbeiten,

– die Fähigkeit, sich bei Aufgaben engagiert zu verhalten,
– die Fähigkeit, integrativ tätig zu werden (Entspannung, Ausgleich),
– die Fähigkeit, Marginalexistenzen anzuerkennen, anzusprechen und eventuell zu integrieren,
– die Fähigkeit, Konfliktsituationen zu ertragen,
– die Fähigkeit, Konflikte angenehm austragen zu lernen.

Sozialkompetenz ist zugleich auch eine unabdingbare Voraussetzung zur vertieften Einsicht in Beziehungskonflikte, zur Entwicklung von Lösungsstrategien solcher Beziehungskonflikte und zum Aufbau und zur Aufrechterhaltung positiver Sozialbeziehungen, wie auch zur Orientierung darüber, was die Positivität positiver Sozialbeziehungen überhaupt ausmacht. Zur Sozialkompetenz werden weiterhin als nicht zu unterschätzende Faktoren solche einer nonverbalen Kommunikation gerechnet wie Kleidung und Aussehen, Körperbewegungen, Gestik und Mimik, und solche paralinguistischer Kommunikation wie der vielgestaltige Einsatz der Stimme (Küching/Wittrock 1983, S. 35 f.). Der amerikanische Sozialpsychologe Forgas sieht in der sozialen Kompetenz ein subjektives Phänomen, dem er zuordnet (1994, S. 293 u. 295):
– andere korrekt wahrzunehmen und mit ihnen zu kommunizieren,
– lohnende soziale Beziehungen aufzubauen,
– in großen Gruppen erfolgreich zu interagieren.

Defizite in der sozialen Kompetenz sind ihm von verhaltensspezifischer, von kognitiver und affektiver Art. Durch Trainings- und Lernprogramme läßt sich für Forgas die Sozialkompetenz einüben für ein „befähigtes soziales Handeln".

6.6 Personale Kompetenz

Eine weitere der klassischen und pädagogisch bedeutsamen Kompetenzformen wird allgemein als Personale Kompetenz bezeichnet. In der frühen Bearbeitung von H. Roth erscheint sie als „Selbstkompetenz", man kann sie auch als Gewissenskompetenz oder Verantwortungskompetenz bezeichnen. Personale Kompetenz bedeutet die Fähigkeit, als „Person" oder im Sinne von Roth: als ein Ich-Selbst hinter seinem ganzen Tun und Lassen zu stehen. Wenn einer betont: „Ich-selbst habe besten Wissens und besten Gewissens gehandelt", dann heißt das in diesem Zusammenhang: „Ich bekenne mich als zur Verantwortung ziehbare und zur Rechenschaftslegung verpflichtbare wie auch zur Haftbarmachung heranziehbare Person zu dem, was ich getan habe, – ich habe es deshalb zu rechtfertigen, ich habe es zu verantworten, ich habe dafür auch Rechenschaft abzulegen und hafte dafür moralisch. Hierfür trage ich auch die entsprechende Kompetenz" – eben Personale Kompetenz.

Personale Kompetenz – was heißt „Person"? „Person" ist ein zentraler Begriff in einer Pädagogik, die die am pädagogischen Vorgehen Beteiligten nicht allein als fremdgesteuerte und fremdzusteuernde Träger von Dispositionen (Verhaltensbereitschaften) ansieht. Das Wort „Person" kommt aus dem Lateinischen. „Personare" heißt: hindurchtönen. Das, wodurch die Stimme tönt, war in der Antike die Maske des Schauspielers, die er vor sein Gesicht hielt. „Persona" war somit das Wort für Maske, die dafür sorgte, daß der Schauspieler nicht sich selbst spielte, sondern eine Rolle: Durch die Maske wurde er Rollenträger. In der zeitgeschichtlichen Abfolge wurde im Mittelalter „persona" zur Bezeichnung eines Funktionsträgers und eines Würdenträgers. Hierbei spielte vermutlich die Bibelauslegung eine Rolle: Die mittelalterliche Bedeutung von „persona" als Würdenträger, d. h. als Träger von Würde und Ansehen, dürfte vornehmlich aus einer biblischen Wurzel hervorgegangen sein, und zwar aus der öfters in der Bibel begegnenden, die Differenz Gott – Mensch bezeichnenden Wendung, wonach „deus personam hominis non accipit", was heißt: wonach „Gott kein Ansehen des Menschen kennt" (Hist. Wörterbuch der Philosophie, Bd. VII, Spalte 289–292). Die mittelalterliche Verbindung von „persona" mit Würde und Ansehen findet in der Neuzeit ihre bis heute geltende Definition von „Person" bei Kant: „Person ist dasjenige Subjekt, dessen Handlungen einer Zurechnung fähig sind. Die moralische Persönlichkeit ist also nichts anderes als die Freiheit eines vernünftigen Wesens unter moralischen Gesetzen ..., woraus dann folgt, daß eine Person keinen anderen Gesetzen als denen, die sie (entweder allein oder wenigstens zugleich mit anderen) sich selbst gibt, unterworfen ist" (Metaphysik der Sitten, Einl. IV). Das führt bei Kant zu der berühmt gewordenen Formulierung des kategorischen Imperativs in der „Grundlegung zur Metaphysik der Sitten": „Handle so, daß du die Menschheit sowohl in deiner Person, als in der Person eines jeden anderen, jederzeit zugleich als Zweck, niemals bloß als Mittel brauchst" (AA IV, S. 429 f.). Das heißt: der Mensch ist freie, vernünftige, moralische Person. Damit hebt sich der Begriff Person als eine Qualitätsbezeichnung des Menschen ab von anderen Begriffen wie Subjekt oder Individuum. Person ist ein Qualitäts- oder Wertbegriff. Der Mensch als Person verkörpert Menschenwert und ist Selbstzweck, d. h., er ist sich selbst Zweck, er ist Zweck seiner selbst; er ist niemals als bloßes Mittel für andere oder für etwas anderes anzusehen, für das er gebraucht und eingesetzt wird. Nach dieser Formulierung des kategorischen Imperativs sind Freiheit, Selbstzweck und „Würde der Person so verbunden, daß ihre Wahrnehmung unabdingbares Gebot für jeden ist" (Halder/Müller, Philosophisches Wörterbuch, Freiburg 1993, S. 229 f.). Damit können als „Kriterien für Person" miteinander verbunden werden: Bewußtsein, Vernunft, Freiheit, Selbstbewußtsein, Zurechenbarkeit, moralische Haftung, Gewissen, Menschenwürde, Selbstzweck, Selbstwert, Wertbezogenheit bzw. sittliches Bewußtsein. Es sind „Leistungsmerkmale" für Personalität, die nicht vermittelt werden, sondern die jeder für sich zu erarbeiten hat (Metzler Philosophie Lexikon, Stuttgart 1996, S. 385). Der personalistische Psychologe William Stern definiert diesbezüglich auch wie folgt: „Person ist ein solches Existierendes, das trotz der Vielheit der Teile eine reale, eigenartige (= Individualität) und eigenwertige (= Selbstwert) Einheit bildet und als solche trotz der Vielheit der Teilfunktionen eine einheitliche zielstrebige Selbsttätigkeit vollbringt" (^{2}1923, Bd. 1). In seiner pädagogischen Anthropologie erläutert Heinrich Roth Personale Kompetenz als „Selbstkompetenz" damit, daß sie die „Fähigkeit, für sich selbst verantwortlich handeln zu können" (1971, S. 180), bedeute. Sie zeige sich in moralischem Handeln und sie ermögliche selbstbestimmte Handlungen, die „in der Verantwortung der eigenen 'letzten Einsichten' getroffen werden", also nach bestem Wissen und bestem Gewissen. „Selbstkompetenz" bedeute eine „innere moralische Mächtigkeit, die (dazu) befähigt, selbst zu bleiben", also dazu befähigt, den kantischen Selbstzweck des Menschen zu erfüllen. Gebunden wird Personale Kompetenz an die kognitive Entwicklung von der Heteronomie zur Autonomie sowie an die kognitive Entwicklung der moralischen Urteilskraft und an die Performanz einer Praktizierung von Moral im Zusammenleben und Zusammenarbeiten (S. 539 ff.).

Personale Kompetenz als Kompetenzform des Menschen ist immer verwiesen auf andere Kompetenzformen: Es kann keine Personale Kompetenz geben ohne Sach-, Methoden- und Sozialkompetenz. Denn nur in der praktischen Umsetzung dieser Kompetenzformen läßt sich Personale Kompetenz selbsttätig anwenden, bewähren und prüfen, und zwar nicht als eine beliebige Zutat, sondern als eine dem Menschen als Person zukommende Notwendigkeit. Er soll nicht nur nach bestem Wissen, nach Sacheinsichten und Methodenbewußtsein und nach sozialer Einsicht handeln, sondern er soll auch nach bestem Gewissen handeln. Und wenn er gewissentlich handelt, dann heißt das auch: er handelt verantwortungsbewußt und verantwortlich. Ein Zugführer kann nach bestem Wissen seine Tätigkeit ausführen: er hat Sacheinsicht in alle ihn betreffenden Obliegenheiten: vom Fahrplaneinhalten bis zu Auskünften, vom Wissen über die diversen Ticketmöglichkeiten bis zur Stationsansage im Zug, vom Service bis zum ständigen Kontakthalten mit dem Lokomotivführer. Als Person, und nicht nur als Funktionsträger, soll er das Ganze aber auch so gestalten, daß er dabei gleichzeitig seine persönliche Verantwortungshaltung wahrnimmt und beispielsweise auch Entscheidungen treffen kann, die seinen ihm vorgeschriebenen sachlichen Obliegenheiten zuwiderlaufen oder diese sprengen. Dafür wird er am Ende zur Rechenschaft gezogen werden: er muß mit moralischer Urteilskraft sich vor den ihn zur Rede Stellenden verantworten. Ein Richter muß mit Sach-, Methoden- und Sozialkompetenz einen ihm vorliegenden Fall richterlich entscheiden und er soll dies in Verantwortung vor dem je einmaligen Fall unter Einbezug des gesamten Kontextes des Falles gewissentlich tun. Er kann es auch ohne Personale Kompetenz tun, verhält sich dann aber als reiner routinierter Rechts-Funktionär. Er macht sich dabei allein zum Mittel der jeweils geltenden Rechtsprechung und er sieht die Fallbeteiligten ebenso als Mittel in einem gesetzesgebundenen Verfahren an (so beispielsweise in negativer Form in der politischen Justiz: Erinnert sei an Roland Freisler als Vorsitzenden des nationalsozialistischen Volksgerichtshofes). Er handelt dabei nicht als Person im Sinne der Selbstzweckhaftigkeit seiner selbst und er sieht die Fallbeteiligten nicht als selbstzweckhafte Personen an unter Bewährung seines Gewissens und seiner persönlichen Verantwortungshaltung. Zur Personalen Kompetenz gehört somit immer, daß man sich selbst als personaler Verantwortungsträger akzeptiert und daß man die anderen in gleicher Weise als gleichwertige Gewissens- und Verantwortungsträger ansieht.

Zur Personalen Kompetenz ist des weiteren eine ausgebildete moralische Urteils- und Argumentationsfähigkeit zu rechnen. Man kann aus entwicklungspsychologischer Sicht (Jean Piaget, Lawrence Kohlberg) die Entwicklung der moralischen Urteilsfähigkeit in drei Phasen verstehen, die aufeinander aufbauen und erst in der dritten Phase zur Gewissensform und zur personalen Verantwortungsform finden. In der ersten „vorkonventionellen Phase" richtet der, der etwas tun will, seine Entscheidung an ichbezogenen und lustbezogenen Kriterien aus: er macht etwas, weil eine Belohnung darauf gesetzt ist oder weil er Angst vor Strafe hat, die ihm Unlust bereitet. Die zweite Phase orientiert das Entscheiden an der Fremdeinschätzung der jeweiligen Person: sie wird als guter oder tüchtiger oder angenehmer Mensch angesehen, oder sie entscheidet nach Law and order, nach Gesetzesvorschrift oder nach Konventionen. Hier würde die moralische Urteilsfähigkeit sich in einer Ausrichtung an Fremdbildern und am Gesetzesgehorsam bewegen. Diese Phase wird als „konventionelle Phase" bezeichnet. Die dritte Phase ist die „nachkonventionelle, prinzipielle, autonome Phase" moralischen Urteilens. Es handelt sich um die Phase, in der der einzelne nach allgemeinen Prinzipien oder nach Wertvorstellungen, die er sich selbst gebildet hat, entscheiden kann. Erst hier treten personales Gewissen und personale Verantwortungshaltung auf. Es ist die Phase der Glaubwürdigkeit und Vertrauenswürdigkeit, die Phase der Gewissenhaftigkeit und Wahrhaftigkeit der Person. Personale Kompetenz entwickelt sich also erst in der dritten wert- und prinzipienbezogenen Phase infolge der qualitativen Veränderung der moralischen Argumentations- und Urteilsfähigkeit. Das kann dazu führen, daß man sich an dem in der zweiten Phase angesiedelten Gesetzesgehorsam in seinem moralischen Urteilen ausrichtet, dabei aber ein schlechtes Gewissen hat, weil man sein Handeln gleichzeitig unter personalen Wert- und Verantwortungsüberlegungen als nicht moralisch vertretbar ansieht. Diese Situation dürfte beispielsweise Parlamentsabgeordneten bekannt sein, von denen Gehorsam im Rahmen von Fraktionszwängen abverlangt wird und sie diesen Gehorsam auch aus ihrer Gemeinwohlverantwortung heraus leisten, aber es vor ihrem Gewissen letztlich nicht immer rechtfertigen können mit der Folge eines schlechten Gewissens.

Weiterhin zählt zur Personalen Kompetenz ein gekonnter, verständlicher und sachangemessener wie betroffenenangemessener Umgang mit Sprache und Kommunikation.

6.7 Kommunikative Kompetenz

Jedes menschliche Handeln ist an Kommunikation gebunden: an Sprechakte, an Sprache, an Zeichen, an Symbole, an Mimik und Gestik. Jede Kommunikation mit sich selbst und mit anderen, mit konkreten anderen oder mit fiktiven anderen, ist Handeln. Insofern wird auch von kommunikativem Handeln als „symbolisch vermittelter Interaktion" (Habermas 1983, S. 62) gesprochen. Jede für das Handeln

– im Gegensatz zu Verhalten – konstitutive Begründungspflicht und Begründungspraxis ist getragen von Sprechakten, von Sprache, von Kommunikation. Dabei ist es gleichgültig, ob ich eine Entscheidung vor mir selbst oder für mich selbst begründe (intrapersonale Kommunikation) oder ob ich eine Entscheidung vor anderen, mit anderen und für andere begründe (interpersonale Kommunikation).

Kommunikation tritt primär als *verbale Kommunikation* in Form der Rede, aber auch in Form der Schreibe auf. Man überbringt und tauscht in Gesprächen, Erörterungen, Analysen, Untersuchungen, Dialogen, Diskussionen, in Vorträgen und Reden etc. Gedanken, Nachrichten, Informationen, Botschaften aus. Man versucht, in Kommunikations- oder Verständigungsgemeinschaften dem Ziel eines gemeinsamen Verstehens von komplexen Sachverhalten und eines gemeinsamen Lösens von Problemen so nahe wie möglich zu kommen. Im Argumentieren und mittels Argumentieren versucht man, auf gemeinsame Nenner zu kommen, und damit zu Übereinstimmungen, zu Konsensen zu gelangen. Ein wesentliches kommunikatives Medium ist dabei der Diskurs, das Sich-Auseinandersetzen mit sich selbst und mit anderen mittels der Vernunft unter dem Ziel des argumentativen Aushandelns eines Ergebnisses, dem alle zustimmen können.

Das Kommunizieren ist an eine Reihe von Regeln und Bedingungen gebunden: Man soll dem Redenden zuhören und sich auf ihn einlassen, bevor man in seiner Gegenrede sich antwortend äußert. Man soll den anderen ernst nehmen, ihn als gleichberechtigt im Dialog ansehen, ihn als vor der Vernunft gleichwertigen Partner akzeptieren, auch dann, wenn er noch nicht die Höhe der Vernünftigkeit des Kommunikationspartners erreicht haben mag (z. B. wie beim Kind). Man denke dabei an das, was in Kap. 3.4 zum Philosophieren mit Kindern ausgeführt wurde. Man soll eine gemeinsame Sprachebene suchen, auf der sich alle am Dialog Beteiligten ohne Verstehenseinbußen oder Verständigungsschwierigkeiten kommunikativ treffen können. Es muß sich dabei um eine Sprachebene handeln, die ich als allgemeine Umgangssprache ansiedele zwischen literarischer Hochsprache inklusive Fach- und Sondersprachen auf der einen Seite und Vulgärsprache auf der anderen Seite. Eine solche allgemeine Umgangssprache habe ich als „mittlere Hochsprache" bezeichnet und eingeklagt (Löwisch 1994, S. 193). Kommunikative Kompetenz beinhaltet somit auch die Qualifikation zu einer derartigen mittleren Hochsprache, die ihrerseits Grundlage ist für das jeweilige Suchen und Einrichten einer gemeinsamen verständigungseffizienten Sprachebene, die es auch verhindert, daß Kommunikationspartner ausgegrenzt werden aufgrund von Sprachinkompetenz (beispielsweise weil sie einer Insidersprache nicht mächtig sind) oder daß mit voller Absicht „Sprachspiele" verwendet werden, die als Ausdruck von Macht kommunikativ über andere, die zu derartigen „Sprachspielen" nicht in der Lage sind, verfügen. Man soll sich des weiteren um Eindeutigkeit bemühen, um Mißverständnisse zu vermeiden. Man soll sich um grammatikalisch richtiges Sprechen und Schreiben bemühen, wofür die Syntax die Regeln abgibt. Verzerrungen der Kommunikation, die durch Asymmetrie im Kommunizieren entstehen, sollen vermieden werden und eine ausgewogene symmetrische Kommunikation soll angestrebt werden. Vorurteile Menschen gegenüber sollen ebenso aus der Kommunikation herausgehalten werden wie auch Emotionen die Kommunikation nicht beherrschen dürfen, weil es immer um das sachgerechte, sachbezogene und sachangemessene Überbringen und Austauschen von Gedanken, Nachrichten, Informationen, Botschaften im Kommunizieren geht. Das Ziel des kommunikativen Verständigens mittels verbaler Kommunikation im Reden und Schreiben soll nicht blockiert oder unmöglich gemacht werden durch das Geschehenlassen alles dessen, was Kommunikationsstörungen verursachen kann. Dazu gehören wesentlich auch die – oftmals ungeklärten – emotionsgeladenen Sozialbeziehungen der Kommunikationspartner, die beispielsweise von Macht, von Angst, von Neid, von Antipathie, aber auch von Sympathie, von Intimität u. a. m. geleitet sind. In seinen pragmatischen metakommunikativen Axiomen hat Paul Watzlawick auf die gewichtige Bedeutung dieses Faktums, daß Sozialbeziehungen den Inhaltsaspekt von Kommunikation beeinträchtigen können, hingewiesen und damit ein Stück weit die Forderung nach symmetrischer Kommunikation und herrschaftsfreiem Dialog material gegründet.

Neben der verbalen Kommunikation findet sich die *nonverbale Kommunikation*. Diese gliedert sich in zwei Bereiche, die weitestgehend zu beherrschen sind, wenn Kommunikative Kompetenz erreicht werden soll.

Der *erste* Bereich nonverbaler Kommunikation ist der der standardisierten Ersatzsprachen: z. B. die Gebärdensprache Taubstummer, die Blindenschrift (Braille-Schrift) oder die diversen akustischen oder optischen Zeichensprachen wie Signalsprachen, Morsesprache, Piktogramme, Verkehrszeichen und ähnliches. Ersatzsprachen sind sie sowohl, weil sie die natürliche Sprache bei Ausfallerscheinungen in mündlicher wie schriftlicher Form ersetzen, als auch, weil sie aufgrund ihrer weltweiten Verständlichkeit einen eindeutigen Informationswert haben wie auch quasi eine weltweite kommunikative Infrastruktur darstellen, beispielsweise bei der Morsesprache. Das gilt besonders, wenn standardisierte Ersatzsprachen mit optischen Reizen arbeiten: sei es mit Farben bei Farbsignalen oder sei es mit stilisierten Bildern bei Piktogrammen. Anders wieder verhält es sich mit photographischen und filmischen Bildern, wenn z. B. Nachrichtensendungen im n-tv (Nachrichten-TV) nur mit Bildern und der eingeblendeten Formel „no comment" arbeiten. Wir machen uns dabei aufgrund der uns affizierenden Bilder unser Bild von einer Sache. Wir interpretieren diese Bildsprache und schaffen uns unsere Anschauung. So wie mit Sprache informiert, argumentiert, dialogisiert, diskutiert und diskursiv gehandelt werden kann, so kann mit ihr auch manipuliert und verführt werden. So wie mit Sprache Stimmungen erzeugt werden können, so kann dies auch über die Ersatzsprache Bild geschehen: Reisewerbung kann Reisestimmung erzeugen, Bilder mit Farbuntermalung oder Bilder in Schwarzweiß zielen auf eine je besondere Aufnahme, Bilder mit Weichzeichner sollen eine besondere Stimmung erzeugen, retuschierte Bilder sollen eine besondere Einstellung erzeugen oder eine manipulierte Interessenbefriedigung und Neugierbefriedigung erzeugen.

Neben den über Zeichen und Bilder laufenden Ersatzsprachen findet sich in der nonverbalen Kommunikation die Körpersprache als *zweiter* Bereich. Sie reicht von der Körperhaltung bis zur Gestik, von der Mimik bis zur reflexhaften physiologisch bedingten Körperreaktion (das Zusammenschrecken ist ebenso nonverbale Kommunikation wie das Erröten vor Zorn oder Scham oder Verlegenheit, der Angstschweiß ebenso wie das Zittern der Stimme oder der Hände). Tritt bei reflexhaften Körperreaktionen nonverbale Kommunikation unkontrollierbar und unsteuerbar spontan auf, so können andere Formen nonverbaler Kommunikation aber auch gezielt eingesetzt werden: der aufmunternde Blick wie das bedächtige Wiegen des Kopfes, das Hochziehen der Augenbrauen wie das zustimmende Nicken, der nach oben oder unten gestreckte Daumen wie die Gebärdensprache mit den Händen mögen als Beispiele dienen.

Um zu kommunikativer Kompetenz angesichts nonverbaler Kommunikation zu gelangen, muß man Einsicht in die vielfältigen Arten und Formen nonverbaler Kommunikation mit ihren jeweiligen Auswirkungen haben. Man muß um Arten und Formen nonverbaler Kommunikation auch dann besonders wissen, wenn man sie als Instrument zur Unterstützung oder zur Entlastung oder zum Ersatz verbaler Kommunikation einsetzen will. Ebenso gehört zur kommunikativen Kompetenz angesichts nonverbaler Kommunikation das Bemühen, steuerbare verbale Kommunikation mit spontan und unsteuerbar auftretenden, physiologisch bedingten reflexhaften Kommunikationsformen in Einklang zu bringen. Der verbale Versuch, seinen Mut, seine Tapferkeit oder seine Angstfreiheit Dritten gegenüber zu erklären, wäre zum Scheitern verurteilt, wenn der darum Bemühte dies mit zitternder Stimme und mit zitternden Händen unter Angstschweißausbrüchen vollziehen und ein Unsicherheitsgebaren zeigen würde.

Als *dritte* kommunikative Form neben der verbalen und nonverbalen gilt die *paralinguistische Kommunikation*. Sie läuft neben der verbalen Kommunikation, aber immer mit ihr verbunden, im Redebereich stets mit. Tonfall, Tonhöhe, Hektik, Sprechrate, Betonung, Kunstpausen, eingeflochtene Laute usw. gehören zu ihrem Arsenal.

In der die verbale Kommunikation ständig begleitenden nonverbalen und der paralinguistischen Kommunikation liegt ein gewaltiges Steuerungspotential für verbales Kommunizieren. Je besser man es handhaben kann, desto effizienter kann man verbal kommunizieren; je mehr man sich ihm unbewußt überläßt, desto mehr Kommunikationsstörungen können beim verbalen Kommunizieren auftreten.

Kommunikation tritt in allen Lebenslagen und Alltagssituationen der Menschen auf, in Wachzuständen und in Schlafzuständen. Auch eine kommunikative Passivität und Untätigkeit, ein Nicht-Kommunizieren kommuniziert etwas, und zwar derart, daß Verhaltensreaktionen der Betroffenen darauf als Antwort eintreten. Auch solche kommunikativen Verhaltensreaktionen, die sich in Unruhe oder in Unsicherheit zeigen, die in Körperreaktionen vom Fingerklopfen auf den Tisch bis zum rastlosen Umherlaufen zum Ausdruck kommen können und die ihrerseits immer als Botschaften der jeweiligen Situationseinschätzung zu interpretieren sind, sind zur nonverbalen Kommunikation zu zählen. Insofern lautet eines der Axiome Watzlawicks für Kommunikation: „Man kann nicht nicht kommunizieren." Man steht immer in kommunikativen Verhältnissen. Dieses von Paul Watzlawick aufgestellte Axiom ist das erste von fünf metakommunikativen Axiomen und macht deutlich, daß Kommunikation eine Unabdingbarkeit für menschliche Existenz darstellt. Der Zusammenhang von Kommunikation und Verhalten (jedes Verhalten ist Kommunikation) führt zu der weiteren Grundannahme: Man kann sich nicht nicht verhalten. Das wieder verdeutlicht, daß *pragmatisch gesehen Kommunikative Kompetenz eine grundlegende Kompetenz für menschliche Existenz ist: Ohne Kommunikative Kompetenz sind menschliches Denken und Handeln nicht vorstellbar.* Insofern ist Kommunikative Kompetenz für die Gewinnung jeder anderen Kompetenzform einschließlich der Handlungskompetenz eine Grundvoraussetzung.

Damit erweist sich die Kompetenzform „*Kommunikative Kompetenz*" zugleich als *Bedingung der Möglichkeit von Kompetenzen jedweder Art, und das heißt: von Kompetenz überhaupt*. Als „Bedingung der Möglichkeit von Kompetenz überhaupt" heißt: Sie ist Bedingung der Möglichkeit von Kompetenz als Qualifikation (Kompetenz ersten Grades) und von Kompetenz als Qualität (Kompetenz zweiten Grades). Ferner ist sie Bedingung der Möglichkeit von Kompetenzerziehung und Kompetenzbildung. Kommunikative Kompetenz ist als Bedingung der Möglichkeit für eine jede Kompetenzform anzusehen *einschließlich ihrer selbst*. Verläßt man die pragmatische Reflexionsebene, auf der einander nebengeordnet die pragmatisch zu verstehenden Sachkompetenz, Methodenkompetenz, Sozialkompetenz, Personale Kompetenz und Kommunikative Kompetenz zu finden sind, die auf ein Performativwerden in jeweiligen Formen des Handelns nach Sach-, Methoden-, Sozial-, Personaler und Kommunikativer Kompetenz angelegt sind, und erhebt man sich – bildlich gesprochen – über die pragmatische Ebene, so gelangt man auf die Möglichkeitsbedingungsebene. Sie ist die transzendentale Ebene, die Ebene der transzendentalen Regulative für auf sie bezogene pragmatische Bereiche oder Handlungsbereiche; sie ist mithin eine transzendentalpragmatische Ebene. Kommunikative Kompetenz als transzendentalpragmatisches Regulativ ist das Regulativ für kommunikatives Handeln; kommunikatives Handeln durchzieht alle pragmatisch orientierten Kompetenzen und deren jeweiligen Performanzen sowie das Wechselspiel von Kompetenz und Performanz. *Somit kommt der Kommunikativen Kompetenz eine Doppelfunktion zu: sie ist erstens transzendentalpragmatische Bedingung der Möglichkeit ihrer selbst als zweitens pragmatische Kompetenzform.* Nur unter dieser Doppelfunktion läßt sich die Aussage rechtfertigen, daß Kommunikative Kompetenz eine grundlegende Kompetenz für menschliche Existenz darstellt und daß von daher für Kompetenzerziehung und Kompetenzbildung die Kompetenzform „Kommunikative Kompetenz" eine Grundvoraussetzung darstellt.

Zusammenfassend läßt sich sagen: Zur pragmatischen Kompetenzform „Kommunikative Kompetenz" gehören als Grundfähigkeiten somit der gekonnte und performativ überprüfte Umgang mit verbaler, nonverbaler und paralinguistischer Kommunikation. Das heißt: es sind vonnöten die Einsicht in die Bedingungen des Dialogisierens und des Diskursführens und die Einsicht in die Bedingungen des weitestgehenden symmetrischen Kommunizierens. Diese sind Zuhören, sich auf den Dialogpartner und Diskurspartner mit seinen Argumenten einlassen, ihn ernst nehmen, als gleichberechtigt und gleichwertig ihn ansehen, gemeinsame Sprachebenen schaffen, um Eindeutigkeit sich bemühen, sachgerecht und sachangemessen kommunizieren, Vorurteile und Emotionen sowie Beziehungsprobleme sich nicht auf den Dialog und den Diskurs auswirken lassen, einsichtigen Umgang mit Ersatzsprachen aufweisen, die über Zeichen und Bilder laufen, soweit wie möglich die Körpersprache mit der verbalen Kommunikation in Einklang bringen, Einsicht haben in die vielfältigen Arten und Formen nonverbaler Kommunikation mit ihren Auswirkungsmöglichkeiten, das paralinguistische Moment gekonnt, d. h. bewußt handhaben. Ferner sind für Kommunikative Kompetenz vonnöten erstens das Wissen des ständigen kommunikativen Gefordertseins, weil man immer in Kommunikation steht, und zweitens die Einsicht in die ständige Gefährdung der Kommunikation durch das permanente Einbrechenkönnen der Beziehungsprobleme auf die sachbezogene Kommunikation in Dialog und Diskurs. Damit ist ein *Katalog von Qualifikationen* aufgemacht, über den im *Rahmen von Kompetenzerziehung* aufzuklären ist und der zu vermitteln ist, damit kommunikative Situationen bewältigt werden können (Bewältigungskönnen). Parallel dazu läuft auf dem Weg der *Kompetenzbildung* die Befähigung zu dem, was alle Kompetenzformen begleitet, insofern es Teil von Kompetenz allgemein ist, nämlich ein Bewältigungsbewußtsein im erörterten Sinne zu schaffen.

Als pädagogisch relevante Kompetenzformen gelten alle die bisher dargestellten. Ich hatte sie die klassischen Kompetenzformen genannt, die alle oder in Auswahl im pädagogischen Schrifttum genannt, wenn auch in der Regel nicht ausführlicher erörtert werden. Das führt bisweilen auch zu Fehlinterpretationen, so wenn zum Beispiel die bedeutsamste Kompetenz, die Kommunikative Kompetenz, lediglich als Bestandteil der Sozialkompetenz angesehen wird und damit um ihren konstitutiven Grundlagencharakter und ihren Eigenwert gebracht wird (Hülshoff 1996, S. 38 und 41).

Eine weitere, durch Wollersheims Befassung mit der Transferfrage pädagogisch bedeutsam gewordene Kompetenzform soll noch behandelt werden, ehe die Handlungskompetenz erörtert wird, die den direkten Bezug zur Frage „Was soll ich tun?" wiederherstellt. Im folgenden werde ich mich der Kompetenz zum Transfer oder zur Umsetzung der Kompetenz in Performanz zuwenden. Ich werde dies unter der Begrifflichkeit „Motivationskompetenz" anstellen, weil es letztlich um das Wollen von Transferleistung oder Umsetzungsleistung des einzelnen Kompetenzträgers geht.

6.8 Motivationskompetenz

Mit diesem Thema haben wir ein die Pädagogik immer wieder beschäftigendes Problem vor uns: Es betrifft im speziellen das im vierten Kapitel schon angesprochene Problem, wie Kompetenzen zu Performanzen werden können. Allgemein gesehen handelt es sich um den das pädagogische Handeln begleitenden Bruch zwischen Denken und Handeln oder zwischen Wissen und Wissensanwendung, philosophisch gesprochen: zwischen Theorie und Praxis. Worauf gründet die Umsetzung des Gedachten, des Erkannten, des Wissens in seine jeweilige Praktizierung? Das Wissen selbst trägt nicht automatisch seine Anwendung in sich; das Denken und Erkennen trägt noch nicht das Handeln gemäß dem Gedachten und Erkannten in sich. Wir wissen um Vieles und denken uns Vieles und handeln doch nicht dementsprechend. Wir motivieren uns oftmals nicht, Erkenntnis ins Handeln oder Wissen in seine Anwendung zu bringen. Wir glauben, uns nicht motivieren zu können oder zu dürfen oder zu müssen. Wir bleiben trotz besten argumentierten Wissens um Neues oftmals dem Alten verhaftet oder wir bleiben inaktiv und tatenlos. Es gibt offensichtliche hemmende Barrieren, so unter anderem fehlende Qualifikationen, fehlender Mut, fehlender Zwang. Wir bekennen dies mit den Worten: „Ich weiß nicht, wie ich es anstellen soll" oder „Ich trau' mich nicht" oder „Ich mache nichts, solange es keiner von mir verlangt". Auf der anderen Seite wird oftmals in naiver Weise ein direkter quasi-gesetzlicher Zusammenhang zwischen Gedachtem und Gehandeltem angenommen: In Kriminalfilmen – wohl auch in der Aufklärungspraxis von Polizei – genügt oftmals, gedacht und gesagt zu haben: „Den könnte ich umbringen", um in einen direkten Tatverdacht zu geraten.

Im Kapitel über das Kompetenz-Performanz-Modell war vom Kompetenzträger die Rede, der die Anwendung von Kompetenzen selber, d. h. in Selbständigkeit, wollen können soll und der die Rückmeldung aus der Performanz auch selber verarbeiten will. Es hieß dort, daß die Bereitschaft dazu vorhanden sein muß, Geltung bei anderen und Akzeptanz durch andere sowie Selbstwert für sich selbst durch eigenes selbständiges Bemühen zu gewinnen und hierfür sowohl Fremdkritik zu ertragen als auch Selbstkritik zu üben. Beides fällt nicht leicht. Es ist nötig, so hieß es dort, *den Willen zur Umsetzung von Kompetenz in Performanz zu bilden,* damit die als notwendig angesehenen und zu schaffenden Performanzmöglichkeiten vom Kompetenzträger auch ergriffen werden. *Den Willen zur Umsetzung zu ermöglichen* bei gleichzeitigem Wissen, Unangenehmes beispielsweise durch ein Sich-Stellen der Fremdkritik und eine aktiv betriebene Selbstkritik auf sich nehmen zu sollen, *ist eine Bildungsaufgabe,* keine Erziehungsaufgabe: *Willenserziehung* im Sinne von Vermitteln, Beibringen, Erzeugen von Willen und Willensformen entspricht nicht einem personalen Menschenbild und nicht der pädagogischen Aufgabenstellung, zu Selbständigkeit, Autonomie, Souveränität, Selberdenken und Selberhandeln zu befähigen. Befähigungsaufgaben sind durchweg Bildungsaufgaben (vgl. Kap. 1.3 u. 1.4), die bezogen sind auf das Bewußtsein, sich selber um die personale und ethische Qualität des Umgangs mit Kompetenzen als Qualifikationen zu bemühen, letztlich auch um Glaubwürdigkeit und Vertrauenswürdigkeit zu gewinnen. *Pädagogik hat mithin Kompetenz-Performanz-bezogene Willensbildung zu betreiben.* Dem Willen, etwas Bestimmtes zu tun oder zu lassen, liegen Beweggründe zugrunde. Beweggründe sind Motive, die den Antrieb abgeben, der die Motivation ausmacht. Insofern braucht der Kompetenzträger bezüglich der fallbezogenen Anwendung der diversen Kompetenzformen die Qualifikation und das Bewußtsein, sich zu einem bestimmten Handeln unter Umsetzung der jeweiligen Kompetenzformen zu motivieren und motivieren zu sollen. Der Polizist, der zu mitternächtlicher Stunde auf Streifenfahrt seinen eigenen Sohn erwischt, als dieser mit überhöhter Geschwindigkeit in angetrunkenem Zustand bei Rot eine Ampel überfährt, braucht eine solche Qualifikation zur Umsetzung seiner Sach-, Methoden-, Sozial- und Personalkompetenz ins Handeln, wenn er adäquat handeln will. Und er braucht neben dem Knowhow, den Qualifikationen, um eine solche Situation bewältigen zu können, ein Bewußtsein um die personale und ethische Qualität, mit der das Bewältigungskönnen praktiziert werden soll, was in der geschilderten Bewältigungssituation von besonderer Bedeutung ist: Geht es in ihr doch um die sich deckenden Konfliktebenen Polizist und Verkehrsteilnehmer wie auch Vater und Sohn wie auch Vater als Polizist und sein Streifenkollege. Im Rahmen dieses Bewältigungsbewußtseins, das neben dem Bewältigungskönnen zur kommunikativen Kompetenz gehört, wird er sich dessen bewußt, daß „legitimes adäquates Handeln" gebunden ist an einen Diskurs mit sich, mit seinem Sohn und mit dem Streife-fahrenden Kollegen, um herauszufinden, was hier verantwortbares adäquates Handeln heißt. Er braucht die in dieser schwierigen Situation nötige Motivationskompetenz als Qualifikation und als Qualität, sich zum Handeln unter Einsatz der nötigen Kompetenzformen in legitimer (moralischer) Weise zu motivieren. Er kann aus Akzeptanz-, Geltungs- und Selbstwertgründen heraus sich nicht passiv verhalten, er kann nicht nicht handeln und er kann auch nicht nur legalistisch handeln.

Was ist Motivationskompetenz? Zunächst: was ist pädagogischerseits Motivation? Wer ein Kleinkind beobachtet, muß an ihm eine vom Organismus her gespeiste, ursprüngliche Aktivität feststellen: Es bewegt noch unkoordiniert Arme und Beine, es strampelt, es lallt, es sucht angetrieben vom Hunger die Brustwarze der stillenden Mutter, es schreit, wenn ihm hungert und wenn es jemanden um sich haben will. Das etwas ältere Kleinkind beginnt, mit seinen Händen sukzessive zielgerichtet nach seinen Zehen oder nach Gegenständen zu greifen, es verliert sie und greift wieder nach ihnen; es lacht, wenn Personen in seinem Gesichtskreis auftauchen, es schreit, wenn sie wieder gehen. Das noch etwas ältere Kleinkind sucht gezielt Personen bei sich zu behalten, indem es Gegenstände aus dem Bett fallen läßt und die ganze Prozedur ständig wiederholt. Es schreit, wenn es die Windel voll hat und trockengelegt werden will. Es will Lust und Lustbefriedigung und es will Unlust gemieden haben. *In alledem will es Aktivität ausleben, erst unkontrolliert, dann immer kontrollierter und gezielter.* Dieser Wille ist an eine Energie, an eine Kraft als Mächtigkeit gebunden, die ausgelebt und befriedigt sein will. Es ist eine – mit dem Psychologen White – Energie des Ich, eine effectance, eine persönliche Verursachung (personal causation) verbunden mit einer intrinsischen Motivation (intrinsic motivation). Es handelt sich für White um ein Wirksamkeitsmotiv (effectance motive), das anfangs Aktion und später Inter-Aktion will, das anfangs undifferenziert ist und im Laufe der Entwicklung sich in einzelne Motive differenziert (Hungerbefriedigung, Wohlbefinden, Personen um sich haben wollen, Gegenstände greifen wollen). Versuche, Kleinkinder völlig von der Umwelt abzuschirmen und ihnen nur zu festen Zeiten Nahrung zu geben und sie trockenzulegen ohne jede Form persönlicher Kontakte, führten zur Apathie der Kinder bis hin zum körperlichen Verfall (Marasmus). Die Energie des Ich ist also abhängig, so die Ergebnisse der Hospitalismus-Versuche von René Spitz, von der Reaktion der Umwelt auf sie. „Die Motivation zur aktiven Auseinandersetzung mit der Umwelt ist bereits in den frühesten Stadien der Entwicklung gegeben und braucht keine Anleitungen und äußeren Zwänge ... Umwelten, in denen wichtige Bezugspersonen Anteil nehmen, die Befriedigung psychologischer Bedürfnisse ermöglichen, Autonomiebestrebungen des Lernens unterstützen und die Erfahrung individueller Kompetenz ermöglichen, fördern die Entwicklung einer auf Selbstbestimmung beruhenden Motivation. Die Erfahrung, eigene Handlungen frei wählen zu können, ist der Eckpfeiler dieser Entwicklung. Entscheidend ist auch die eigene Wertschätzung des Handlungsziels auf der Basis intrinsischer oder integrierter extrinsischer Motivation" (Deci/Ryan 1993, S. 235f.). Die ursprüngliche Aktivität lebt von der Reaktion, also von der Rückmeldung auf die gezeigte Aktivität. Aktion und Reaktion bilden zusammengenommen die Interaktion. Intrinsische Motivation benötigt, um verstärkt werden zu können, die extrinsische Motivation durch Bezugspersonen. Es ist das gleiche Schema, das dem Kompetenz-Performanz-Modell zugrunde liegt: ohne Performanz tritt im Laufe der Zeit ein Kompetenzverfall ein; ohne Reaktion tritt im Laufe der Zeit ein Aktivitätsverfall ein. Eben dasselbe finden wir vor, wenn bei Kindern die – oftmals nervende – Fragerei als Ausdruck ihrer ursprünglichen Fragehaltung keine Beantwortung mehr findet („Laß mich endlich mit deinen Fragen in Ruhe" oder „Wenn du größer bist, kannst du das erst verstehen" oder einfach „Frag nicht immer so viel"). Dann reagiert das Kind aufgrund der frustrierenden Erfahrungen damit, daß es mit der Zeit zu fragen aufhört: Es tritt also ein Verfall der Fragehaltung mit kaum abschätzbaren Folgen für seine kognitive und personale Entwicklung ein.

Bezüglich der Frage, wie Motivation zustande kommt, läßt sich danach festhalten: Motivation hängt ab von einer ursprünglichen Aktivität als einer noch geistig ungeformten und unspezifizierten Energie. Sie ist als Aktivierungsvermögen anzusehen. Es ist das Aktivierungsvermögen für Akte als zielgerichtete Tätigkeiten des Menschen. Insofern spricht der Philosoph und Soziologe Max Scheler auch vom Menschen als von einem „Aktwesen". Diese Aktivität des Menschen drängt zum Tätigsein. Wenn anfangs das Kleinkind sich dieser aus sich selbst tätigen Aktivität überläßt, geht das Kind in der Folge der Entwicklung sukzessive dazu über, diese von sich aus zum Ausleben drängenden Aktivitäten selber in die Hand zu bekommen und sie zu steuern. Das Steuern kann zum einen das Ergebnis von Lernen sein. Gelernt ist dann der direkte konkrete Weg, den das Verhalten einschlägt, um einen bestimmten Gegenstand zu erreichen (Verhaltenssteuerung). Das Steuern kann zum anderen aber auch in der Form geschehen, daß der Steuernde zielgerichtet und selbständig sich ein bestimmtes Handeln aussucht, um etwas zu erreichen, wobei der Steuernde Dinge auswählt oder verwirft oder plant und Mittel auswählt und bereitstellt, sie anwendet und kritisch prüft und auf diesem Wege zum effektiven Handeln findet. *Dieses Steuern der Aktivität, dieses planende Selber-in-die-Hand-Nehmen der Aktivität in zielgerichteten Aktvollzügen ist der eigentliche Bereich der Motivation.* Die Aktivität als Energie trägt in sich somit erstens die Möglichkeit des Steuerns durch Lernen, was unter Verhaltenssteuerung fällt, und zweitens die Möglichkeit des Steuerns als bewußtes Selbst-wirksam-Sein: es ist die Selbstwirksamkeit; es ist *Aktivität als geistige oder kognitive Selbstwirksamkeit*, nicht als Fremdwirksamkeit wie beim angelernten Verhaltenssteuern. Der Wille ist dann nichts anderes als kognitiv verarbeitete Motivation oder Selbstwirksamkeit: Ich bin durch mein Selbst wirksam, indem ich die Aktivitätsenergie selber in überdachter und nachgedachter und bedachter Weise – also kognitiv – auf ein bestimmtes Ziel hin ausrichte und die Aktivität dann in dieser Weise wirksam werden und sich auswirken lasse.

Nun ist der Organismus mit aller seiner steuernden Energie auf Lustbefriedigung und Unlustvermeidung gerichtet, wie es uns die Psychoanalyse lehrt. Gerade in der Motivationstheorie ist daran zu erinnern, trotz und auch wegen der starken Vorbehalte einer analytischen und naturwissenschaftlich arbeitenden Psychologie gegenüber der Psychoanalyse. Die oben genannte Aktivität erscheint als eine sog. Strebensenergie, d. h. als eine Energie, die dazu drängt, etwas zielstrebig anzustreben. Was sie anstrebt, ist das, was für den einzelnen Handelnden das jeweils Wünschenswerte, mithin Wertvolle, darstellt. Es ist also das, was dem Handelnden seinen Wunsch nach Freude und Lust, nach Angstfreiheit und Schmerzfreiheit, nach Bestätigung und Ansehen, nach Geltung und Akzeptanz erfüllt. Diese sog. „Strebensbasis der Handlung" (Höffe, Lexikon der Ethik, München ^{3}1986, S. 102) ist das Streben nach Lust. Was im einzelnen dann als lustvoll angestrebt wird, schlägt sich nieder im jeweiligen Motiv, das sich der einzelne setzt. Es kann sein, daß der eine es als lustvoll anstrebt, seine Wohnung neu zu tapezieren, der andere möchte ein besonderes Essen herrichten, der dritte möchte Briefmarken sammeln, der vierte musizieren, der fünfte Wissenschaft betreiben, der sechste Azubis ausbilden und so fort. Die Strebensbasis der Handlung ist das mit der Handlung verbundene Lust-gewinnen-Wollen durch die Handlung. Die sogenannte Strebensbasis der Handlung ist die Grundlage der Motivation. *Die Motivation ist damit eine dem Menschen zugehörige wirksame Aktivität, die ein zielgerichtetes Steuern des Handelns unter dem Lustgewinn-Gedanken bewirkt. Lust erfüllt sich im Erfolg.* Also kann man auch unter dem Erfolgsgedanken sagen: *man strebt nach Erfolg.*

Wenn wir das jetzt übertragen auf die Frage, wie es um die „Motivationskompetenz" steht, so läßt sich daraus folgendes ableiten: Die Kompetenz, sich zu motivieren, bedeutet die Qualifikation, Kompetenz in Performanz zu überführen: beispielsweise die Kompetenz zu tapezieren auch ins Handeln (in die Performanz) zu überführen, die Kompetenz zu kochen auch ins Handeln zu überführen, die Kompetenz, Briefmarken zu sammeln, auch ins Handeln zu überführen, die Kompetenz zu musizieren auch ins Handeln zu überführen, die Kompetenz, Wissenschaft zu betreiben, auch ins Handeln zu überführen, die Kompetenz, Azubis auszubilden, auch ins Handeln zu überführen.

Mit Blick auf die bisher behandelten Kompetenzformen heißt das: es handelt sich um die Qualifikation, ausgebildete Sachkompetenz ins Handeln gemäß der Sachkompetenz zu überführen, ausgebildete Methodenkompetenz ins Handeln gemäß der Methodenkompetenz zu überführen, ausgebildete Sozialkompetenz ins Handeln gemäß der Sozialkompetenz zu überführen, ausgebildete Personale Kompetenz ins Handeln gemäß der Personalen Kompetenz zu überführen, ausgebildete Kommunikative Kompetenz ins Handeln gemäß der Kommunikativen Kompetenz zu überführen.

Ich sagte mehrmals: der Besitz von Kompetenz allein bedeutet noch kein Handeln gemäß der Kompetenz. Es bedarf der Fähigkeit zur Motivation, gezielt bestimmte Performanzen herzustellen. *Fähigkeit zur bestimmten Motivation ist Motivationskompetenz.* Motivationskompetenz heißt dabei nicht, generell Motivation zu schaffen oder herzustellen. Als generelle Motivation ist sie immer schon in Form von ursprünglicher prinzipieller Aktivität vorhanden, wie die Ausführungen zur Motivation deutlich machen. Die Motivationskompetenz ist die erlangte Qualifikation, die der Motivation generell zugrundeliegende erfolgsbezogene Aktivität als eine für das Selbst (Ich) wirksame kognitive Steuerungsinstanz in bestimmter Form handzuhaben. Wer diese Qualifikation aufweist, der wird bestimmte Performanzen anstreben, weil er Erfolg und „Freude" am

Erfolg (Wollersheim 1993, S. 251) erfahren will, und er wird sich ständig darum bemühen. Er wird sich mit seiner Motivationskompetenz nicht auf seinem Kompetenzbesitz ausruhen und sich nicht in einem statischen Verhalten einnisten, sondern er wird unter Inkaufnahme auch von manchmal äußerst unbequemen Situationen performativ sein, kompetenzbezogen zu handeln versuchen und damit dynamisch sein. Er weiß um sein Ich als selbstwirksame Steuerungsinstanz, die auf Erfolg und Lust, auf Anerkennung, auf Akzeptanz und auf Selbstwert gerichtet ist, und er handhabt diese selbstwirksame Steuerungsinstanz in Verantwortung für seine Persönlichkeit und vor seiner Persönlichkeit. In Verantwortung heißt: er muß seine Motivation zum Handeln, wie immer es auch aussehen mag, vor seiner Kompetenzträgerschaft rechtfertigen können. Das macht die Qualität der Motivationskompetenz aus.

Die Motivationskompetenz erschöpft sich mithin nicht nur in der erlangten Qualifikation, eine Entscheidungssituation praktisch bewältigen zu können. Zur Motivationskompetenz gehört auch die Bemühung, die nach dem Wie, nach der Art des Umgangs mit der Qualifikation, also nach dessen Qualität, im Diskurs mit sich selber oder mit anderen fragt. Es ist die Frage, wie man die prinzipielle anthropologische Bestimmung zum Aktivsein angesichts seiner Kompetenzausstattung und angesichts der zum Handeln auffordernden Situationen unter dem die Aktivität leitenden Erfolgsmoment personal verantwortlich wahrnimmt. Man muß sich dabei dessen gewahr sein, daß man, wenn man aus Lust, Unlust zu vermeiden, nicht handelt, also seine Kompetenzausstattung nicht performativ werden läßt, dennoch handelt: Man motiviert sich nämlich zu einem Akt der Unterlassung als einem zu verantwortenden Nichthandeln-Wollen. Aber: Nichthandeln ist auch Handeln mit allen dadurch programmierten Risiken. Dasselbe trifft zu, wenn man entgegen bestem Wissen handelt, also anders handelt, als die Sachkompetenz es für sein Handeln erfordert. Zum Beispiel, wenn der Polizist seinen Sohn beim Ertappen von illegalem Verhalten nicht zur Rede stellt und seine Sach- und Methodenkompetenz ruhen läßt, ihn also einfach weiterfahren läßt. Dadurch tritt ein sachliches Fehlhandeln ein, das nicht mit irrigem oder irrtümlichem Handeln zu verwechseln ist. Ein solches Fehlhandeln trägt ebenso Risiken in sich wie ein Nichthandeln. Die Risiken betreffen dabei nicht nur anstehende Situationen, anstehende Sachverhalte, anstehende Konflikte, betroffene Menschen, sondern sie betreffen auch das Ich oder das Selbst in seiner Selbstwirksamkeit.

Motivationskompetenz zeigt sich im reflektierten Umgang mit seinem auf Aktivität beruhenden Steuerungskönnen für bestimmtes Handeln unter Einbezug entsprechender Qualifikationen. Motivationskompetenz ist zudem unter dem Aspekt der Qualität eine für Akzeptanz und Selbstwert, für Glaub- und Vertrauenswürdigkeit des Kompetenzträgers unabdingbare und notwendige pädagogisch bedeutsame Kompetenzform.

7. Handlungskompetenz als pädagogische Doppelaufgabe: Zur Bildung von Handlungskompetenz

Ein Zweck der zurückliegenden Überlegungen lag darin, das gedankliche Material beizubringen, das dafür notwendig ist, um sich eine Vorstellung von Handlungskompetenz bilden zu können. Jetzt – im Schlußkapitel – handelt es sich darum, die diversen angestellten Gedanken zusammenzutragen, um erklären zu können, daß *Handlungskompetenz sich im Kern auf die personale Art und Weise bezieht, wie mit ausgebildeten Kompetenzen als Qualifikationen zur Situationsbewältigung umgegangen wird.* Handlungskompetenz hat es nicht allein mit dem Handeln aus Kompetenzen heraus zu tun. Die Tatsache, daß der Arbeitsmarkt weitestgehend gesättigt ist mit qualifiziertem und hochqualifiziertem Personal, dürfte kaum einen Mangel an Handlungskompetenz aufkommen lassen. Da aber gerade ein solcher Mangel beklagt wird und Handlungskompetenz als defizitär erklärt wird, macht dies deutlich, daß es bei Handlungskompetenz letztlich um mehr geht als lediglich um eine rein fachliche, an ein Höchstmaß von Qualifikationen gebundene Zuständigkeit für eng umgrenzte Tätigkeitsfelder. Es geht bei Handlungskompetenz wesentlich darum, daß man „aus Kompetenzen heraus personal kompetent handeln" kann, daß man somit so handeln kann, daß der Handelnde selber mitsamt seinem Handeln akzeptiert wird. Hier werden nicht nur die Kompetenzen des Handelnden für Handlungszwecke eingeschätzt, hier wird primär das Handeln des Handelnden – und damit der Handelnde selber als Person – begutachtet und bewertet. Denn der Handelnde offenbart sich durch die Art und Weise seines Handelns als Person und wird in dem, wie er sich offenbart, in seiner Werthaftigkeit, in seinem Wert als verläßlicher, glaubwürdiger Mensch und als Vertrauensperson angenommen – oder eben nicht. Insofern ist *Handlungskompetenz* eine der heute am meisten geforderten, erwarteten und vorausgesetzten Schlüsselqualifikationen im beruflichen Bereich. *Sie macht aus dem funktionalen Spezialisten den gebildeten Spezialisten, das heißt: einen Spezialisten mit Generalistenqualität.*

7.1 „Aus Kompetenz heraus handeln":
Der fachlich-funktionale Spezialist

Fachwissen und Methodenwissen eines Spezialisten sind von unabweisbarer Bedeutung. Das gilt heute für die gesamte Lebenswelt der Menschen, ob das der wissenschaftliche, technische und betriebliche Bereich ist, ob es der wirtschaftliche, finanzpolitische oder Dienstleistungsbereich ist, ob es der handwerkliche, der landwirtschaftliche, der therapeutische oder medizinische Bereich ist oder ob es der pädagogische, psychologische oder juristische Bereich ist: Überall werden Spezialisten mit höchster fachlicher und beruflicher Sachkompetenz und Methodenkompetenz erwartet. Die Gründe hierfür liegen in der über die Maßen eingetretenen Spezialisierung der Arbeits- und Berufsfelder, in der vorherrschenden Arbeitsteiligkeit, im notwendig gewordenen Delegierenmüssen von Arbeiten und Funktionen auf Experten infolge der Inkompetenz Vieler und der Kompetenz Weniger. Hinzu kommt der Wunsch, der beinahe den Charakter eines Bedürfnisses eines jeden von uns angenommen hat, Perfektion von menschlichen Handlungen zu erwarten. Es läßt sich als verbreitete Erwartungshaltung ein Drang zum Fehlerfreien, zum Risikofreien, zum Besten, zur Premiumqualität in unserer Lebenswelt diagnostizieren. Dies ist ein zeitgeistgemäßer Grundzug unserer Lebenswelt: Er hat das fachliche Spezialistentum funktional nach sich gezogen und zieht es unaufhaltsam weiter nach sich. Es ist ein zeitgeistgemäßer Grundzug, der von jedem einzelnen von uns gelebt und getragen wird. Gleichzeitig können wir aber bei derart hochgezüchteten Spezialisten im sachlich-fachlichen und funktionalen Bereich Defizite sowohl im kommunikativen, im sozialen als auch im moralischen Bereich verspüren.

Defizite im kommunikativen Bereich zeigen sich beispielsweise darin, daß Spezialisten ihrer Spezialistensprache frönen und ein Insider-Sprachentum pflegen, das sie Nichteingeweihten gegenüber abschottet, das sie von betroffenen Laien unkontrollierbar macht und das ihnen damit zu ihrer Macht als Sach- und Fachkompetenzträger eine zusätzliche Macht durch ihre Sprachmächtigkeit gibt. Ihre Interessen und Vorhaben sind damit Dritten und Betroffenen gegenüber nicht mehr kommunizierbar: Es entstehen Gruppenmächtigkeiten und es entstehen Strukturen von Spezialistenautorität, es entstehen Selbstlegitimierungen der Handelnden und des Handelns und es entstehen ohnmachtsgetragene Abhängigkeitsstrukturen. Kommunikation ist nicht mehr etwas, was Gemeinsamkeit herstellt, was miteinander verbindet und damit Verbindlichkeiten stiftet. Berufliche und funktionsfeldbezogene Fachsprachen unterstützen das Spezialistentum und werden nutzen- und erfolgsbezogen als Instrumente verwendet. Man denke beispielsweise an die Medizinersprache, an die Juristensprache, an das „Soziologenchinesisch", an die Verwaltungssprache, an die Technikersprache, an die diversen Wissenschaftssprachen wie auch an die diversen Berufssprachen von der Luftfahrtssprache und der Seefahrtssprache bis zur Kraftfahrzeugmechanikersprache und der Forstwirtschaftssprache. *Jeweilige spezielle Sachkompetenz, aus der heraus sich das Spezialistentum begründet, bindet sich weitgehend an Spezialistensprachen und macht sich damit stark und unüberprüfbar durch die Allgemeinheit.* Damit bekommen Experten als hochgezüchtete Spezialisten für die Allgemeinheit eine gesellschaftlich herausragende Bedeutung; sie werden in einer Gesellschaft, die sich demokratisch nennt und die als demokratische Gesellschaft konstitutiv an Kommunikation gebunden ist, zu unangreifbaren Eliten. Derartigen Spezialisten mit höchster fachlicher, beruflicher und funktionaler Sachkompetenz und Methodenkompetenz kommt nicht unsere Frage in den Sinn: „Was soll ich tun?" In ihrem jeweiligen Sprachspiel als sachkompetente Spezialisten haben sowohl die Sollensfrage angesichts von Handlungen und von Handlungskompetenz als auch die Aufgabe des Sich-im-Denken-Orientierens keinen Platz: Sie sind unnötig und ineffektiv, störend und hemmend. Die allein instrumentell und zweckausgerichtete Kommunikation der reinen Spezialisten in bezug auf Handeln bewegt sich innerhalb des Fragenkreises nach den richtigen und zweckbezogen effizienten Methoden und nach dem „richtigen" und „korrekten" Einsatz der jeweiligen Sachkompetenz.

Der fachliche Spezialist, ausgestattet mit hoher Sachkompetenz und Methodenkompetenz, kann auch *Defizite im sozialen Bereich* aufweisen. Das betrifft z. B. den Umgang mit Kollegen, mit Mitarbeitern, mit Vorgesetzten, mit Schülern, mit Studenten, mit Patienten und Klienten usw., das betrifft den Umgang mit und in Gruppen. Es betrifft aber auch die Bereitschaft und Fähigkeit, mit den sozialen Lebensbedingungen und Lebensproblemen der anderen, mit denen man es als Spezialist in seiner Lebenswelt immer zu tun hat, umgehen zu können: Ob sich das nun – um Beispiele zu nennen – um Ärzte handelt, die als kompetente Spezialisten in heiklen Krankheitsfällen und Therapiefällen Patienten mit entsprechender Empathie beraten sollen, oder ob sich das um Familienrichter handelt, die in Scheidungsfällen und damit verbundenen Kindersorgerechtsfällen sozial vertretbare Regelungen treffen sollen; ob sich das um Lehrer handelt, die mit Gewalthandlungen oder mit Drogengefährdungen von Schülern gemeinwohlbezogen pädagogisch umgehen sollen, oder ob sich das um den Bereich von Sterbebegleitung und von Altenbetreuung handelt; ob es sich um Personalleiter handelt, die Entscheidungen zu treffen haben bezüglich einer sozialverträglichen und sozialverantwortlichen Entlassung von Mitarbeitern, oder ob es sich um Werbespezialisten handelt, deren Aufgabe es ist, auf jede erdenkliche effiziente Weise Produkte an den potentiellen Kunden zu bringen (man denke an die berüchtigt gewordene Benetton-Werbung), oder ob sich das um Prüfungssituationen handelt, in denen in sozialer Aufgeschlossenheit und mit entsprechender spezialisierter Sachkompetenz vorgegangen werden soll: *Das fachliche und funktionale Spezialistenhandeln steht stets in der Gefahr, sich ungeachtet der sozialen Verpflichtung oder ungeachtet der einzubeziehenden Berücksichtigung der sozialen Komponente des Handelns absolut zu setzen.* Spezialistenhandeln aus hoher Sachkompetenz und Methodenkompetenz heraus, speziell in Führungschargen, wird in der Regel allein objektorientiert, leistungsorientiert und erfolgsorientiert verstanden. Arbeitsteilig gesehen versteht sich der Spezialist als zuständig für spezielle, allein ihn in seinem Sachverstand betreffende Sachverhalte. Für das Soziale sind ihm andere, nämlich Spezialisten für das Soziale, zuständig. Für die Kompetenzen der Spezialisten ist das Bewältigungs*können* konstitutiv. Das Bewältigungs*bewußtsein*, die personale Haltung, mit der das Spezialistenkönnen praktiziert wird, ist bestenfalls eine subjektive Beigabe, die jedoch fachlich nichts beibringt und als subjektive Eigenschaft in den privaten Bereich gehört. Gefragt ist wettbewerbswirksame Leistungsstärke, die gegebenenfalls eine „soziale Kälte" in Kauf nimmt und die auf soziales und ethisches „Gesäusel" Verzicht leistet.

Die Konsequenz einer solchen zeitgeistgemäßen Geisteshaltung spiegelt sich beispielsweise wider in der Zunahme der Telearbeit: Die moderne Form der Heimarbeit am PC setzt sich in Deutschland zunehmend durch. 1998 boten bereits rund 135 000 Unternehmen Telearbeit an; 225 000 planten die Einführung von Telearbeit. Zur gleichen Zeit gab es ca. 900 000 „Telearbeiter" (Welt am Sonntag vom 4. 2. 1998). Neben den vorgebrachten Vorteilen der Telearbeit (von der eigenen Einteilung der Arbeitszeit bis hin zur Entlastung von Straßen und Parkplätzen) birgt diese jedoch auch Gefahren, die zu Nachteilen der Telearbeit für die darin tätigen Menschen werden können. Denn Telearbeit ist die Fortführung der das Spezialistenhandeln begleitenden Unterbewertung des Sozialen bis hin zum völligen Verzicht auf das Soziale im Arbeitsbereich. Durch die Telearbeit wird – so läßt sich prognostizieren – einer doppelt vorangetriebenen sozialen Isolierung des Menschen der Weg geebnet. Doppelt ist sie insofern, als die soziale Isolierung einmal im privaten Lebensbereich eintritt, in dem schon Kinder sich vor und mit dem Computer vereinzeln, den Computer zum Spiel- und Kommunikations„partner" machen; und sie tritt dann zum anderen erneut ein, wenn auch der berufliche Lebensbereich, der bisher an das Zusammenarbeiten mit anderen am Betriebs-, Arbeits- oder Dienstort gebunden ist, in den privaten Lebensbereich integriert wird und das direkte und unmittelbare Interagieren mit anderen getilgt wird. Aus Mitarbeitern am Arbeitsplatz vor Ort werden elektronische Einsiedler im privaten Bereich. Dadurch wird die berufliche Lebenswelt mit allen sozialen Geltungsansprüchen und mit allen sozialen Anforderungen wie auch Determinanten als soziale Bewährungswelt aufgehoben. Mit der Zunahme sozialer Isolierung wird eine Abnahme sozialer Handlungskompetenz um sich greifen, weil das Interagieren als das unmittelbare zwischenmenschliche Handeln abgelöst wird durch ein mittelbares Interagieren per Telearbeit am PC. Soziale Handlungskompetenz ist beim unmittelbaren Interagieren notwendig, weil der Interaktionspartner tatsächlich (nicht virtuell) anwesend ist und er sowohl zur Auseinandersetzung nötigt als auch zur Anerkennung seines Eigenwesens und seines Selbstzweckes, zu seiner Achtung mithin nötigt. Aus der Arbeit am PC und aus dem Internetkontakt kann man dagegen beliebig aussteigen; man trägt keine mitmenschliche und zwischenmenschliche Verantwortung, weil es sich um ein medial gebundenes mittelbares Interagieren handelt, dessen man sich ohne Skrupel per Knopfdruck entledigen kann.[12]

Spezialisten können ebenso *Defizite in mitmenschenbezogener Verantwortungskompetenz, also im moralischen Bereich* aufweisen.

---

[12] Die Forderung des ehemaligen Bundespräsidenten Herzog in einer neuerlichen „Grundsatzrede" zum Thema „Erziehung im Informationszeitalter" kann nur Bedenken auslösen. Herzog erklärt, „daß wir viel mehr solcher Ansätze (brauchen)" wie die der Telearbeit. Einer „Renaissance des 'Zuhauses'" durch „Arbeitszeitmodelle", „bei denen die Trennung zwischen Lebens- und Arbeitswelt zumindest teilweise aufgehoben wird", wodurch auch „die Kinderbetreuung einfacher und intensiver" würde, das schnelle Wort zu reden, zeugt von beinahe grenzenloser Naivität, Unreflektiertheit, Sachunkenntnis und problemferner Kurzsichtigkeit: Paderborner Podium 1998, Heinz Nixdorf Museum-Forum, S. 13–14.

Der angestrebte und erwartete Erfolg des Spezialistenhandelns bildet in der Regel allein das leitende Interesse an diesem Handeln. Anderes – wie die Berücksichtigung sozialer Komponenten oder moralischer Rechtfertigungsforderungen – stört und hemmt nur den erfolgsorientierten Ablauf des Spezialistenhandelns. Die durch Zertifikate ausgewiesene fachliche Spezialisierung und Zuständigkeit allein garantieren Effizienz und Profit des Handelns, sei es das Handeln in einer Betriebsabteilung (Produktion oder Marketing oder Verkauf etc.), sei es das unterrichtliche Handeln in der Schule oder sei es die Bewährung im Leistungssport. Die Investitionen in den Spezialisten, sei es in die Führungskraft in einem Unternehmen oder sei es in den Leistungssportler im Fußball, sei es in den Wissenschaftler in einer betrieblichen Forschungsabteilung oder sei es in den Designer in einer Modebranche müssen sich rentieren, so wie sich auch für einen Betrieb oder für ein Unternehmen die Investitionen in die technische Ausstattung rentieren müssen. Der Mensch als Investitions-Material: Das dekretiert eine verbreitete Geisteshaltung gegenwärtigen Zeitgeistes. Am Ende kommt es dieser Geisteshaltung nicht darauf an, daß der Spezialist sein fachliches, an höchste Qualifikationen gebundenes Handeln in Vereinbarung bringt mit seiner personalen Haltung unter den Geltungsansprüchen von Wahrheit und Wahrhaftigkeit und unter dem Bemühen um Glaubwürdigkeit und Vertrauenswürdigkeit. Es kommt allein darauf an, daß der Spezialist in seiner kostenträchtigen Höchstqualifizierung als Erfolgsgarant im Rahmen eines nutzen- und profitorientierten Handelns angesehen werden kann. *Nicht moralische Verantwortung des Handelns rangiert vor Erfolg des Handelns, sondern Erfolg des Handelns rangiert vor moralischer Verantwortung des Handelns.* Das Handeln des Spezialisten ist getragen von einem jeweiligen Höchstmaß an Qualifikationen und erfüllt damit die Anforderungen an eine Kompetenz ersten Grades: er handelt als Kompetenzträger aus Kompetenz heraus. Doch mangelt es ihm als Spezialisten an der Kompetenz zweiten Grades.

Das wird und das muß ihm nicht zum Problem werden, denn er ist gesucht worden (was bei Höchstqualifizierten mitunter über Headhunter läuft) und hat sich verdungen als Zuständiger im Rahmen einer sach- und sachverhaltsbezogenen Funktion; insofern versteht er sich in seiner Spezialistenrolle auch als Funktionär, der – zuständig für bestimmte festgelegte Funktionen – in einer gewissen moralitätsabholden Fraglosigkeit diese Zuständigkeit wahrnimmt.

7.2 „Aus Kompetenz heraus kompetent handeln": Der handlungskompetente oder auch: gebildete Spezialist mit Generalistenqualität

Das kann sich ändern in dem Moment, in dem dem Spezialisten das Handeln aus Kompetenz heraus vor seinem Bewußtsein fragwürdig wird: Sei es, daß ihm der Normenrahmen seiner Spezialistentätigkeit oder daß ihm die Wertebasis, die ihn moralisch in seiner Arbeit bindet, zum Problem werden, beispielsweise in der Anwendung moderner Medizintechnik bei einem bestimmten Patienten; oder sei es, daß er Anlaß bekommt, über Ursachen und Gründe eines hohen Krankenstandes oder einer auffallend starken Personalfluktuation in seiner Abteilung oder einer spürbar werdenden inneren Kündigung von Mitarbeitern nachdenken zu müssen; oder sei es, daß er als Lehrer und Klassenlehrer die Erfahrung macht, „keinen Draht" zu Schülern zu bekommen und dabei zusehen zu müssen, wie diese „seine" Schüler mit „vertraulichen" Problemen zu Kollegen von ihm gehen. Vor seinem Bewußtsein erfährt er, daß trotz seines hohen Bewältigungskönnens, das in seinen Qualifikationen fundiert ist, ihm offenbar etwas fehlt. Er wird nachdenklich, er beginnt, für sich und sein Handeln Orientierungen zu suchen in dieser ihm neuen und Unsicherheit erzeugenden Situation: Er stellt angesichts seiner ihn bisher zufriedenstellenden, aber jetzt als defizitär sich erweisenden Kompetenzträgerschaft die Sollensfrage: „Was soll ich tun mit meinen Qualifikationen und meinen Kompetenzen?" Mit dieser Frage eröffnet sich die Dimension eines Bewältigungsbewußtseins, d. h. eines Bewußtseins von personalen Qualitäten, die das Bewältigungskönnen ständig begleiten, weil dieses kein technisch-maschinelles Bewältigungskönnen gemäß eingegebener Programme ist, sondern ein personales, d. h. an den Menschen als Person gebundenes Bewältigungskönnen. *Es geht um das Bewußtwerden dessen, daß hinter jedem Handeln aus qualifikationsgebundener Kompetenz heraus eine der Person zukommende Haltung steht, die es erlaubt, das Handeln aus Kompetenz heraus kompetent – und das heißt: unter den Geltungsansprüchen wahr und wahrhaftig – gestalten, ansehen und durchführen zu können.* Das Wahre bezieht sich auf den zwischenmenschlichen wahren Umgang miteinander, mithin auf das Soziale. Und das Wahrhaftige bezieht sich auf das personale Gewissen, auf die personale Verantwortung und auf die damit zusammenhängende Glaub- und Vertrauenswürdigkeit, die auch Authentizität genannt wird.

Im Bewußtwerden dessen, daß Handlungskompetenz sowohl die Qualifikation zum Handeln (Kompetenz ersten Grades) als auch die Qualität des Handelns (Kompetenz zweiten Grades) unter sich begreift, erfährt also der fragend und unsicher gewordene Spezialist (in unseren Beispielen der Arzt, der Abteilungsleiter, der Lehrer), daß es ihm zwar nicht an Qualifikationen zum Handeln mangelt, wohl aber daran, daß er sich um die Qualität des Handelns, die unter den Ansprüchen von wahr und wahrhaftig steht, nicht oder nicht ernsthaft bemüht hat. Wenn Handlungskompetenz erst vollständig wird durch beide Grade von Kompetenz, dann muß der Spezialist sich distanzieren können zu seiner Spezialität und muß sich öffnen können dem Allgemeinen: er muß sein Spezialistentum „aufheben" – nicht aufgeben – im Allgemeinen, im Generellen: *er muß Spezialistentum und Generalistentum miteinander verbinden.* Nur dann, wenn dieses gelingt, darf davon gesprochen werden, daß einer im Vollsinne Handlungskompetenz besitzt, daß er also nach bestem Wissen funktional, fachlich und beruflich (Kompetenz ersten Grades) und nach bestem Gewissen personal (Kompetenz zweiten Grades) zu handeln in der Lage ist und daß er auch nur auf diese Weise erfolgsträchtig handeln kann. Die Vernachlässigung der umgangssprachlich so genannten weichen Kompetenzen (der sozialen Kompetenz und der personalen wie auch kommunikativen Kompetenz) in der Hochspezialisierung läßt sich somit identifizieren als Erfolgsbeeinträchtigung: Sie beeinträchtigt den Erfolg des Handelns insoweit, als der reine fachliche, funktionale und berufliche Spezialist zur Kenntnis nehmen muß, daß die Qualifikationen (und damit das Bewältigungskönnen) für Erfolg nicht ausreichen, sondern daß die von seinem Handeln direkt und indirekt betroffenen Personen ernst genommen werden wollen wie auch diese ihn erst dann zu akzeptieren bereit sind, wenn er sich als Person und nicht nur als Funktionär zu erkennen gibt. Bleibt dieser Bereich defizitär, dann wenden sich die Betroffenen anderen Spezialisten zu, bei denen das Defizit nicht zu verspüren ist. Das ist dann die Stunde der *Spezialisten mit Generalistenqualität.* Der qualifizierte und einfühlsame Zahnarzt wird dem nur qualifizierten Zahnarzt vorgezogen; der qualifizierte und Vertrauen erweckende Lehrer wird dem nur qualifizierten Lehrer in bestimmten Situationen vorgezogen; der qualifizierte und kundenorientierte Autoverkäufer (und mit ihm das Autohaus) wird dem nur qualifizierten vorgezogen; die qualifizierte und mitarbeiteroffene Führungskraft wird der nur qualifizierten vorgezogen. Das führt zunehmend zum Ruf nach nichtfachlicher oder überfachlicher Bildung und Weiterbildung (Bildungskommission NRW 1995) bezogen auf Sozialkompetenz, Personale Kompetenz und auf Kommunikative Kompetenz als Grundlagenkompetenz für Handeln. Da aber weder die schulische Bildung noch die berufsbezogene duale Ausbildung sich hiermit befassen, aber auch die universitäre Ausbildung sich diesen Vernachlässigungen nicht widmet, ist die Erwachsenenbildung – und damit der ganze, vielgestaltige Weiterbildungsbereich – zu dem Ort geworden, der unter dem Gedanken von Handlungskompetenz sich der vernachlässigten Kompetenzen (der Sozial-, der Personalen und der Kommunikativen Kompetenz) in seiner Bildungsarbeit annimmt.

In der Erwachsenenbildung wird quasi als Nachholarbeit das geleistet, was in den vorauslaufenden Bildungsgängen vernachlässigt wurde. Ihre Aufgabe ist es neben anderem, dazu beizutragen, daß neben dem jeweils hochqualifizierten Spezialistentum auch das sogenannte Generalistentum, das das Spezialistentum ergänzen soll, gebildet wird. Auch wenn diese „Nachqualifizierung" heute primär unter wirtschaftlichen Interessen betrieben wird, so bezieht sich doch der Gedanke zusätzlicher Generalistenbildung mittlerweile auf alle Berufsfelder.

Um das Defizit in den sogenannten weichen Kompetenzen zu beheben, werden verbreitet auch andere Methoden verwendet. So hat – wiederum zuerst in der Wirtschaft, dann auch in anderen Berufsfeldbereichen und Institutionen – zumindest zur partiellen Behebung der Defizite die Entwicklung von Unternehmensphilosophien ihren Weg genommen. Es wird dabei auch von Unternehmensleitsätzen, Unternehmensgrundsätzen, Führungsgrundsätzen oder von Corporate Identity gesprochen. Hier wird versucht, in den einzelnen Institutionen für diese Institutionen Richtlinien aufzustellen, die das Verhalten und das Handeln der diesen Institutionen Zugehörigen unter die sogenannten weichen Kompetenzen stellen, diese verbindlich machen und für ihre Bildung sorgen. Bildungsaufgabe ist die Handlungskompetenz des Unternehmens- und Betriebsangehörigen als zur Unternehmens- und Betriebsgemeinschaft gehörenden sozial aufgeschlossenen, verantwortungsbewußt handelnden und kommunikativ vorgehenden Mitglieds. Solche Unternehmensphilosophien geben sich heute auch diverse andere Institutionen wie Verwaltungen, Krankenhäuser, Schulen, Banken usw. (Löwisch 1992, S. 11–19). Auch daraus wird deutlich, daß „Handlungskompetenz" im beruflichen und politischen wie gesellschaftlichen Bereich einen Stellenwert erhalten hat, den man als zentral bezeichnen kann.

Lenkt man den Blick auf den privaten nichtöffentlichen Bereich,

Der handlungskompetente Spezialist mit Generalistenqualität

so muß man feststellen, daß dieser in nichts hinter dem beruflichen und politischen und gesellschaftlichen Bereich zurücksteht. Auch im Privaten sind neben dem sachlichen und methodischen Kompetenzbereich von ausschlaggebender Bedeutung die Soziale, die Personale und die Kommunikative Kompetenz. Private Verhältnisse leben noch wesentlich stärker aus dem Sozialen, aus dem Personalen und aus dem Kommunikativen heraus, denn private Verhältnisse sind frei von unmittelbar auftretenden unternehmens- und betriebsbezogenen, arbeitsplatz- und funktionsbezogenen Normierungen, von Arbeitsplatzvorschriften etc., obwohl sich diese Determinanten in mittelbarer Weise auch auf private Verhältnisse funktional auswirken können. Private Verhältnisse sind personenbezogene und intime Verhältnisse und als solche nur mittelbar abhängig von außer-privaten Normierungen und Vorschriften. Insofern leben private Verhältnisse gerade von bindenden emotional-sozialen Aufgeschlossenheiten, von Solidarhaltungen, vom Helfen und vom Einstehen für einander, von wechselseitiger personaler Aufgegebenheit, von unentfremdeten, fremdfreien und unbefremdlichen zwischenmenschlichen Bezügen. Die privaten Verhältnisse sind entgegen den beruflichen, gesellschaftlichen und politischen Verhältnissen solche, die ein Refugium darstellen gegenüber den Ein- und Übergriffen der gesellschaftlichen Öffentlichkeit auf den einzelnen, da sie getragen sind vom Bewußtsein der Bedeutung des Sozialen und des Personalen sowie eines pfleglichen kommunikativen Miteinanders. Dennoch im Privaten anzutreffende Gewalttätigkeiten gegenüber Ehepartnern und Kindern, Gewaltaktionen von Kindern gegen Eltern, Mißhandlungen und physische wie psychische Vernachlässigungen zeugen von sozialen, personalen und kommunikativen Schwachstellen. Fehllaufende Familienverhältnisse, emotional gestörte Eltern-Kind-Beziehungen, zermürbende oder öde werdende Partnerbeziehungen, gleichgültige Ehepartnerverhältnisse, aber auch zur „Abwechslung" beitragende Partnertausche „Gleichgesinnter" sind Indikatoren für Defizite im sozialen und personalen wie auch im kommunikativen Kompetenzbereich. Da es sich bei diesen Defiziten im Privaten aber in der Regel nicht um nutzen-, profit- und erfolgsverhindernde Erscheinungen wie im beruflichen, gesellschaftlichen und politischen Bereich handelt, werden hier auch keine besonderen Anstrengungen in Form von verbindlich gemachten Weiterbildungsbemühungen unternommen. Mithin wird Handlungskompetenz entgegen dem beruflichen, gesellschaftlichen und politischen Bereich für den privaten Bereich nicht zur Aufgabe von Bildungsangeboten gemacht.

Damit kann zusammenfassend festgehalten werden: Im öffentlichen Bereich ist das reine funktionale und berufliche Spezialistenhandeln ein gefragtes Gut. Wir alle erwarten und erwünschen es, wir alle profitieren ständig davon. Gleichzeitig wird zunehmend erkannt, daß für ein zufriedenstellendes zwischenmenschliches Miteinander ein reines funktionales Spezialistentum menschlich defizitär ist. Es ist defizitär, weil der Spezialist als fachlicher und beruflicher Funktionär im zweckbezogenen zwischenmenschlichen Handeln als Mittel zum Zweck genommen wird und ebenso die von seinem Handeln Betroffenen als Mittel zum Zweck gewertet werden, obwohl Spezialist und Betroffener einem Diktum Kants zufolge „jederzeit zugleich auch Zweck seiner selbst" zu sein haben. Das heißt: Der Spezialist ist ebenso wie der von seinem Handeln Betroffene nie nur als Träger von Zuständigkeiten und als Empfänger von Spezialleistungen anzusehen, also nie nur in ihrer jeweiligen Besonderheit zu nehmen. Immer ist der Mensch zugleich in seiner Allgemeinheit Partner zwischenmenschlichen Miteinanders: das gilt grundsätzlich, auch wenn es faktisch nicht in jeder Handlungssituation zum Tragen kommt. Dennoch soll es zum Tragen kommen. Mithin sind in eine sich ergänzende Verbindung zu bringen das nachgefragte, an Qualifikationen gebundene funktionale und berufliche Spezialistenhandeln und das gewünschte und erwartete Generalistenhandeln, das geleitet wird von der Qualität eines sozialen, personalen und kommunikativen Handelns. Gelingt diese ergänzende Verbindung, dann entsteht Handlungskompetenz, genauer charakterisiert als personale Handlungskompetenz.

Das führt gemäß den Klagen über den defizitären Status personaler Handlungskompetenz zu der pädagogischen Forderung, personale Handlungskompetenz zur allgemeinen Bildungsaufgabe zu machen. Ich halte personale Handlungskompetenz für die gegenwärtig und für Zukunft bedeutsamste Bildungsaufgabe – für eine Bildungsaufgabe schlechthin. Personale Handlungskompetenz hat Antwort zu sein auf die Zunahme der unübersichtlich gewordenen Komplexität der Lebenswelt und Lebenswelten, der Widersprüchlichkeit der Lebenswelten, der zunehmenden Kulturauseinandersetzungen (Huntington 1996), aber auch auf die Zunahme der Auflösung von Gemeinschafts- und Gemeinwohldenken, einer sich verflüchtigenden und verflachenden Verantwortungshaltung und der Zunahme eines Verlustes an Sprachkultur, der zumindest als mit-ursächlich anzusehen ist für die defizitäre Handlungskompetenz. Der Verlust an Sprachkultur geht quer durch die Gesellschaft und quer durch die Generationen, er wird aber besonders spürbar am sprachlichen Verhalten (ich sage bewußt nicht: am sprachlichen Handeln) nachwachsender Generationen, auch – und dort besonders auffallend – im akademischen Bereich.

7.3 „Was soll ich tun? Mit Kompetenzen kompetent umgehen!"

Den diversen zeitgenössischen Bildungsverständnissen (vgl. Kap. 2) hatte ich – unter Zugrundelegung meiner Erläuterung von Erziehung und Bildung – mein Verständnis von Bildung nebengeordnet, das sich gegenwartsorientiert und zukunftsoffen wie auch traditionsbewußt versteht. Die Bildungsaufgabe habe ich dabei nicht gebunden an Wissen, sondern an den Umgang mit Wissen, nicht gebunden an Theorie, sondern an Praxis, nicht gebunden an die Frage „Was kann ich wissen?", sondern gebunden an die Frage „Was soll ich tun?". Dabei ergab sich ein Verständnis von Bildung als *Befähigung zu anerkanntem Handeln in der Bewältigung von Lebenswelt* (vgl. Kap. 3). Wenn ich nun weiterhin Handlungskompetenz umschreibe als „aus Kompetenz heraus kompetent handeln" oder „mit Kompetenzen kompetent umgehen" und die *Befähigung* dazu als *Bildung von personaler Handlungskompetenz* bezeichne, dann ergibt sich aus der parallelen Betrachtung beider Befähigungsaussagen, daß es in der Bildung von personaler Handlungskompetenz auf folgendes ankommt: Der Sich-Bildende soll durch Befähigung unter pädagogischer Hilfestellung in die Lage versetzt werden, einen kompetenten Umgang mit den Kompetenzen zu schaffen, die ihn in seinem lebensweltbezogenen Handeln auszeichnen. Dabei ist dieses Handeln – im Unterschied zu Verhalten – ein Bewältigungshandeln, das erstens abhängig ist von Qualifikationen, die ihm durch Fremdunterrichtung, Fremdvermittlung und Unterweisung ausgebildet worden sind und für deren Weiterentwicklung er unter Zugrundelegung des Kompetenz-Performanz-Modells in Selbsterziehungsprozessen selber Sorge getragen hat. Mit diesen derart entstandenen Kompetenzen als Bewältigungsqualifikationen soll er zweitens kompetent umgehen, wenn er anerkannter Träger von personal handgehabter Handlungskompetenz sein will und sein soll.

Damit ist zweierlei ausgesagt: Uninteressant kann und darf für personale Handlungskompetenz ein Tätigsein lediglich in Form reiner Funktionsabläufe und Funktionsvollzüge sein. Denn hier wird in der Regel keine an Sinn- und Wertigkeitsfragen gebundene Handlungskompetenz erwartet: Der Friseur, der mir in zwanzig Minuten in routinierter Weise von der Sesseleinweisung bis zur Vorhaltung des Spiegels am Ende des Verfahrens die Haare schneidet und der das bei zehn weiteren Kunden in gleicher Weise tut, wendet seine Qualifikationen an, ohne eine Situation „bewältigen" zu müssen, solange er nicht einen Einspruch oder einen besonderen Wunsch von mir erfährt und aus dem „Routine-Verhalten" herausgerissen wird. Nicht anders sieht es bei einer Supermarktkassiererin aus, die meine gekauften Artikel über eine Fotozelle schiebt und am Ende die zu zahlende Summe vom Monitor abliest und das von der Kasse errechnete Rückgeld mir ausbezahlt. Auch dies ist Routine-Verhalten und kein Bewältigungshandeln. Es kann aber zu einem solchen werden, wenn die Kassiererin beispielsweise Anfängerin ist, demgemäß noch keine Routine aufweist und sich noch mühen muß, oder wenn ich eine Reklamation habe. Uninteressant für personale Handlungskompetenz ist auch ein tatsächliches ressortmäßiges Handeln aus entsprechenden fachlichen Qualifikationen heraus, wenn wir gerade dieses und nichts anderes erwarten, wenn wir also nur den reinen Handlungsspezialisten erwarten und wenn diesem sein umgrenztes Aufgabenfeld arbeitsteilig fest zugeschrieben ist. Dies kann beispielsweise der Fall bei Fachärzten in einer Diagnoseklinik oder bei zuständigen Sachbearbeitern einer Behörde sein. In vielen Fällen reicht uns ein solches Handeln aus Kompetenz aus, in vielen Fällen suchen wir auch den Spezialisten, auf den wir delegieren können, was zu tun uns selber abgeht.

Aber in ebenso vielen Fällen reicht uns ein derartiges Handeln aus Kompetenz allein nicht aus. Es mag vielen nicht genügen, die Sorge um ihren Gesundheitszustand in die Hand eines alleine in hohem fachlichen Ansehen stehenden Arztes zu legen, der eine außerordentliche *fachliche* Kapazität auf seinem Gebiet ist, der allein aus seinen *fachlichen* Kompetenzen heraus handelt, dabei wesentlich unter dem Prinzip meßbarer Erfolgsträchtigkeit arbeitet und damit verbunden an seinen Profit und an seine Karriere denkt. Ebensowenig dürfte es vielen genügen, gravierende Rechtsauseinandersetzungen in die Hand eines Anwaltes zu legen, der nachweislich entsprechende *fachliche* Kompetenzen aufweist, in deren Handhabung aber unzuverlässig und uneindeutig ist. Was erwartet wird, ist, daß nicht nur Erfolg, Karriere, Profit, gesellschaftliches Ansehen, Befriedigung persönlichen Geltungsstrebens, Selbstwert Leitprinzipien für das Handeln des Kompetenzträgers sind, sondern daß er als Person glaubwürdig, vertrauenswürdig, mitmenschenbezogen und mitmenschenverantwortlich, mithin wahrhaftig handelt. In die moralische Pflicht genommen werden hier Kompetenzträger als Träger von Qualifikationen dahingehend, daß sie mit ihren sie auszeichnenden Qualifikationen sozial und personal qualitativ-wertig umgehen sollen, daß sie im Handeln für die personale Qualität ihres Handelns aus Kompetenzen heraus sorgen sollen. Menschliche Glaubwürdigkeit, die sich in Zuverlässigkeit und in Wahrhaftigkeit zeigt, im Halten von Versprechungen und im Einhalten von Zusagen, im Stehen zu sich und zu seinem Handeln wie auch im Stehen zu seinen Fehlern und zu seinen Schwächen, erweckt Vertrauen der Betroffenen in den handelnden Kompetenzträger. Dieser wird dabei des Vertrauens in ihn für wert erklärt, man braucht keine Zweifel in ihn zu setzen, man kann sich ihm offenbaren, ohne Angst vor Indiskretion und Verrat zu haben, man kann ihm trauen und sich ihm gegebenenfalls anvertrauen (vgl. Kap. 3.1). *Derartige personale Qualitäten gehören zum Handeln eines jeden Kompetenzträgers, der es mit dem physischen, psychischen und personalen Wohl von Menschen in seinem Handeln zu tun hat*: vom Handeln mit Kindern und Jugendlichen angefangen über das Handeln mit Kranken, mit Bedürftigen in diversen Bereichen, mit Ratsuchenden bis hin zum Handeln mit Alten und zum Handeln im Hospiz. Als wesentlich ist dabei auch das Handeln anzusehen, das uns alle tagtäglich als Berufstätige und als Dienstleistungskonsumenten wie auch als Bürger betrifft und das von gewählten Politikern wahrgenommen wird. Fehlen gerade hier infolge von Komplexität oftmals schon ausreichende Qualifikationen zum Handeln, so daß bei den Betreffenden nicht selten die Frage aufkommt: „Was kann und muß ich eigentlich hier und jetzt tun?", so mangelt es den Handelnden oft auch an den menschlichen personalen Qualitäten, die das anerkannte kompetente Handeln ausmachen, so daß für sie – wenn sie dessen überhaupt gewahr werden – die Frage des „Was soll ich tun?" bedeutsam werden müßte. Wie immer wieder betont, ist das die Frage, die die Überlegungen zur personalen Handlungskompetenz sowohl auslöst als auch leitet. Es ist eine Frage, die heute nicht mehr zur Regelvoraussetzung eines Handelns gehört, das es mit dem Wohl von Menschen direkt und indirekt zu tun hat. Als Beleg für diese Feststellung kann unzweifelhaft die Tatsache dienen, daß, weil Lehrern diese Regelvoraussetzung heute ebenfalls weitestgehend abgeht, eigens die Institution des Vertrauenslehrers für Schüler geschaffen werden mußte.

Handlungskompetenz unter der Frage des „Was soll ich tun?" zeigt sich sowohl in der gedanklichen Antwort auf diese Frage im Bemühen um das Sich-im-Denken-Orientieren als auch in der tätigen Antwort in Gestalt einer Umsetzung der gefundenen Orientierungsmöglichkeiten für personal wertvolles Handeln in „kompetentes" Handeln aus Kompetenzen heraus. Mit Handlungskompetenz nimmt der Handelnde seine Verantwortung für das physische, psychische und personale Wohl des Menschen wahr, mit dem er es zu tun hat: Es ist die Haltung einer gelebten Verantwortung, die wir auch als Ethos bezeichnen können. Sie ist nicht nur der Wahrheit verpflichtet, sondern primär der Wahrhaftigkeit des Menschen in seinem Leben und Handeln. Sie – diese Haltung der Wahrhaftigkeit – ist dem Gedanken und Vorhaben geschuldet, bei allen Veränderungen, Erfahrungen, Erlebnissen, Erfolgen und Enttäuschungen wie auch Karrieren sich selber als Person, als Mensch und als Individualität nicht zu vergessen und dies im Handeln zu bewähren.

Personale Handlungskompetenz heißt: „Mit Kompetenzen kompetent umgehen." Sie ist das Zusammenwirken von personaler Haltung und einem Handeln gemäß Kompetenzen. Personale Handlungskompetenz ist nicht lehrbar und nicht lernbar. Wenn zu ihr gleichwohl befähigt werden soll, dann heißt das, daß der um die Notwendigkeit von Kompetenzen für das Handeln Wissende zugleich sensibel werden soll dafür, daß er dem von seinem Handeln aus Kompetenzen heraus Betroffenen Achtung schuldet, insofern er ihn ernst zu nehmen hat als gleichwertige Person und als kommunikativen Handlungspartner. Er hat ihn des weiteren anzuerkennen als betroffenen Handlungspartner, der sowohl ein Bemühen um Rechenschaftslegung für Handeln erwarten kann als auch gleichzeitig Wahrhaftigkeit der im direkten oder indirekten Umgang mit ihm handelnden Person erwarten kann. Gefühl für Mitmenschlichkeit und Mitverantwortung heißt dies dann. Durch Bildung als Befähigung soll dieses Gefühl mitmenschlicher Achtung sowohl geweckt als auch in seiner Verbindlichkeit bewußt werden, und zwar so, daß aus diesem Sensibelwerden dafür ein Prozeß moralischer Selbstbildung erwächst.

So selbstverständlich sich das anhört, so handelt es sich doch angesichts herrschenden Zeitgeistes um eine harte Arbeit an sich und mit sich, die verbunden ist mit Anfechtungen und Verzichtleistungen, mit Frustrationen, mit Versagen und mit Isolation. Denn was hier gefordert wird, ist unzeitgemäß: nicht nur Ehrlichkeit, sondern auch Wahrhaftigkeit gilt heute im Zeitalter strategischen Handelns und verabsolutierten Nützlichkeitsdenkens, Erfolgs- und Profitdenkens als störende Dummheit (Wickert 1994). Es ist auch harte Arbeit im angedeuteten Sinne, weil es wenig Vorbilder für Kinder und Jugendliche in der Öffentlichkeit hierfür gibt: Welcher öffentliche Verantwortungsträger wird heute noch als wahrhaftig angesehen? Und was kümmert ihn diese Frage überhaupt, wenn er doch als gefragter hochqualifizierter Spezialist erfolgsträchtig handelt? Insofern fehlt auch weitestgehend ein rationales Einschätzungs- und Beurteilungsvermögen dafür, worin sich kompetentes Handeln im Umgang mit Kompetenzen von inkompetentem Handeln im Umgang mit Kompetenzen unterscheidet: Ein weites fruchtbares Feld für Gurus und Sekten hat sich aufgrund dessen gebildet, oder auch für verkappte Religionen, wie sie Carl Christian Bry (^{4}1979) unvergleichlich treffend beschrieben hat.

„Kompetentes Handeln" ist das personale redliche Leben von Verantwortungshaltung im Umgang mit Qualifikationen im Handeln. Ein solches Leben von Verantwortungshaltung läuft allein über das ständige rationale, bewußte und kognitive Umgehen mit Verantwortung in einem ständigen Sich-Stellen den Erwartungen anderer ab. Ein solches Sich-Stellen ist heute ebenfalls ein Sonderfall von Dummheit geworden – privat und öffentlich. Denn lieber läßt man sich stellen und wartet ab, ob anderen etwas Unverantwortliches, etwas Unrechtes auffällt; dies ist strategisch klüger als in Wahrhaftigkeit sich selber zu stellen. Zum „kompetenten Handeln" gehört auch das verantwortliche Abwägen dessen, was man als Person mit seinen Kompetenzen bereit ist, an Handlungsaufforderungen noch mitzutragen und mitzuverantworten, damit man – wie es umgangssprachlich heißt – sich selber im Spiegel noch ansehen und ertragen wie auch von anderen akzeptiert werden kann.

Deutlich dürfte geworden sein: „Kompetentes Handeln" *oder* anerkanntes Handeln in der Bewältigung von Lebenswelt und Lebensweltsituationen *oder* wahrhaftiges Leben von Verantwortungshaltung im Umgang mit Qualifikationen zur Bewältigung von Lebensweltsituationen ist gebunden an und ist abhängig von ethischem Philosophieren. Ethisches Philosophieren ist ethisches Nachdenken als eine Form des Sich-im-Denken-Orientierens: nämlich sich selber im Denken zu orientieren für einen anerkannten verantwortlichen Umgang mit Kompetenzen im Handeln, das Lebensweltsituationen bewältigen will.

Wenn Bildung Befähigung zu anerkanntem Handeln in der Bewältigung von Lebenswelt ist (vgl. Kap. 3), dann ist *Bildung Befähigung zum ethischen Philosophieren wie auch zum Philosophieren generell.*[13] Damit wird das Philosophieren (nicht die Philosophie) wie auch das ethische Philosophieren (nicht die Ethik) zur Bildungsaufgabe. Beides wird jedoch im gegenwärtigen öffentlichen Bildungswesen nicht adäquat wahrgenommen. Das ist ein Grund – für mich: der Grund – dafür, daß heute spezialistenförmig aus Kompetenzen heraus gehandelt wird, aber weitgehend nicht – generalistenförmig – kompetent aus Kompetenzen heraus gehandelt wird. Und wenn heute im politischen Raum über eine als notwendig angesehene Reform der Bildung und des Bildungswesens nachgedacht wird, dann geschieht das in der Regel unter pragmatischem Bezug auf die Sicherung von Qualifikationen und damit von Kompetenzen.

Für diese Feststellung mag als Beispiel Roman Herzog stehen mit seiner allseits beifällig aufgenommenen Bildungs-Grundsatzrede, die den Anspruch erhebt, für eine Bildungsreform richtungweisend sein zu wollen (FAZ vom 6. 11. 1997, S. 11). Bedenklich sind neben der nationalen Weltbeglückungsabsicht die restaurativen Tendenzen dieser Rede, die ähnliche Tendenzen in der Gesellschaft aufnimmt, fortführt und leitend werden läßt für ein sogenanntes neues Bildungsverständnis, dessen Notwendigkeit sich für Herzog darin erweist, daß „unser Bildungssystem ... einst ein Modell für die ganze Welt (war)", heute es aber heiße, „ihr seid nicht mehr gut und rasch genug", weshalb z. B. die asiatischen und südamerikanischen Eliten für ihre Söhne und Töchter „lieber hohe Studiengebühren in den Vereinigten Staaten von Amerika (zahlen), als daß sie an unseren Universitäten studieren möchten". Dies sei als „Signal dafür" zu nehmen, „jetzt alle Kräfte zusammenzunehmen und einen neuen Aufbruch zu wagen, ... Tabus zu knacken, Irrwege abzubrechen und falsche Mythen zu beseitigen" mit dem Ziel, unser deutsches Bildungswesen „zu einem Modell für das 21. Jahrhundert" zu machen.[14]

Wer aber vollgültige Handlungskompetenz will, wer mithin kompetentes Handeln aus Kompetenzen heraus will, der muß die perso-

---

[13] Zum Philosophieren und zur Bedeutung des Philosophierens heute sowie zu der Feststellung Odo Marquards: „je moderner die moderne Welt wird, desto nötiger wird die Philosophie", informiert in vorzüglicher Weise die ausgewählte Sammlung von philosophischen Gesprächen der WDR-Fernsehserie „Philosophie heute", die Ulrich Boehm herausgegeben hat (Frankfurt/Main 1997), sowie Boehms Vorwort zu dem Buch „Philosophie heute" (S. 7–12).

[14] Wie desinteressiert am Denken und Nachdenken die deutsche Öffentlichkeit ist, zeigt sich mir darin, daß diese Rede durchweg mit hohem Applaus bedacht wurde und daß selbst von fachlich Versierten keine kritischen Stel-

nale Qualität des Handelns, das auf Kompetenzen, d. h. auf Qualifikationen beruht, wollen. Und wer personale Qualität des Handelns aufgrund von Qualifikationen will, der muß die Befähigung zu Authentizität, zu Glaubwürdigkeit und Vertrauenswürdigkeit, zu Wahrheit und Wahrhaftigkeit des Handelnden und seines Handelns als Bildungsaufgabe ansetzen. Dazu gehören konstitutiv das Sich-im-Denken-Orientieren eines jeden einzelnen, das Philosophieren und das ethische Philosophieren eines jeden einzelnen, der Mut und die Zivilcourage zum Leben eines Ethos der Wahrhaftigkeit. Darum hat sich Bildung vom Kindesalter an zu bemühen (vgl. besonders Kap. 3.5), wodurch sich sukzessive personale Handlungskompetenz einstellen kann, die ohne Kompetenzerziehung, die für die nötigen Qualifikationen sorgt, nicht möglich ist. Insofern sind Kompetenzerziehung und Bildung von Handlungskompetenz die beiden Seiten der einen Münze „Pädagogik."

lungnahmen aufgekommen sind. Auch dieses Desinteresse belegt mir erneut das Defizit an philosophisch dimensioniertem Nachdenken, das, ginge es nach den politischen bundespräsidialen Weichenstellungen für eine Bildungsreform, für das 21. Jahrhundert fortgeschrieben werden müßte.

Auswahlbibliographie

Anders, Günter (1983): Die Antiquiertheit des Menschen, Band 1, München.
Apel, Karl Otto (1992): Diskurs und Verantwortung. Das Problem des Übergangs zur postkonventionellen Moral, Frankfurt/Main.
Aurin, Kurt u. a. (Hrsg.) (o. J.): Intelligente Technologien und der gebildete Mensch, Verlag des deutschen Philologenverbandes (ohne Ort).
Baacke, Dieter (^{3}1980): Kommunikation und Kompetenz, Grundlegung einer Didaktik der Kommunikation und ihrer Medien, München.
Ballauff, Theodor (1987): Bildung – nicht „Allgemeinbildung" und „Berufsbildung". In: Pleines, Jürgen-Eckardt (Hrsg.): Das Problem des Allgemeinen in der Bildungstheorie, Würzburg, S. 55–68.
Ballauff, Theodor (1989): Pädagogik als Bildungslehre, Weinheim.
Bayer, Manfred (1978): Lehrerausbildung und pädagogische Kompetenz, Frankfurt/Main.
Bayer, Manfred u. a. (Hrsg.) (1986): Soziale Kompetenz – Konzepte und Handreichungen für die Lehrerfortbildung, Frankfurt/Main.
Benner, Dietrich (1988): Zum Verhältnis von Bildung, neuzeitlicher Wissenschaft und Politik. In: Hansmann, Otto/Marotzki, Winfried (Hrsg.): Diskurs Bildungstheorie I: Systematische Markierungen, Weinheim, S. 161–182.
Bildungskommission NRW (1995): Zukunft der Bildung – Schule der Zukunft, Neuwied
Boehm, Ulrich (1997): Philosophie heute, Frankfurt/Main.
Böhm, Winfried/Lindauer, Martin (1988): Nicht Vielwissen sättigt die Seele, Stuttgart.
Böhme, Gernot (1997): Ethik im Kontext, Frankfurt/Main.
Breinbauer, Ines M./Langer, Michael (Hrsg.) (1987): Gefährdung der Bildung, Gefährdung des Menschen. Perspektiven verantworteter Pädagogik, Wien/Köln/Graz.
Brezinka, Wolfgang (1987): Tüchtigkeit. Analyse und Bewertung eines Erziehungszieles, München/Basel.
Brüderl, L. (Hrsg.) (1988): Theorien und Methoden der Bewältigungsforschung, Weinheim.
Brüning, Barbara (1985): Philosophieren mit sechs- bis achtjährigen Kindern in der außerschulischen Erziehung, Phil. Diss., Hamburg.
Brüning, Barbara (1990): Mit dem Kompaß durch das Labyrinth der Welt, Bad Münder.
Brüning, Barbara (^{3}1996): Philosophieren mit Kindern, Hamburg.

Bry, Carl Christian (^{4}1979): Verkappte Religionen: Kritik des kollektiven Wahns, München.
Camhy, Daniela G. (1984): Die Praxis der Kinderphilosophie in Österreich. In: Zeitschrift für Didaktik der Philosophie, Heft 1, S. 32–35.
Camhy, Daniela G. (Hrsg.) (1990): Wenn Kinder philosophieren, Graz.
Deci, E. L./Ryan, R. M. (1993): Die Selbstbestimmungstheorie der Motivation und ihre Bedeutung für die Pädagogik. In: Zeitschrift für Pädagogik, Heft 2, S. 223–238.
Dietz, Simone u. a. (Hrsg.) (1996): Sich im Denken orientieren, Frankfurt/Main.
Dölle-Oelmüller, Ruth (1995): Philosophisches Orientierungswissen in Erziehung und Bildung. In: Hermanni, Friedrich/Steenblock, Volker (Hrsg.): Philosophische Orientierung, München, S. 163–186.
Dörner, Dietrich (1989): Die Logik des Mißlingens, Reinbek.
Dollase, Rainer (1985): Entwicklung und Erziehung, Stuttgart.
Faix, Werner G./Laiser, Angelika (1992): Soziale Kompetenz – Das Potential zum unternehmerischen und persönlichen Erfolg, Wiesbaden.
Fischer, Wolfgang/Vogel, Peter (Hrsg.) (1983): Die Philosophie im Rahmen der Bildungsaufgabe der Sekundarstufe II, Duisburg.
Fischer, Wolfgang (1987): Was kann Allgemeinbildung heute bedeuten? In: Pleines, Jürgen-Eckardt (Hrsg.): Das Problem des Allgemeinen in der Bildungstheorie, Würzburg, S. 9–25.
Fischer, Wolfgang (1989): Immanuel Kant I. In: Fischer, Wolfgang/Löwisch, Dieter-Jürgen: Pädagogisches Denken von den Anfängen bis zur Gegenwart, Darmstadt, S. 125–139 (2., erg. Auflage unter dem Titel „Philosophen als Pädagogen. Wichtige Entwürfe klassischer Denker", 1998).
Fischer, Wolfgang/Löwisch, Dieter-Jürgen (1989): Pädagogisches Denken von den Anfängen bis zur Gegenwart, Darmstadt (2., erg. Auflage unter dem Titel „Philosophen als Pädagogen. Wichtige Entwürfe klassischer Denker", 1998).
Flammer, A. (1988): Entwicklungstheorien. Psychologische Theorien der menschlichen Entwicklung, Bern.
Forgas, Joseph P. (^{2}1994): Soziale Interaktion und Kommunikation. Eine Einführung in die Sozialpsychologie, Weinheim.
Frankl, Viktor E. (^{3}1996): Der Wille zum Sinn, München.
Freese, Hans-Ludwig (^{5}1994): Kinder sind Philosophen, Weinheim.
Geißler, Erich E. (1977): Allgemeinbildung in einer freien Gesellschaft, Düsseldorf.
Geißler, Erich E. (1983): Allgemeine Didaktik, Stuttgart.
Geißler, Erich E. (1989): Allgemeinbildung in der modernen Gesellschaft, Köln.
Geißler, Erich E. (Hrsg.) (1990): Bildung für das Alter – Bildung im Alter, Bonn.
Geißler, Karlheinz (1981): Berufliche Sozialisation – Strategie funktionaler, sozialer und humaner Kompetenz. In: Verbände der Lehrer an beruflichen Schulen in NRW (Hrsg.): Berufliche Sozialisation, Krefeld, S. 21–30.

Geppert, Klaus/Preuß, Eckardt (Hrsg.) (1980): Selbständiges Lernen. Zur Methode des Schülers im Unterricht, Bad Heilbrunn.

Glatzel, Martin/Martens, Ekkehard (1982): Philosophieren im Unterricht 5–10, München.

Gripp, Helga (1984): Jürgen Habermas: Und es gibt sie doch – Zur kommunikationstheoretischen Begründung von Vernunft bei Jürgen Habermas, Paderborn.

Haan, Gerhard de (1985): Natur und Bildung, Weinheim.

Habermas, Jürgen (1981): Theorie des kommunikativen Handelns, Frankfurt/Main.

Habermas, Jürgen (1983): Moralbewußtsein und kommunikatives Handeln, Frankfurt/Main.

Habermas, Jürgen (1985): Die Neue Unübersichtlichkeit, Frankfurt/Main.

Haefner, Klaus (1982): Die neue Bildungskrise: Herausforderung der Informationstechnik an Bildung und Ausbildung, Basel u. a.

Haefner, Klaus (1984): Mensch und Computer im Jahre 2000, Basel u. a.

Hallmann, Hans Jürgen (1994): Theorie und Praxis pädagogischer Suchtprävention in Schule und Jugendarbeit, Moers.

Hastedt, Heiner (1996): Philosophische Ethik und Orientierung in der Moderne. In: Dietz, Simone u. a. (Hrsg.): Sich im Denken orientieren, Frankfurt/Main, S. 156–171.

Heitger, Marian (Hrsg.) (1987): Vom Verlust des Subjekts in Wissenschaft und Bildung der Gegenwart, Münster.

Heitkämper, Peter/Huschke-Rhein, Rolf (Hrsg.) (1986): Allgemeinbildung im Atomzeitalter, Weinheim.

Hentig, Hartmut von (1985): Ist Vernunft lehrbar? In: Hentig, Hartmut von: Die Menschen stärken, die Sachen klären. Ein Plädoyer für die Wiederherstellung der Aufklärung, Stuttgart, S. 49–126.

Herdegen, Gerhard (1986): Bildung heute, Bad Honnef.

Hermanni, Friedrich/Steenblock, Volker (Hrsg.) (1995): Philosophische Orientierung, Festschrift für Willi Oelmüller, München.

Herzog, Roman (1998): Erziehung im Informationszeitalter. Paderborner Podium, Heinz Nixdorf Museum-Forum, Paderborn.

Heursen, Gerd (1993): Kompetenz – Performanz. In: Lenzen, Dieter (Hrsg.): Pädagogische Grundbegriffe, Band 2, Reinbek, S. 877–884.

Heydorn, Heinz J. (1980): Zur bürgerlichen Bildung – Anspruch und Wirklichkeit (Bildungstheoretische Schriften, Band 1), Frankfurt/Main.

Heydorn, Heinz J. (1980): Ungleichheit für alle – Zur Neufassung des Bildungsbegriffs (Bildungstheoretische Schriften, Band 3), Frankfurt/Main.

Heymann, Hans Werner/van Lück, Willi (Hrsg.) (1990): Allgemeinbildung und öffentliche Schule. Klärungsversuche, Bielefeld.

Heymann, Hans Werner/van Lück, Willi/Meyer, Meinert/Schulze, Theodor/Tenorth, Heinz-Elmar (1990): Allgemeinbildung als Aufgabe der öffentlichen Schule. In: Heymann, Hans Werner/van Lück, Willi (Hrsg.): Allgemeinbildung und öffentliche Schule. Klärungsversuche. Bielefeld, S. 9–20.

Höffe, Otfried (1979): Sittliches Handeln: Ein Problemaufriß. In: Lenk, Hans (Hrsg.): Handlungstheorien – interdisziplinär, München, S. 617–641.
Horkheimer, Max/Adorno, Theodor W. (1969): Dialektik der Aufklärung, Frankfurt/Main.
Horster, Detlef (1992): Philosophieren mit Kindern, Opladen.
Hülshoff, Theo (1996): Das Handlungskompetenzmodell. In: WSB-intern, Zeitschrift des Weiterbildenden Studiengangs Betriebspädagogik, Ausgabe 2, S. 37–45.
Huntington, Samuel P. (1996): Der Kampf der Kulturen, München/Wien.
Huschke-Rhein, Rolf (1986): Die Allgemeinbildung und die verallgemeinerte Natur. In: Heitkämper, Peter/Huschke-Rhein, Rolf (Hrsg.): Allgemeinbildung im Atomzeitalter, Weinheim, S. 58–88.
Jung, Manfred (Hrsg.) (1989): Handlungswissen – Orientierungswissen – Existenzwissen, Stuttgart.
Kaiser, Peter (1982): Kompetenz als erlernbare Fähigkeit zur Analyse und Bewältigung von Lebenssituationen auf mehreren Ebenen, Phil. Diss., Oldenburg.
Kant, Immanuel (1784): Beantwortung der Frage: Was ist Aufklärung? Akademie-Ausgabe, Band 8.
Kant, Immanuel (1786): Was heißt: Sich im Denken orientieren? Akademie-Ausgabe, Band 8.
Kißler, Leo (Hrsg.) (1990): Partizipation und Kompetenz. Beiträge aus der empirischen Forschung, Opladen.
Klafki, Wolfgang (1990): Allgemeinbildung für eine humane, fundamental-demokratisch gestaltete Gesellschaft. In: Bundeszentrale für politische Bildung (Hrsg.): Umbrüche in der Industriegesellschaft. Herausforderung für die politische Bildung, Bonn, S. 297–310.
Klafki, Wolfgang (^{5}1996): Neue Studien zur Bildungstheorie und Didaktik – Zeitgemäße Allgemeinbildung und kritisch-konstruktive Didaktik, Weinheim.
Klages, Helmut (^{2}1985): Wertorientierungen im Wandel, Frankfurt/Main.
Koch, Lutz (1991): Logik des Lernens, Weinheim.
Koch, Lutz u. a. (Hrsg.) (1997): Die Zukunft des Bildungsgedankens, Weinheim.
Krüger, Eberhard (1993): Kompetenz zur Vermittlung von humanen Haltungen im Ausbildungs- und Trainingsbereich Erwachsener, Moers.
Küching, Werner/Wittrock, Manfred (1983): Zur sozialen Kompetenz des Lehrers, Essen.
Kutscha, Günter (Hrsg.) (1989): Bildung unter dem Anspruch von Aufklärung, Weinheim.
Lenk, Hans (Hrsg.) (1979): Handlungstheorien – interdisziplinär: Handlungserklärungen und philosophische Handlungsinterpretationen, München.
Lipman, Matthew/Glatzel, Martin (1983): Harry Stottelmeiers Entdeckung, Hannover.
Lipman, Matthew (1986): Pixie – Philosophieren mit Kindern, Wien.
Löwisch, Dieter-Jürgen (1972): Sozialisation und Manipulation: Integrale

Bestandteile einer pädagogischen Theorie. In: Pädagogische Rundschau, 26. Jg., S. 271–293.
Löwisch, Dieter-Jürgen (1981): Erziehung als Herausbildung des Normensubjekts. In: Vierteljahrsschrift für wissenschaftliche Pädagogik, 57. Jg., S. 308–318.
Löwisch, Dieter-Jürgen (1982): Einführung in die Erziehungsphilosophie, Darmstadt.
Löwisch, Dieter-Jürgen (1988): Die Wirtschaft braucht den Generalisten. In: Der Arbeitgeber, 40. Jg., Heft 24, S. 969–973.
Löwisch, Dieter-Jürgen (1989): Kultur und Pädagogik, Darmstadt
Löwisch, Dieter-Jürgen (1989, ²1998): Immanuel Kant II. In: Fischer, Wolfgang/Löwisch, Dieter-Jürgen: Pädagogisches Denken von den Anfängen bis zur Gegenwart, Darmstadt, S. 140–153.
Löwisch, Dieter-Jürgen (1989, ²1998): Friedrich Nietzsche. In: Fischer, Wolfgang/Löwisch, Dieter-Jürgen: Pädagogisches Denken von den Anfängen bis zur Gegenwart, Darmstadt, S. 212–226.
Löwisch, Dieter-Jürgen (1990): Kommunikative Kompetenz, Studienbrief, Weiterbildender Studiengang Betriebspädagogik, Nr. 109, Landau.
Löwisch, Dieter-Jürgen (1992): Kulturerziehung und Schulkultur. In: Maiwald, Renate (Hrsg.): Erziehen – Unterrichten – Ausbilden. Pädagogische und didaktische Aufgaben einer humanen Schule, Frankfurt/Main, S. 11–19.
Löwisch, Dieter-Jürgen (1994): Pädagogische Zeit-Sichten, Essays und Abhandlungen zu einer Verantwortungspädagogik, Sankt Augustin.
Löwisch, Dieter-Jürgen (1995): Einführung in Pädagogische Ethik – Eine handlungsorientierte Anleitung für die Durchführung von Verantwortungsdiskursen, Darmstadt.
Löwisch, Dieter-Jürgen (1998): Der freie Geist – Nietzsches Umwertung der Bildung für die Suche nach einer zeitgemäßen Bildungsvorstellung. In: Niemeyer/Drerup/Oelkers/v. Pogrell (Hrsg.): Nietzsche in der Pädagogik?, Weinheim, S. 338–356.
Marquard, Odo (1981): Abschied vom Prinzipiellen – Philosophische Studien, Stuttgart.
Martens, Ekkehard (1990): Sich im Denken orientieren – Philosophische Anfangsschritte mit Kindern, Hannover.
Martens, Ekkehard/Schreier, Helmut (Hrsg.) (1994): Philosophieren mit Schulkindern, Heinsberg.
Martens, Ekkehard (1997): Zwischen Gut und Böse – Elementare Fragen angewandter Philosophie, Stuttgart.
Matthews, Gareth B. (1989): Philosophische Gespräche mit Kindern, Berlin.
Matthews, Gareth B. (1991): Denkproben – Philosophische Ideen jüngerer Kinder, Berlin.
Matthews, Gareth B. (1994): Die Philosophie der Kindheit, Weinheim.
Mertens, Dieter (1974): Schlüsselqualifikationen – Thesen zur Schulung für eine moderne Gesellschaft. In: Mitteilungen aus der Arbeitsmarkt- und Berufsforschung, Stuttgart, S. 36–45.

Meyer, Meinert/Schenk, Barbara (1989): Skizze zur Integration beruflicher und allgemeiner Bildung in vollzeitschulischen doppeltqualifizierenden Bildungsgängen der Kollegschule. In: Kutscha, Günter (Hrsg.): Bildung unter dem Anspruch von Aufklärung, Weinheim.

Oerter, Rolf (1991): Entwicklung und Förderung. Angewandte Entwicklungspsychologie. In: Roth, Leo (Hrsg.): Pädagogik. Handbuch für Studium und Praxis, München, S. 158–171.

Ogger, Günter (1992): Nieten in Nadelstreifen. Deutsche Manager auf dem Prüfstand, München.

Olbrich, Ernst (1989): Kompetentes Verhalten älterer Menschen – epochale Aspekte. In: Rott, Chr./Oswald, F. (Hrsg.): Kompetenz im Alter, Vaduz, S. 32–61.

Petzelt, Alfred (1963): Wissen und Haltung – Eine Untersuchung zum Begriff der Bildung, Freiburg.

Peukert, Helmut (1987): Die Frage nach Allgemeinbildung als Frage nach dem Verhältnis von Bildung und Vernunft. In: Pleines, Jürgen-Eckhardt (Hrsg.): Das Problem des Allgemeinen in der Bildungstheorie, Würzburg, S. 69–88.

Pieper, Annemarie (1997): Selber denken – Anstiftung zum Philosophieren, Leipzig.

Pleines, Jürgen-Eckhardt (Hrsg.) (1987): Das Problem des Allgemeinen in der Bildungstheorie, Würzburg.

Pleines, Jürgen-Eckhardt (1989): Studien zur Bildungstheorie, Darmstadt.

Pongratz, Ludwig A. (1986): Bildung und Subjektivität, Weinheim.

Preuß-Lausitz, Ulf (1988): Auf dem Weg zu einem neuen Bildungsbegriff. In: Hansmann, Otto/Marotzki, Winfried (Hrsg.): Diskurs Bildungstheorie I: Systematische Markierungen, Weinheim, S. 401–418.

Rebstock, Michael (1992). Organisation und Ethik – Zur Entwicklung und Umsetzung individueller moralischer Kompetenz in Unternehmen, Frankfurt/Main.

Roth, Heinrich (1971): Pädagogische Anthropologie, Band 2, Hannover.

Rülcker, Tobias (1976): Bildung, Gesellschaft, Wissenschaft, Heidelberg.

Schaal, Monika (1981): Kompetenz – ein Problem politischer Legitimation, Frankfurt/Main.

Schaller, Klaus (1991): Über das Verhältnis von Pädagogik und Politik in der Pädagogik der Kommunikation. In: Müller, Detlef K. (Hrsg.): ... der Kommunikation auf der Spur, Sankt Augustin.

Scheler, Max (1925): Die Formen des Wissens und die Bildung, Bonn.

Schläfli, André (1986): Förderung der sozial-moralischen Kompetenz: Evaluation, Curriculum und Durchführung von Interventionsstudien, Frankfurt/Main.

Schnädelbach, Herbert (1995): Philosophie in der modernen Kultur. In: Hermanni, Friedrich/Steenblock, Volker (Hrsg.): Philosophische Orientierung, München, S. 25–39.

Schörner, Gabriele E. (1989): Von der Freiheit des Urteils, München.

Schweitzer, Jochen (Hrsg.) (1986): Bildung für eine menschliche Zukunft, Weinheim.
Sloane, Peter F. E. (1985): Pädagogische Kompetenz von Weiterbildnern im Handwerk, Köln.
Stäudel, Thea (1987): Problemlösen, Emotionen und Kompetenz – Die Überprüfung eines integrativen Konstrukts, Regensburg.
Stäudel, Thea (1988): Kompetenz. In: Brüderl, L. (Hrsg.): Theorien und Methoden der Bewältigungsforschung, Weinheim, S. 129–138.
Stern, William (^{2}1923): Person und Sache, Band 1.
Tenbruck, Friedrich H. (1989): Die kulturellen Grundlagen der Gesellschaft, Opladen.
Tenorth, Heinz-Elmar (1988): Das Allgemeine der Bildung. Überlegungen aus der Perspektive der Erziehungswissenschaft. In: Hansmann, Otto/Marotzki, Winfried (Hrsg.): Diskurs Bildungstheorie I, Systematische Markierungen, Weinheim, S. 241–267.
Tenorth, Heinz-Elmar (1990): Neue Konzepte der Allgemeinbildung. In: Heymann, Hans Werner/van Lück, Willi (Hrsg.): Allgemeinbildung und öffentliche Schule. Klärungsversuche, Bielefeld, S. 111–130.
Thiersch, Hans (1995): Lebenswelt und Moral, Weinheim.
Vossenkuhl, Wilhelm (1996): Wen orientiert der kategorische Imperativ? In: Dietz, Simone u. a. (Hrsg.): Sich im Denken orientieren, Frankfurt/Main, S. 263–287.
Weigelt, Klaus (1986): Die Tagesordnung der Zukunft, Bonn.
White, R. W. (1959): Motivation reconsidered: The concept of competence. In: Psychological Review, 66. Jg., S. 297–333.
Wickert, Ulrich (1994): Der Ehrliche ist immer der Dumme – Über den Verlust der Werte, Hamburg.
Wollersheim, Heinz-Werner (1993): Kompetenzerziehung: Befähigung zur Bewältigung, Frankfurt/Main.
Wollersheim, Heinz-Werner (1996): Braucht die Schule einen neuen Bildungsbegriff? In: Beinke, Lothar u. a. (Hrsg.): Zukunft der Schule – Schule der Zukunft? Zur Diskussion um die Denkschrift der Bildungskommission NRW, Konrad-Adenauer-Stiftung e. V., Sankt Augustin, S. 13–33.
Wüst, Peter (1989): Ungewißheit und Wagnis, München.
Zahn, Erich (Hrsg.) (1992): Erfolg durch Kompetenz, Stuttgart.
Zöller, Michael (Hrsg.) (1980): Aufklärung heute, Zürich.
Zoller, Eva (1995): Die kleinen Philosophen. Vom Umgang mit „schwierigen" Kinderfragen, Freiburg.

Register

Sachen

authentisch 11. 97. 114. 134
Authentizität 59. 96. 97. 133. 164. 175

Bewältigungsbewußtsein 11. 13. 111 ff. 127. 130. 131. 149. 151/152. 161. 164

Diskurs 21. 22. 26. 49. 50. 57. 58. 60 ff. 67. 68. 114. 115. 144. 149. 152. 156

Generalist 13. 127
Generalistenqualität 158. 164 ff.
Generalistentum 165. 166
Gewissen 4. 10. 13. 60. 84. 114. 125. 131. 134. 139. 141 ff. 164. 165
Glaubwürdigkeit 57. 81. 96. 97. 100. 116. 117. 125. 126. 129. 133. 143. 151. 157. 163. 164. 171. 175

Marasmus 152

Nachdenken 3. 9 ff. 48. 54. 61. 64. 69. 70. 74. 78. 115. 127. 173 ff.

Orientieren; „Sich-im-Denken-Orientieren" 1 ff. 20. 45. 48 ff. 52. 56 ff. 63. 65 ff. 73 ff. 102. 113 ff. 127. 130. 136. 138. 160. 172. 173. 175
Orientierung 1 ff. 19. 42. 49. 50. 53. 55. 56. 64. 68. 69. 75. 103. 114. 115. 139. 164

Philosophieren 9. 32. 64 ff. 68 ff. 115. 127. 136. 144. 173 ff.

Selberdenken 10. 64. 66 ff. 75. 78. 99. 136. 151
Spezialist 13. 33. 81. 109. 117. 124. 158 ff. 170. 173
Spezialistentum 159. 160. 165. 166. 168

Wahrhaftigkeit 59. 61. 65. 143. 163. 171 ff. 175

Namen

Adorno 5. 15. 39
Anders 74
Aristoteles 13. 111
Aurin 12

Ballauff 32
Beck 16

Benner 12. 26 ff.
Boehm 174
Brüning 70 ff.
Bry 173

Camhy 71
Chomsky 93. 100
Costes 61

Deci 153
Dölle-Oelmüller 9

Fink 78
Fischer, W. 12. 24. 31. 32
Flammer 91. 92. 94. 95. 100. 101
Forgas 139
Freese 70. 73. 76 ff.

Geißler, E. E. 3. 4. 12. 33 ff. 105. 136
Geißler, K. 82
Geppert 137

Habermas 62. 65. 143
Haefner 37 ff. 46
Halder 141
Hallmann 133. 137
Hastedt 68
Hegel 42
Heitkämper 32
Hentig, von 76. 78
Herbart 35. 103
Herzog 162. 174
Heydorn 2 ff. 7. 12. 28 ff.
Heymann 12. 18 ff.
Höffe 154
Hösle 70
Holfort 138
Horkheimer 5
Horster 70
Hülshoff 149
Humboldt 42
Huntington 168
Huschke-Rhein 32. 33

Jonas 16

Kaiser 89. 90. 99. 100
Kant 3 ff. 23 ff. 35. 42. 47. 49. 58. 66. 68. 71. 74. 75. 77. 97. 99. 126. 127. 140. 168
Klafki 12. 42 ff.
Kohlberg 142

Krüger 100. 138
Küching 139

Lessing 42. 100
Lipman 70. 72. 73
Löwisch 7. 23. 28. 39. 40. 56. 59. 68. 106. 127. 129. 131. 144. 166
Lück 138
Lück, van 12
Luther 135

Marquard 110. 174
Martens 64. 70. 71. 73. 75 ff.
Matthews 70. 72. 73. 77. 78
Mertens 107
Metzler 141
Meyer 9. 12
Montessori 120
Müller 141

Nietzsche 39. 76. 97

Oerter 87 ff.
Ogger 117
Olbrich 88. 89. 91

Petzelt 60. 82
Peukert 23 ff.
Piaget 142
Pieper 65
Preuß 137
Preuß-Lausitz 15 ff. 35

Roth 82 ff. 92. 100. 134. 138. 139. 141
Rousseau 120
Ruhloff 12
Ryan 153

Schaller 82
Scheler 136. 153
Schenk 9
Schnädelbach 65. 69
Schreier 70

Register

Schulz 16
Schulze 12
Spitz 153
Sroufe 89
Stäudel 90. 91
Stern 141

Tenorth 12. 21 ff. 35
Tolman 92. 100

Vossenkuhl 66. 68

Waters 89
Watzlawick 145 ff.
White 87. 152
Wickert 173
Wittgenstein 78
Wittrock 139
Wollersheim 6. 12. 51. 69. 82. 83.
   92. 99 ff. 109 ff. 119. 132. 134. 136.
   149. 156

Zoller 70